現場の言葉が織りなす社会学

イデアの交流からロゴスの形成へ

岩崎信彦

昭和堂

はじめに

　私は学部3年生の1964年，20歳で「学に志し」，その後60年ものあいだ社会学に携わってきた。この間，有田みかん村，トヨタ自動車，木賃「文化住宅街」萱島，レタス栽培の信濃川上村，そして阪神大震災被災地，大規模農業の十勝，兼業稲作の大崎市など，多くの現場を訪れ，その地の農民，労働者，市民の人びとにインタビューしてきた。そして，彼らの語りをベースに，その現場を一つの「場面 the scene」として立ち上がらせてきた。それゆえ，ここに収録した論文はおのずと日本社会の半世紀の「時代誌」となっているのではないか。

　これらの論文が，人びとからの「聴き書き」に終わらず，それ以上のものであるとすると，それはどんなところにあるのだろうか。それは私の社会学の方法論に関わってくる。本書のタイトルは「言葉が織りなす」とうたっている。「場面」はあたかも経糸（たていと）と緯糸（よこいと）で織り上がっていく布でありその文様である。

　簡単にいえば，経糸は農民，労働者，市民たち生活者の言葉（論理）であり，緯糸は研究者の言葉（論理）である。現場の人びとの言葉をそれのみ並べても「聴き書き」「ドキュメンタリー」はできるかもしれないが，「時代誌」と呼べるものにはならない。研究者の時代認識，社会認識の緯糸が入ることによって，「場面」が立ち上がり，「時代誌」が織り上がるのである。

　かつて大学には法学部と経済学部があり，社会科学の二本柱をなしていた。社会学は文学部のなかに，それも哲学科のなかにあった。社会学は社会科学（緯糸）ともいいきれないし，人文学（経糸）ともいえない存在であった。しかし，ポジティブに捉え返せば，社会科学（緯糸）的でもあるし同時に人文学（経糸）的でもあるということである。社会学は，社会と人間に同時に向き合って，「社会」と「人間」の両方に橋を渡し，社会と人間を生き生きと浮かび上がらせる学問ということになるだろう。

　もちろん，「現場」は現場だけで成り立っているのではない。現場にその場所を与えている上位の広い「社会場」がある。有田みかん村であれば，有田市

であり和歌山県である。トヨタ自動車であれば，豊田市であり，愛知県である。地方自治体の領域であるとすれば分かりやすい。さらにその上に，日本であり世界である領域がある。それは「全体社会＝構造」と名づけることができる。そこから生じるのが，農業近代化，みかんの選択的拡大であり，自動車産業の国内外への展開である。資本主義というグローバルな経済システムとその「構造」なのである。

　この「現場」の状況（経糸）は，「構造」の緯糸にすくわれることによって，「社会場」において一つの「場面」へと織り上げられるのである。

　それについての方法論的な考察は，序盤では「ゲゼルシャフトリヒとゾチアール」というテーマでオーソドックスに，また終盤では「イデアの交流とロゴスの形成」というテーマで試行的に深めている。なお，「イデア」というのは社会学にあまりなじみのない言葉であるが，とりあえず「よきものを追い求めようとする思い」というように理解して読み進めてほしい。

　半世紀にわたって自分の研究成果を時系列的に並べてみると，阪神大震災への取り組みは私のちょうど50歳台であり，そこが中盤となって序盤と終盤が分かれているようである。中盤の10年余は，震災関連が中心であったが，それと並行してジンメルに集中することになり，それは私の血肉となっていったようである。震災で棚上げしたマルクス『資本論』の批判的考察は，定年後8年の2015年に『21世紀の「資本論」――マルクスは甦る』として刊行することができた。

　社会学書である本書が，マルクス本とともに私の二部作としてまとまったことは，想定していなかっただけに喜びもひとしおである。読者諸氏におかれて本書が興味深いものとなれば，さらになお大きな喜びである。

　　　2024年8月

　　　　　　　　　　　　　　　　　　　　　　　　　　　　　　　岩崎信彦

目　次

はじめに……………………………………………………………………………………i

第Ⅰ部　現場で苦闘する農民・労働者・住民の群像
　　　　解　題……………………………………………………………………………2

第1章　「みかん危機」のもとで苦闘する農民
　　　　——兼業化と脱農，そして集落的結合の弱体化……………………………15
　　　　1　対象地域の概況　16
　　　　2　千田東における農民層分解と生産・出荷体制　17
　　　　3　各層の農家における営農対応と兼業化　21
　　　　4　村落生活の主体的再編成の論理と担い手　29
　　　　【コラム】その後の有田みかん　31

第2章　「トヨタ生産方式」のなかで苦闘する労働者
　　　　——組立ライン労働者の労働生活と疎外……………………………………33
　　　　1　自動車産業労働者をめぐる問題状況　33
　　　　2　トヨタ自工の労働者をめぐる問題状況　36
　　　　3　労働者の性格類型　40
　　　　4　労働者の地位構成　43
　　　　5　「仕事のはりあい」と企業内活動　46
　　　　6　人間関係の二層構造　51
　　　　7　生活のための労働と健康破壊　59
　　　　8　労働者の会社観，組合観　61
　　　　【コラム】その後のトヨタ生産方式　65

第3章　乱開発の住宅地で苦闘する住民
　　　　——木賃住宅の町に住み合う人びとのまちづくり……………………69
　　　1　水郷的水田地帯から過密な「文化住宅」の町へ　69
　　　2　萱島の今昔　72
　　　3　驚いたジャボジャボの道と狭い家　73
　　　4　萱島草創期の苦労　75
　　　5　暴力の町はごめんだ　76
　　　6　萱島神社とお祭りの再興　79
　　　7　萱島の現状とこれから　82
　　　【コラム】その後の萱島　85

第4章　研究方法論1　ゲゼルシャフトリヒとゾチアール
　　　　——社会構造分析と社会過程分析の統合へ……………………87
　　　1　「存在が意識を規定する」を基軸とする生活過程論（ゾチアール）　87
　　　2　生活者の論理と研究者の論理——経糸と緯糸　91
　　　3　現場－社会場－全体構造という三層の社会構成　92

第5章　町内会はコミュニティなのか
　　　　——「住縁アソシエーション」としての町内会……………………95
　　　1　歴史のなかの町内会　96
　　　2　皆で住み合うアソシエーション　100
　　　【コラム】その後の町内会　103

第6章　阪神大震災の勃発と苦闘する住民
　　　　——町内における救助と避難，そして苦労と喜び……………………107
　　　1　町内における相互扶助の実状　108
　　　2　避難生活の経次的過程　114
　　　3　避難生活における苦労と喜び　119

iv

第7章　阪神大震災からの復興過程で苦闘する住民
　　　　　――「まち壊し」区画整理事業は今回で終わりに……………………123
　　　1　鷹取東地区とともに歩んで　123
　　　2　行政によるまちの分断と住民間の対立　125
　　　3　空き地を点々と残す区画整理事業後のまち　129
　　　4　「まち壊し」克服へ――「減歩ゼロ」の区画整理事業　130
　　　5　被災者が希望と自己決定力をもって取り組めるように　134

第8章　阪神大震災における慰霊と災害文化
　　　　　――悲しみは伝えることができるか………………………………………137
　　　1　喪の作業――災害文化が生まれるところ　137
　　　2　過去の体験の〈分有〉ということ　140

第9章　阪神大震災の意味するもの――市民社会とリスク認識……………147
　　　1　還帰しない曲線　147
　　　2　震災被害の甚大さと顕著な偏り　148
　　　3　都市経営とリスク認識　150
　　　4　リスク再生産的な震災復興と都市の危機　154
　　　5　「市民社会 bürgerliche Gesellschaft」の展開　157
　　　6　「市民社会 civil society」の再生　160
　　【コラム】その後の被災地　167

第Ⅱ部　社会の混迷のなかで繰り広げられるイデアの交流
　　　　解　題…………………………………………………………………………170

第10章　「日本的なもの」への視角――両面的心性と羞恥の構造…………181
　　　1　日本の先進国化で問われる「日本的なもの」　181
　　　2　日本の近代化と「日本的なもの」　182
　　　3　両面的心性と欲望自然主義　184
　　　4　羞恥の構造と日本人の主体性　187

5　「日本的なもの」への方法課題　190
            【コラム】その後の「日本的なもの」　192

第11章　現代日本における自殺の諸相
　　　　──デュルケーム『自殺論』の射程……………………………………193
            1　戦後第三のピークを迎えた自殺　193
            2　デュルケームにおける自殺の４タイプ　196
            3　現代日本における宿命的自殺と他者本位的自殺　202
            4　現代日本における自己本位的自殺　206
            5　現代日本におけるアノミー的自殺　211
            6　生と死が背中合わせになってきた時代　216

第12章　堕落する「世俗の神」＝貨幣……………………………………………219
            1　シンボルとしての貨幣　219
            2　貨幣がもたらす浪費と倦怠　223
            3　貨幣と人間の生　227

第13章　新しい貨幣は可能か──新しい未来社会を構想する………………237
            1　「希少性」から「有用性」へ，そして「喜びの労働」へ　237
            2　「債務」から「信用のコモンズ」へ　239
            3　「減価する貨幣」と「コミュニティ市場」　243

第14章　「里山資本主義」の意味と連帯経済の可能性…………………………249
            1　「里山資本主義」のもつ意味　249
            2　「連帯経済」の可能性──協同組合とコミュニティ経済　251

第15章　北海道十勝における生産イデアの交流
　　　　──50ha農家の苦闘と「有機農法」確立の試み…………………257
            1　畑作４品の標準的な家族経営の実態　257
            2　「危機に抗する」大規模家族経営農家の論理　262

3　有機農法の確立への努力——ひとつの模範を示す農家　267
　　　4　新しい道を拓こうとする「商系」卸売業者　271

第 16 章　「兼業稲作」の行き詰まりと生活イデアの探求
　　　——「自立と協同」ならびに「よそ者」の論理……………………275
　　　1　大崎市の社会的危機とは——「兼業稲作」体制の崩壊　275
　　　2　危機に抗する営農者たちの〈自立〉と〈協同〉の論理　281
　　　3　生活イデアの〈エロース〉における発現　288
　　　4　境界を生き，境界を媒介する人たち　289
　　　5　農村と都市の交流から生まれる新たな可能性　294

第 17 章　「平成の大合併」と新しいまちづくりイデア
　　　——"大崎市流"の「話し合う協働のまちづくり」……………………297
　　　1　「まちはみんなで作るもの」という地域イデアの形成　297
　　　2　"大崎市流"自治の仕組み作り——市職員と住民の協働　300
　　　3　"大崎市流"自治を支える人たちの熱意と協力態勢　302
　　　4　おおさき地域創造研究会の発足と活動　305
　　　5　"大崎市流"自治の歴史的意義と市民自治への歩み　306
　　　6　担い手の世代交代と人材養成の工夫　311
　　　【コラム】その後の，おおさき地域創造研究会　312

第 18 章　研究方法論 2　イデアの交流からロゴスの形成へ
　　　——織り合わされる「経糸」と「緯糸」……………………………315
　　　1　「生活イデア」「地域イデア」とは　315
　　　2　イデアはどのようにロゴスへと展開するのか　318
　　　3　社会と文化の危機に抗する新しいイデア　324

　　おわりに……………………………………………………………………329
　　索　　引……………………………………………………………………331

第Ⅰ部

現場で苦闘する
農民・労働者・住民の群像

解　題

　私が博士課程1年であった1969年1月，京大「大学紛争」が起きた。当時，大学院生協議会の事務局長であった私は，やむなく紛争に巻き込まれていった。

　1年前に書き上げた修士論文は，マルクスの「資本制に先行する共同体の諸形態」と大塚久雄の「共同体の基礎理論」を比較考察し，前者の視点から後者を批判するものであった。その頃であったか，共同研究室に私がいたとき，先輩の吉田民人氏が立ち寄られたので挨拶をしたら，「やあ君がチャキチャキのマルキストの岩崎君か」と挨拶を返された。「そうか，オレはチャキチャキなんだ」と妙に納得させられた。

　「60年安保」の後，私が入学した1962年頃の大学は「政治の季節」であり，学生運動各派の論戦や街頭デモも盛んであった。かなりの学生が大なり小なりマルクス主義の影響を受けていた。そして，ベトナム戦争反対の運動がそれに続き，日本の都市部での公害反対運動がそれに共振した。それらの運動が一時代を経て，次の収斂的な焦点を形作ったのが68年から東大や日大で始まり全国に波及した全共闘運動であり，「大学紛争」であった。

　1964年の東京オリンピックを挟む60年代，日本は高度経済成長のただなかにあった。新幹線が走り大量消費時代が到来して，国民は初めて経験する豊かさと便利さにときめいていた。しかし，社会は多くの問題状況を示していた。ベトナム戦争（今日のウクライナやガザの惨劇に似ている），公害問題（四日市ぜんそく，水俣病など），都市化のなかの生活難（交通，保育所などインフラの未整備）などである。

　全共闘運動は，それらの問題状況を生み出したものは「戦後民主主義」ではないのか，とその欺瞞性を告発した。その鋭い問いは，しかしながら，「戦後民主主義は虚妄であった」「（その拠点である）大学を解体せよ」という否定・自己否定のテーマに展開していった。そのエネルギーはとても大きなものであったが，あたかも雷の陰電気に似たものとなっていった。

第1章 「みかん危機」のもとで苦闘する農民

　オーバードクターを1年経験した後，1972年に私は高野山大学文学部で教職についた。ようやく安らぎの場を得た気持ちであった。まもなくして司馬遼太郎の『空海の風景』が刊行され，信仰心のない私であったがそれを読み，弘法大師空海の偉大さに心を打たれた。

　さて，高野山大学で何を研究しようかと考えたとき，思い浮かんだのは有田のみかん農村であった。私が住んでいた京都では，「有田みかん」は甘いみかんを代表するブランドであった。そのことも私が有田を調査する気持ちを後押しした。

　1961年に打ち出された農業基本法は，高度経済成長を支える勤労者に大量のビタミンCを安価に供給するために，みかんの「選択的拡大」と生産体制の「構造改善」という大号令をかけたのである。水田をみかん畑に転換することが「選択的拡大」の眼目の一つであったが，私が調査を始めようとした72年には，しかしながら，過剰生産ゆえの価格暴落が起きていた。

　有田のみかんは400年の伝統をもつものであり，その産地は海風が届く範囲の，有田川沿いの丘陵地に展開していた。産地では日頃の挨拶は「まいど（毎度）」であり，個々の農家が自分で選果し（個選），市場にみかんを個々に販売する商業人でもあった。まさに「小経営生産様式」（マルクス）の典型であった。

　農業基本法農政は，しかしながら，生産の省力化と大規模な共同選果・共同出荷を推進し，小経営生産様式を崩していったのである。それに呼応した集落の一つが，古典的みかん産地から少し離れた，水田地域もある保田地区千田東であった。多額の補助金を投下して集落を越える巨大な共選場「ありだ共選」を建設し，水田地帯をみかんに転作していった。まさに農業基本法の「選択的拡大」「構造改善」を先頭に立って受け入れた地域であった。そこを調査対象地に選んだ。

　学術調査の訓練をまともに受けていない私にとって導きの書となったのは，島崎稔著『日本農村社会の構造と論理』（1969年）であった。そこには，一つに，資本主義経済のなかで農業が被る「農工間格差」の矛盾を解明し，二つに，階

級視点から農家をそれぞれの階層において捉え、また農家がその階層を上下移動する「農民層分解」を捉え出し、三つに、農民がそれぞれの階層において矛盾に直面してどのような経営対応や農政運動を行っていくのかを考察する、という方法が示されていた。この三つの視点に私は深く共感し、それを調査に取り入れていった。同僚の谷口浩司氏と学生諸君の協力を得ることができた。

第2章 「トヨタ生産方式」のなかで苦闘する労働者

　1973年は、「オイルショック」の勃発によって石油価格高騰と狂乱物価が生じ、20年近く続いた高度経済成長が頓挫した歴史的な年であった。それを機に、日本経済は製鉄や造船などの重厚長大産業から電機や自動車という消費財生産に主軸が移っていった。省エネルギーやコスト意識が高まり、生産現場に合理化の波が押し寄せた。そういうなかにあって、新しい生産方式を採用してトップ企業としての地歩を固めていったのがトヨタ自動車工業であった。

　自動車産業といえば、チャップリンの映画「モダンタイムズ」に戯画的に描かれている組み立てラインの単純反復労働が想起されるが、トヨタ自工は、労働者が単純反復労働によって労働意欲を低下させるのを食い止め、自発的に仕事に取り組む工夫を労務管理に盛り込んでいった。QC（品質管理）活動や「改善活動」を中心とする「トヨタ生産方式」の誕生であった。

　1978年に私は立命館大学産業社会学部に職籍を移したが、幸いなことに同僚の辻勝次氏をリーダーとする職業生活研究会に誘われ、共にトヨタ自動車工業の調査をすることになった。トヨタ本社にもちろん挨拶には行ったが、生産現場での調査など許可してもらえるはずもなかった。1980年、10名余の研究会メンバーはトヨタ従業者の居住地に出向き聴き取り調査を行っていった。幸い従業者は社宅やトヨタが従業者向けに開発した住宅街に集住していたので、そこに対してまさに「夜討ち朝駆け」のように訪問調査を行ったのである。合計158名に面接調査を行うことができ、ほかにはない貴重な成果となった（この研究成果は『巨大企業体制と労働者——トヨタの事例』〔小山編1985〕にまとめられている）。

　そのときの興味深いエピソードがある。調査員がある労働者を訪ねたとき、

ケンモホロロに拒否されたのだが，意を決して2回目に訪問すると手のひらを返したようににこやかに迎えてくれた。彼が言うには，会社も「意欲調査」のようなものを時々行うので，その種の調査だと考え，厳しく拒否したのだ。しかし，もし本当に大学の調査ならば2度目も訪ねてくるだろうと考えていた，とのことであった。

また，聴き取りのなかで「改善活動」について次のような話があった。こういう改善をしたらよいと提案する，しばらくしてその改善はやめた方がよいと提案する，提案のたびにタバコ銭をもらえる。こうしたら人を減らせるという提案をすれば（大会で優勝して）ハワイに行けるかもしれないが，そんなことはお互いしない，と。

このようなエピソードには，労働者の屈折した気持ちがよく表われている。会社からの自発性喚起の労務管理にはそれなりに「自発的」に対応しながら，労働者としての一線，アイデンティティは守りたい，という気持ちの二重性である。これを別な表現で表わせば，会社が〈工程管理〉という資本機能を自ら行わず，労働者のなかに職長，班長らの職制（中間管理職）を作り，彼らに委譲して行わせようというものである。それに対する労働者は，昇進あるいは生活維持のためにそれを受容せざるをえないのであるが，それに乗っていくのか，それとも労働意欲・自発性の喚起の嘘くささを見抜いて，一定の距離をおいたスタンスをとるのか，が迫られる。意識のその二重性はジレンマに満ちており，それを解析していく。

それを明らかにするために，労働者の性格類型を「めぐまれ」「めげず」「うっくつ」などとして捉え，職長，班長，準指導員，一般という職位階層に即して考察している。生産現場に入っての調査ではないのであるが，個々の調査回答を積み上げて構成したので，あたかもそこに職場が実在するように描かれている。「トヨタ生産方式」の原型像として歴史的に価値のある調査報告になっているのではないかと思う。

第3章　乱開発の住宅地で苦闘する住民

　トヨタ調査と並行して大阪府寝屋川市の萱島(かやしま)地域の調査を始めた。寝屋川市は大阪市の北東，すなわち艮(うしとら)の方角にあり，大阪市内から引っ越しをするには縁起が悪い方角なので郊外開発が遅れていた。しかし，地方からの大阪への人口集中はやむことがなく，1961年から66年にかけて一気に開発が進んだ。地方からの移入者にとって艮の方角は関係なかったのである。

　下木田，神田の水田が宅地開発の主戦場であった。長屋を2階積みにした「文化住宅」というアイロニカルな名前をもつ木賃住宅棟が建てられていった。周辺の建設業者たちが建売や賃貸のために競って建てていったのである。道路は迷路のようになり，雨が降れば水浸しになった。まさに絵に描いたような「乱開発」である。下木田，神田の土地所有者たちは新しい町の管理の責任をもたず，隣接する3人しかいない小集落・萱島に委ね，新住宅地は萱島区への「編入」となった。

　市からも町の管理を委任された萱島区長の古井氏は寝屋川市のし尿処理場建設の反対運動を来住民とともに闘い，いくつかの公共施設を勝ち取った。住民たちの苦闘も続いた。住民たちはそれぞれに町内会を結成し，銀行から融資を受けるなどして居住環境の改善を図った。

　旧萱島神社の土地も所有者による売却の危機にあったが，1979年，京阪電鉄「萱島駅」の高架化工事に関わらせて神木の維持と神社の再興を実現した。1980年に13町内参加によって「萱島祭り」が再興された。萱島のまちづくりは20年の歳月の後，一つの到達点を迎えたのである。

　第3章のもととなった論文は「庶民生活史研究会」における一つの研究報告である。「生活史」というと，1人ないし2人の生活史を追うか，海女，野鍛冶，鉱山労働者のような古典的な職業に焦点を当てるのが普通のやり方である。しかし，ここでは「住み合う人々」の複数の生活史を「まちづくり」の場において群像として描くことに新しく力点をおいた。

第4章　研究方法論 1　ゲゼルシャフトリヒとゾチアール

　これまでの三つの章を通じて，それぞれ生活者の言葉を積み重ねながら，現場の姿を立ち上がらせてきた。こういう手法は経済学や法学といった社会科学とは趣が異なる。

　このような研究方法論をどのようなものとして位置づけるか，みかん農村の調査を行いながら考えた。当時の社会科学にはマルクス主義の影響が色濃くあり，社会を「土台－上部構造」として捉えることは大前提となっていた。すなわち，資本主義という経済構造が社会の土台をなし，その上に法・政治的構造すなわち近代国家がそびえたち，それに規定されてイデオロギーをはじめとする意識構造が形成される，と。それはきわめて明解な命題であり否定されるべきものではなかった。しかし同時に，それだけで社会が捉えられるのであろうか，という疑問がわいてくる。社会学徒として当然の疑問である。とくに，生きた人間たちが苦闘する生活過程は「土台－上部構造」のなかに位置づいているのであろうか，という問題である。

　この問題は，マルクス主義 vs 社会学という対抗関係のなかで論じられていった。これに積極的に取り組んだのが，マルクス主義社会学者の田中清助氏と布施鉄治氏であった。

　私に直接の影響を与えたのは，田中氏の「ゲゼルシャフトリヒとゾチアール」理論であった。同じ「社会的」であってもドイツ語やロシア語などスラブ言語では二つの語で表現される。すなわち，ゲゼルシャフトリヒ（gesellschaftlich，ロシア語ではオブシチェストベンヌイ）とゾチアール（sozial，ロシア語ではソチアーリヌイ）であり，前者は全体社会的，後者は社会過程的という意味あいである。英語には social（ゾチアールに相当）はあるけれども，gesellschaftlich に対応する固有の言葉はないのである。

　ここで，gesellschaftlich は体系的－構造論的，sozial は歴史的－発生論的という方法的規定が明らかになる。そして，これらはいずれもマルクス的唯物論にとって不可欠の方法的な要素となる。とくに後者には「社会的存在が意識を規定する」という唯物論の基本命題が当てられるのである。すなわちゾチアール

な生活過程において"生活者の意識はその社会的存在のありようによって規定される"という，当たり前といえば当たり前の命題が適用され，そのようなものとして生活者のありよう，生活者の論理を捉えるということである。

一方，ゲゼルシャフトリヒな「土台－上部構造」的な全体社会は，経済と法・政治という研究者の論理によって解明され，生活者の論理と織り合わされていく。社会学はこうして社会科学的（緯糸）であると同時に現場的かつ人文学的（経糸）である魅力的な学問となるのである。

第5章　町内会はコミュニティなのか

寝屋川市萱島では，乱開発による生活インフラの欠如のなかで，住民は出身地の記憶を想起しながら，町内会・自治会を結成し環境改善に努めていった。任意団体である町内会が窓口となって銀行から融資を受けるという事態さえあったのである。

当時，京都府宇治市でも各所で住宅開発が行われ，町内会・自治会との関連でさまざまな取組が行われていた。そもそも町内会は老人支配，行政下請，半強制的動員，保守政党の支持基盤という問題点が指摘され，非民主主義な団体とされていた。御蔵山に開発された高級住宅街では，自治会の結成について町内会の悪印象から反対する人もあり紛糾したが，「新しい自治会」ということで1965年に発足した。何よりも「環境保全・改善（緑と空間を守る）」を主なテーマとし，情報交流の「会報」発行を活動の中心においた。そういうなかで街区内の京滋バイパス通過に対する反対運動に取り組み，成功裏にそれを終えている。

また木幡にある戦後開拓農地で住宅地化が1963年頃から始まり，それぞれの地区に自治会が結成された。そして，水道管の敷設という課題の実現のために，70年に連合自治会を結成した。当時の宇治市は財政難で水道管の支管延伸が不可能であった。連合自治会は「上水道組合」を作り，当時の住民150世帯から5万円ずつの出資を募り，水道支管の敷設を実現した。そして，その後に来住した人たち（59戸）には「先住の人たちはそれぞれ井戸を掘る費用が必要であった」ことを話し，各戸15万円ずつ拠出してもらって出資者へ返金した。住民の

知恵のみごとさを示す事例である。

　また六地蔵地域では，1972年に北側に隣接する京都市域に高層の大規模公団住宅が建設され始めた。騒音，ほこり，震動の被害発生に対して，こじんまりした二つの伝統的町内会が合同して対策委員会を結成し，公団などとの十数回にわたる交渉によって，電波障害補償費などの要求を実現した。補償費は各戸に配分せずに自治会集会所やちびっ子広場（土地は公団所有）の建設に使われた。そして74年，許波田神社の祭礼の日11月3日に「みこし」を復活させる（百数十人が参加）とともに，二つの町内会の合併式がにぎにぎしく行われた。伝統的な町内会が合併するなどは稀有のことである。旧来住民だけではなく，来住住民のなかに「この地域にふるさとを見た」という思いが生まれたことも大きな要因であった（宇治市の事例は，共同調査者である鰺坂学氏の「京都近郊における自治会・町内会——宇治市六地蔵・木幡地区の事例」より抜粋・要約したものである）。

　1960年代は，高度経済成長が続くと同時に都市問題も増加し，政権政党の自民党は都市「サラリーマン」層の支持を減少させ都市における政治基盤を細らせていた。そのことに危機感をもち，69年に自治省・国民生活審議会調査部会の報告書「コミュニティ——生活の場における人間性の回復」を策定し，小学校区単位を「コミュニティ」として強化していく政策を進めた。コミュニティセンターも各所に作られ，行政やマスコミも「地域コミュニティ」を当たり前のように使うようになった。そして，地域社会関連の研究者も無前提的に「地域コミュニティ」と言うようになった。

　私は，萱島や宇治など各地の調査体験を踏まえ，町内会・自治会はその根底に住民の自治の経験と力をもっている，そしてこの政策誘導のカタカナの「コミュニティ」は一つの政策イデオロギーであると考え，それに対する批判を込めて町内会・自治会に「住縁アソシエーション」という概念を当てた。普通は「地縁」が使われるのであるが，地縁は土地所有を基礎においた関係なので，それとは切り離された居住に基づくフラットな関係＝居住縁として「住縁」を使用した。

　第5章は，町内会の源流を「14世紀以来成長してきた封建的自営農民によっ

て結成された相互扶助の自治的な共同体組織＝『惣』結合に求め」（詳しくは岩崎 1989），江戸期以降の京都に焦点を当てている。また，理論的にはコミュニティはあくまでアソシエーション活動のなかから生じ「そのなかへと泡立ってくるもの」であるというマッキーバーの規定を引照し，アソシエーション活動があって初めてそこにコミュニティが発生してくるのであって，作為的に作られるものではないことを論じた。それゆえ，コミュニティはけっして地域だけにあるものではなく，福祉アソシエーション，学会アソシエーション，芸術アソシエーションなど，アソシエーション活動のあるところなら，どこにでも生まれてくるものである。ちなみに近年，地域社会学会でも「『コミュニティ』から一旦は『リージョン』あるいは『地域』を切り離し，帰属やアイデンティティに関わる語として用いる」（大堀 2023）といわれている。また「地域社会学会という研究者コミュニティ」（吉野 2023）ともいわれていることが，それを明かしている。

第6章　阪神大震災の勃発，第7章　阪神大震災からの復興

　私は1983年に神戸大学文学部に移った。産業社会学から理論社会学への専攻替えとなったので，ジンメルやデュルケームの研究に軸心を移していった。ジンメルの『貨幣の哲学』がそれまで研究していたマルクスの『資本論』と興味深い接点をもっていることを知り，「貨幣と価値――ジンメルとマルクス」を著した（岩崎 1988）。その後，期も熟し『『資本論』の脱構築』を内容とする一書をまとめようとしていた矢先，1995年1月17日に阪神・淡路大震災が起きた。まもなく51歳というときであった。

　社会学講座の同僚は神戸市に住まいをもち，大なり小なり被災していた。私は京都市から通勤していたので被害はなかった。社会学講座として誰かが大震災に取り組まなければならないだろうと思い，マルクス研究は棚上げすることにした（「『資本論』の脱構築」の書は，定年退職した2007年以後に取り組み，震災後20年の2015年に『21世紀の「資本論」――マルクスは甦る』として刊行された）。

　地震後，2か月経った3月から無事な院生たちと共同して大学が所在する灘区

の避難所全部の調査を行った。学校はもとより，公園，ガレージなど区内のあらゆる種類の避難所を訪ね，その実態を把握した（その成果は，小林和美・池田太臣・中野伸一による「神戸市灘区における避難所の分布とその運営」として発表され，その後『阪神・淡路大震災の社会学1 被災と救援の社会学』に再録された）。

また，私は8町内のほとんどが火災にあった長田区鷹取東に出かけ，その復興まちづくりに被災住民とともに取り組んだ。NHKがこの地の被災と避難のドキュメンタリーを放映し，そこに両親と小学生の子2人を亡くしたM氏が町の焼け残った集会所で避難者の支援をしている姿を見た。それが強く印象に残り，鷹取東8町の復興区画整理事業に関わることになったのである（時には研究室に寝泊まりすることもあったが，神戸在住の教員からは「よくまあ本棚の下で寝て怖くないもんだね」と驚かれた）。

第6章は，鷹取東の救助と避難の実状を調査したものである。木造老朽住宅が密集するこの地区は，地震とともに住宅が倒壊し，2か所で出火し，さらに2か所に飛び火し，8町内のほとんどが焼失した。53件の聴き取りのうち23件が「救助した－された」の事例であった。緊迫した状況のなかでの脱出と救助の様子がリアルに伝わってくる。

このような町内の救助活動からは，この地に町内会・自治会の持続的な活動があり，公会堂（2階建て集会所）を保有するまでにいたっていたこと，また下町人情の豊かな「社交と友愛」のつながりがあったことが分かる。まさに，鷹取東「町内コミュニティ」が形成されていたことを窺わせるのである。

そして，住民はそれぞれ散り散りに避難の道筋を歩んでいく。第6章ではその避難経路が5か月後，1年後という時系列で捉えられている。

第7章は，鷹取東の震災復興区画整理事業をめぐる被災住民間の合意形成と神戸市との厳しい交渉の過程をまとめたものである。いかに神戸市がそれまでの「都市経営」の手法を復興事業に強引に上乗せし，被災者の実状を軽視したか，それに対していかに住民が憤激したかが，時間経過のなかで捉えられている。そして，そもそも震災復興を眼目としていない，農地整理のための区画整理事業を震災復興に機械的に適用したことを批判的に考察し，住民の闘いを通

して得られた知見をもとに提言を行っている。

第8章　悲しみは伝えることができるか

避難, 救助, 救援, 復興と続く被災地で, その基調にずっと流れているものは被災死者に対する人びとの慰霊, 鎮魂の思いである。地震や火災で突然に亡くなった人の家族は, 通常の看護も看取りもできないし, 喪の作業さえ十分にできない。いわば「剥き出しになっている死」がそこにあるのである。

各所で被災者が亡くなった場所に小さな仮の墓標が作られた。それに手を合わせるのは家族, 友人だけでなく, 近隣の見知らぬ人たちも花を捧げた。自然と喪の共同作業が始まっていき, 「剥き出しの死」は見守られ, 遺族は少しずつ癒されていく。それは4年後に「震災慰霊碑マップ」の作成とそれを巡り歩くモニュメント・ウォークとなった。

そして, 次世代への震災体験の「伝え」の作業も始まった。「子どもの震災体験学習は, 『不条理』な死に遭遇した人びとの『生の痕跡』に声を賦与しよう」(山住他 1999: 20)とするものである。しかし, それは簡単なことではない。「思い出すことは大切だ, でも思い出したくない」という生徒たちにどう体験をトータルに伝えていくのか。また語り部自身のなかに伝達の難しさ, 「むなしさ」が去来する。

過去の体験や悲しみはそれを丸ごと受け止めることはできないとすれば, 大事なことはそれらを〈分有〉することであろう, という点に到達し, 朗読という方法の有意義さも提案されている。

阪神大震災からすでに30年という年月が経った。1月17日には「希望の灯り」の慰霊行事が続けられ, 小学校の先生が作った歌「幸せ運べるように」は各地で歌い続けられている。

第9章　市民社会とリスク認識

震災被害は木造老朽住宅の密集するインナーシティに集中し, 「震災の帯」となった。地震がたんなる自然災害であったならば, それは「危険」をもたらす

ものであるが「リスク」をもたらすものではない。しかし，今日自然は高度に産業化され都市化された社会のなかに埋め込まれている。地震が「都市波及災害」となって現われるとき，それは「リスク」としての性質をもつのである。

「震災の帯」がまさにそれであった。他都市から羨望の眼で見られていた神戸市の「都市経営」は「山を削り海を埋める」開発を行い，山を削った跡に住宅地，海の埋立地には工場と住宅地を造った。たしかに，新しい堅牢な住宅に多くの市民が移り住んだのであり，戦前からの老朽木造住宅の「帯」からもかなりの人が移り住んだであろう。しかし，現実の「震災の帯」における多くの死者，被災者を見るとき，神戸市の都市経営は震災リスクの軽減に成功したといえるであろうか。否であろう。「帯」というインナーシティに多くの低所得者と高齢者を残したままの都市開発であった。

そういうリスク認識の厳しさをもとうとしない神戸市と国は，復興に向けて「新長田市街地再開発」という高層ビル30棟建設という膨大な復興＝開発計画を進めていった。住民は離散し，残った商業者も苦闘している。町が壊れたのである。まさに「リスク再生産的な震災復興」すなわち「復興災害」である。

そういうなかにあって大いなる展開を見せたのがボランティア，NGO，NPOの救援活動であった。5年，10年と続けられるなかで地元に定着し，市民団体として成長していったかれらは，市や国の行政に頼っても安全は守れない，資本主義市場経済も空しいものである，という痛切な思いをもって「生活世界」が自立できる道はないのかと模索していった。そうしたなかから，被災地に「新しい市民社会を創ろう」という提案がなされたのである。そして，その実現は今なお追求されている。

参考文献

鰺坂学　1977「京都近郊における自治会・町内会——宇治市六地蔵・木幡地区の事例」『新しい社会学のために』13。

岩崎信彦　1988「貨幣と価値——ジンメルとマルクス」『神戸大学文学部紀要』7。

——　1989「町内会の歴史と可能性」『都市問題研究』41 (7)。

——　2015『21世紀の「資本論」——マルクスは甦る』御茶の水書房。

――他編 1999『阪神・淡路大震災の社会学 1 被災と救援の社会学』昭和堂。
大堀健 2023「『コミュニティ』に残されている何か」『地域社会学会ジャーナル』12。
小山陽一編 1985『巨大企業体制と労働者――トヨタの事例』御茶の水書房。
小林和美・池田太臣・中野伸一 1996「神戸市灘区における避難所の分布とその運営」神戸大学社会学研究会『社会学雑誌』13。
島崎稔 1969『日本農村社会の構造と論理』東京大学出版会。
田中清助他 1973「シンポジウム　史的唯物論の現代的課題」『現代と思想』14。
布施鉄治 1976「社会機構と諸個人の社会労働－生活過程」『北海道大学教育学部紀要』26。
山住勝弘・山住勝利 1999「哀悼する記憶――阪神大震災の死者の名を呼ぶために」『大阪教育大学紀要　第Ⅴ部門』48（1）。
吉野英岐 2023「『地域社会学を振り返る』を始めるにあたって――地域社会学会 50 周年記念事業『地域社会学を振り返る』(1)」『地域社会学会ジャーナル』12。

注記：本文中の引用の表記について
・「(岩崎 2015: 100)」は，その章の「参考文献」に記載されている，岩崎信彦 2015『21 世紀の「資本論」――マルクスは甦る』御茶の水書房，の 100 頁を意味している。
・「(Marx 1969b: 45 = 1967: 56)」は，同じく Marx, K. 1969b *Das Kapital Band 3*, Dietz Verlag（大内兵衛他監訳　1967『資本論』第 3 巻〔『マルクス＝エンゲルス全集』第 25 巻〕，大月書店），の原書の 45 頁，訳書の 56 頁を意味している。
・「(同書：50 = 65)」は，直前の引用文献と同じ文献の場合，このように略して表記している。

第1章

「みかん危機」のもとで苦闘する農民
兼業化と脱農,そして集落的結合の弱体化

初出:「『みかん危機』のもとでの村落生活の変化と主体的再編成——和歌山県有田市千田東地区のばあい」村落社会研究会編『村落社会研究』第14集,1978年,2。なお,一定部分の省略と若干の補正が行われた。

1961(昭和36)年から始まる「農基法(農業基本法)」農政=「選択的拡大」によって,みかん生産は生産量が100万t弱から72(昭和47)年には300万tを超えるというように急激に増大した。200万tを超えた68(昭和43)年には第一次価格暴落が,300万tを超えた72(昭和47)年には第二次暴落が生じ,その後,今日にいたるまで価格低迷が続いている。九州地方をはじめとする新植のみかん生産農家増大という外延的拡大に主導されながら,量産主義的な大規模化,省力化という内包的高度化が進められたところに他の作目にない特色があった。それだけに,「過剰生産」暴落以降のみかん経営の破綻は顕著である。

本稿は,こうした事態を「みかん危機」と捉え,園地と出荷力の外延的拡大と生産構造の内包的高度化が二重に進められてきた旧産地和歌山県有田市を対象地に選定し,そこにおけるみかん農家経営の破壊的状態を分析しようとするものである。[注1]

注1 「選択的拡大」によって引き起こされた,みかん農業の問題性については次のものを参照した。井野他編(1968),南他編(1971),全国農業会議所(1971),磯辺編(1975)など。

1 対象地域の概況

　有田市のみかん農業を見ると，経営耕地においては，1960（昭和35）年に田441a，樹園地745haであったものが，75（昭和50）年には田101ha，樹園地1300haと大きく変化している。みかんへの「選択的拡大」政策に対するこの地の対応の表われである。

　千田(ちだ)は，有田町の市制移行（1956〔昭和31〕年）とともに平坦部を行政的に境界づけられて東西に分離するのであるが，丘陵の裾に連なって集住する佐山，野井の二つの字をもって千田東(ちだひがし)となすことは地理的・歴史的条件からして不自然なことではない。平坦部の水田地帯は53（昭和28）年の有田川洪水によって大被害を受け，その後の復興事業でみごとに区画整理されたが，「選択的拡大」のもとでほとんどみかんに転換され，今また「みかん危機」のもとで虫食い的な宅地造成が進められている。

　1965（昭和40）年には農協合併が行われ，千田東の属する保田農協は箕島農協などとともに有田市農協へ編入されたのであるが，伝統的なみかんどころをなす宮原，糸我の農協はこれに加わらず隣接の吉備町に本所をおく有田川農協に合併するにいたる。有田市域は二つの農協管轄地域に分かれたが，千田東の属する有田市農協は，後発的なみかん地帯を抱えていることと有田市との行政的タイアップを進めたことによって，農業近代化政策への対応において有田川農協のそれより一段早い展開を見せるのである。70（昭和45）年からの第二次構造改善事業はこのことを顕著に示すものである。

　3億数千万円をかけて建設された「ありだ共選」は，1時間45tの処理能力を有する「東洋一」（当時）の選果場であった。この一大事業によって，市農協管轄地域の部落共選は解体され「ありだ共選」に再編成されることになった。流通近代化に対応し，新産地の市場力に対抗すべく形成された大型共選体制は，しかしながら，稼働開始翌年の1972（昭和47）年にみかん大暴落に直面し，まさに「みかん危機」のもとでの本格的運営を余儀なくされるのである。加入農家も市農協管内の農家の4割，600余戸（75〔昭和50〕年3月）に

とどまり，しかも徐々なる離脱を防止しきれていない。千田東においては，のちに「ありだ共選」の運営委員長に就くリーダーの強力な指導もあって，「千田東共選」加入農家全戸と個選農家の半数，総じて8割余の農家の参加を得たのであるが，稼働1年後に一部離脱を見，77戸（7割）の加入率で75（昭和50）年まで推移するのである。生産基盤の方では，71（昭和46）年から72（昭和47）年にかけて，農用軽トラックが全線において離合可能なコンクリート農道を千田東の東部の谷中心に整備した。また73（昭和48）年には，濃密生産団地育成事業として多目的自動スプリンクラー施設を旧来の千田東共同灌水施設を改廃して設置し，病虫害に対する共同防除を開始したのである。他の地域では，67（昭和42）年から有田川流域全面にわたる県営畑地灌漑事業が開始され，72（昭和47）年に多目的手動スプリンクラー設置を付加して有田川土地改良区によって事業は継続され，75（昭和50）年より部分的に共同防除が始められた。

以上の概観から，千田東が，みかん旧産地の有田地方のなかにあって比較的後発ながら，地元における強力なリーダーシップと，有田市ならびに市農協を中間機構とする上からの近代化政策の貫徹とによって，他を一段階抜く水準のみかん生産体制を形成してきたことが分かる。そして，それゆえに「みかん危機」の襲来とともにその内部矛盾はよりいっそう鋭く現われてくるのであり，その点の分析に対象地選定の眼目もあったのである。[注2]

2 千田東における農民層分解と生産・出荷体制

(1) 千田東における農民層分解の特徴

千田東の1960（昭和35）年以降の農家数を見ると，126戸から75（昭和50）年の108戸に減少しているが，とくに70（昭和45）年から75（昭和50）年にかけての10戸減少が大きい。そして，この同じ5年間に非農家が41戸も来住し，非農家総数は93戸になっている。農家が経営困難によって平坦部の樹園

注2　本調査は，1974（昭和49）年の予備調査による対象地選定（有田市旧安田村千田東地区，旧宮原村旧道地区），1975年3月の全戸アンケート調査，それ以降78年3月までの数度のヒアリング，青年農業者との交流会，というように進められた。中間集約として岩崎・谷口（1976）がある。

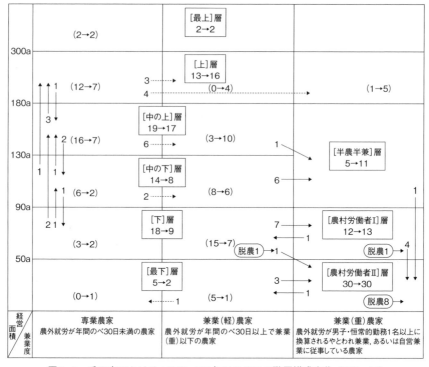

図1-1 千田東における1970〜75年にかけての階層構成変化（単位：戸）

注：1）表の読み方 □ならびに（ ）内の数字は1970〜75年にかけての戸数変化，そのほかは，その5年間の階層移動戸数をあらわす。
2）兼業度の算定方法
1．日雇・臨時やとわれは，センサス様式で，30〜59日＝1，60〜99日＝2，100〜149日＝3，150日以上＝4を配点。
2．恒常的勤務は1名につき5，自営兼業は1戸につき5を配点。
3．女子は，×0.8，60歳以上の老齢者は，×0.5とした。
4．世帯ごとに積算し，0＝専業，1以上4未満＝兼業（軽），5以上＝兼業（重）とした。

出所：1970年は世界農林業センサス農家個票，75年は本アンケート調査より作成。

地の切り売り・宅地化を進めたからである。

そこで，この5年間の農民層の分解を調べるために，農民層区分の指標を立てねばならない。やはり基本になるのは，経営面積と兼業度である。兼業度については，センサスの専兼別をそのまま使用することは，その判定基準があいまいなために避けて，農外就労日数を世帯ごとに積算して判定した（専業，兼業〔軽〕，兼業〔重〕の3段階に）。経営面積については，センサスの数値の有効

性を確認した（図1-1）。

　このようにして，図1-1に見るごとく，108戸の農家を［最上］層，［上］層，［中の上］層，［中の下］層，［下］層，［最下］層農家と，［半農半兼］層，［農村労働者（自営業者含む）Ⅰ］層，［農村労働者（同前）Ⅱ］層の九つに区分した。1970（昭和45）年から75（昭和50）年の変化を見ると，その基本的特徴として，一つに［中の上］と［中の下］の境界である130aが農民層の分解基軸になっていること，二つに下向への分解が兼業の深化という形をとって進んでいること，すなわち［中の下］から［半農半兼］へ6戸，［下］から［農村労働者Ⅰ］へ7戸，［最下］から［農村労働者Ⅱ］へ3戸，［農村労働者Ⅰ］から［同Ⅱ］へ4戸，［同Ⅱ］から脱農へ8戸と移動していることがあげられる。三つは，［中の上］［上］という営農の基礎を維持している層においても，［中の上］から［上］への上向を3戸見ながらも，全体として兼業への傾斜が主なすう勢であることである。

(2) 出荷体制の問題点と農家の対応

　「ありだ共選」という大型共選の特質は，一つに，大量出荷による市場占拠力の増強である。二つに，その大量共同選果の技術的条件からして，加入全農家のみかんをすべて高品質に揃えるわけにはいかず，中品質に標準化する方向が打ち出されることになる。三つには，各農家は日おもて，日うら，水田転換に分けて共選場に搬入するだけでいいので，事前選別の省力化というメリットがある。

　「ありだ共選」発足時（1970〔昭和45〕年）に加入しなかった14戸は「個選A」を作り，稼働の翌年の71（昭和46）年に12戸が離脱し「個選B」を作った。これをまとめて「第一次離脱」と呼ぼう。ところが，75（昭和50）年に「第二次離脱」が起きるのである。77戸の「ありだ共選」（以下「共選」）農家のうち21戸が離脱し，「個選C」4戸，「個選D」4戸，無加入3戸に分かれるのである。

　1975（昭和50）年の離脱問題はこのように根の深い問題を含んでいるが，「共選」はうち続く離脱問題を克服するためにも，第二段階への発展を余儀なくされている。

時あたかも，1972（昭和47）年の第二次価格暴落以降，生産調整，改植推進，品質向上（土作り，省肥栽培）が全国のみかん産地の課題になっている。摘果運動，改植パターンの指導，バークミン（樹皮完熟堆肥）の製造・頒布，葉濃度検査など，行政をはじめ市農協＝「共選」は生産指導の急速な強化を余儀なくされているのである。

(3) 生産体制の問題点と農家の対応

　量産体制に入って以降の生産は，その方法思想において大きな偏りを示してきた。それは，たとえば多肥栽培である。収量は上がるが，葉は濃緑色，土はカチカチになっている。
　再編の方向を行政は，合理的省力化・大規模自立経営という形で描いたのであるが，それによって職人的な生産姿勢は省力化的量産主義にとってかわられるのである。しかし，それは合理的というよりも土壌の収奪と化学資材の過多投入を軸とした歪んだものであった。生産基盤の真の充実から遠のいた目はそのぶん市場へ引き寄せられ，商人的側面の肥大化を招来することになる。いかにもうけるかが彼らの主要関心事になり，いかによいみかんを作るか，という関心は歪んだ形でこれに従属する。水田転換による自給的性格の希薄化もこれを促進する一因であった。
　1972（昭和47）年の暴落以降，摘果による生産調整という緊急措置がとられ，75（昭和50）年以降は温州みかん以外の「雑柑」への改植事業が推進された。76（昭和51）年に出された「果樹農業振興基本方針」は，旧「果振法」から一転して，87（昭和62）年に向けて改植，経営の複合化を推し進めようというものであった。有田市域においても，1241haの園地の2割すなわち250haを毎年20haのペースで改植していこうとしている。
　さて最後に，千田東の生産組織に触れておこう。
　前述の「省力営農組合（省力）」は1974（昭和49）年から本格的な共同防除を始めているが，東部の谷約40haに園地をもつ54戸の農家によって運営されている。共選農家も個選農家もほぼ同じ割合で加入しており，生産面での共同が独自の論理をもっていることを窺いうる。各層ごとの加入率は，［最上］

100%，［上］88％と圧倒的に高く，［農村労働者Ⅱ］30％を除けば，あとはだいたい50％である。面積比率は前二者のみで50％ほどに達する。上層農家主導の組織であることは明瞭であり，役職者は［最上］［上］が担い，作業班は［中の上］［中の下］を含む四つの層の後継者たち十余名が担っている。また，若い「省力」作業員が「共同防除で品質がよくなることはないし，薬剤もムダである。1時間あたり650円の作業賃を1日数時間分もらうのにも他の人から冷たい眼を向けられているのを感じる」と言っているが，今日の問題状況が「省力」にも明瞭に反映していることが分かる。

3　各層の農家における営農対応と兼業化

ここでは，各層の農家の営農と兼業化の状態を1975（昭和50）年時点に捉え，各層にどのようにみかん危機が影を落としているかを見きわめていく。九つの階層を大きく三つにくくり直して，(1) 130a以上の比較的上層の農家［最上］［上］［中の上］，(2) 分解の分岐点におかれている農家［中の下］［半農半兼］［下］，(3) 農業副業の農村労働者・自営業者［農村労働者Ⅰ］［同Ⅱ］［脱農］というようにする。

(1)　130a以上の比較的上層の農家

①［最上］農家——300a以上層，1970（昭和45）年2戸→75（昭和50）年2戸

2戸とも1970（昭和45）年時点ですでにこの層に位置しており，千田東の一段階進んだ水準を実現している農家である。

「ありだ共選」参加

A農家：世帯主（59歳）を中心に3世代夫婦健在の4世代家族で，主夫婦，後継者夫婦が農業従事。1877（明治10）年頃から祖父がうら山へ新植。父がその篤農によって基礎を固める。1966（昭和41）年，片道12kmの由良町の山林2haを造成，立木を伐採して早生温州を植栽。量産体制への早い対応であり，経費をかけない新植方法が注目された。74（昭和49）年の生産費分析では，1

日あたり家族労働報酬が県平均（1ha以上層）の約3500円に対して約5500円でかなり高い。しかし，うら山（東部の谷）の主力晩生60年生150aの改植や品質向上への対応に今後の問題がある。臨時雇は150人日で家族労働中心の経営を堅持している。「省力」に約200a参加。（近畿農政局統計情報部『近畿・高収益をめざす農業経営』1976年より）。

「ありだ共選」より離脱

B農家：父が築いた苗木作りを基礎に1972（昭和47）年から主（33歳）が経営を引き継ぐ。温州約300a，苗木約50a。常雇5人ほどにあたる雇用労働力を抱え，72（昭和47）年暴落以降の厳しい状況を切り抜けている。雇用労働力の完全燃焼のために「共選」を離脱。市場に対する古いのれんを生かして単独出荷に移行。75（昭和50）年以降の改植＝苗木需要の高まりのなかで企業的経営への展開が注目される。「省力」約60a。

2戸はかなり性格を異にするが，とくにA農家は，量産体制の展開のなかで，規模拡大を家族労働が許す範囲の限界まで追求している。そして主は，1958（昭和33）年の「共同灌水組合」に始まる千田東の農業事業にリーダーシップを発揮し，71（昭和46）年以降「共選」運営委員長として困難な「共選」運営に携わっている。

② ［上］農家――180a以上の［専業］［兼業（軽）ならびに兼業（重）］層，1970（昭和45）年13戸→75（昭和50）年16戸

「共選」参加――10戸→6戸

C農家：250aのうち50aを苗木に振り向けている。1970（昭和45）年より約30a拡大。主（37歳）夫婦と母による専従。主は千田東あるいは有田が今後どのような産地形成を行っていくべきかを真剣に考えている，青年層の事実上のリーダー。「省力」60a，理事。

D農家：主（50歳）は，1972（昭和47）年の暴落を機に後継者とともに養鮎自営を開始。60aを減らして190aの経営を継続している。「省力」120a，雇用のべ300人日余が農兼の両立を助けているが，園地は荒れている。自営で一定の高収益を上げているが，みかんを引き続き縮小することにはまだ踏み切っていない。

そのほかの4戸も，後継者が公務員，農協勤務，画家，苗木と，いずれもみかん一本ではないので，出荷省力の点で，「共選」にとどまっている。

「共選」から「第二次離脱」——4戸

E農家：30aを拡大して190aを経営。採果雇用労力の不熟練化により茎切りが高く，共選での評点が悪かったことが離脱の契機ではないか。後継者（24歳）は「共選は助けあいの気持ちがない。個選になって市場取引など勉強になり，営農意欲が増した」と言っている。主（55歳）は「省力」監事，「個選D」リーダー。「省力」120a。

この層の生産基盤はたしかに相対的な充実を示しているが，この間の「選択的拡大」＝量産主義への積極的な対応があっただけに，その分だけ危機下で動揺を見せている。共選農家のうち3戸の農外転進への傾斜，個選農家の後継者の日雇いの開始がそれである。そして何よりも，「共選」からの「第二次離脱」によって出荷体制が五つに分かれたことである。

③ ［中の上］農家——130〜180aの［専業］［兼業（軽）］層，1970（昭和45）年19戸→75（昭和50）年17戸

家族労力で十分な園地管理をなしうる，典型的な小農経営といえる。日雇従事はたしかに3戸から10戸へ増えているが，「共選」加入率の高さに相対的な安定性が窺える。

「共選」第二次離脱により15戸→11戸

F農家：140a経営。主（47歳）は「共選」運営委員長であるA農家の主の役割を評価し，千田東に少ない40歳台のリーダーの役を務めている。「省力」105a，組合長。農業委員（1977〔昭和52〕年は「共選」地区委員，自治会長）。

G農家：主（39歳）は1962（昭和37）年に分家したとき40a経営（水田転換みかん）。65〜71（昭和40〜46）年に親類7戸ですさみ町の山畑を10ha開墾，共同経営。それは失敗し，別の親類3戸と3ha開墾，分割。しかし，片道1時間半の出作りで未成園なので大変である。生産量が増えたら個選に出ようかとも考えている。現在，同じ［中の上］の本家が建設会社経営を手がけているので，その園地管理に夫婦で雇われている。

H農家：150a経営。主は32歳。農業縮小＝農外企業化を志向している2農

家より70aを購入し拡大。1975（昭和50）年研究会長，79（昭和54）年農協管内の研究会長というように農業に熱心であるが，「共選」の運営に疑問を感じて離脱。［上］層の農家の後継者（27歳，77〔昭和52〕年研究会長）らと4戸で「個選C」を結成し，若手中心，生産面重視でやっていこうとしている。「しかし個選は大同団結すべきであるし，そのためには研究会活動が重要であると考えているが，実際にはなかなか難しい」と言っている。

相対的に安定しているのであるが，まさに「どっちの方向へ展開させるか」という緊張感をそれぞれの対応のなかにもっている。そこには，技術研究や改植対応，さらに「共選」や集落の運営など，営農における基本的な問題を自分の問題にして取り組んでいこうとするエネルギーがある。

(2) 分解の分岐におかれている農家——［中の下］［半農半兼］［下］

① ［中の下］農家——90〜130aの［専業］［兼業（軽）］層，1970（昭和45）年14戸→75（昭和50）年8戸

この層の農家は，1970（昭和45）年から75（昭和50）年にかけて，6戸が［半農半兼］に移るなどして14戸から8戸に減少している。まさに小農経営の存立の基礎そのものを奪われてきた層である。

「共選」5戸→1戸，「第二次離脱」4戸

I農家：100a経営，うち「省力」45a。主は35歳。「『共選』加入の決心は6割くらいしかできなかったが，取り残されるムードがあり加入に踏み切った。1965（昭和40）年頃から不動産関係にも携わってきた。70（昭和45）年頃から地価が農協金利を超えて上昇し，土地を売るのは恥という考えが薄らいでいった。しかし，暴落後の地価の値下がりはきつい（平坦部の土地を2a程度手放さざるをえなかったもよう）。しかし，最近は盆まで生活費が残らず，子どもに「みかんをやれ」と言う根拠がない。政府の言うことでよかったことはない。が，農民は自分の不満を言っていくことを知らない」。なお，主は日雇いに100日余り従事している。

「第一次離脱」3戸

J農家：90a経営，うち「省力」87a。主（48歳）は職人気質でみかん作りに

取り組んでいる。子ども2人を大学にやっており，妻は農業従事のあいまを見つけて縫製内職に精を出している。息子のどちらかが家から通えるよい就職口を得てくれることを願っている。

存立そのものを脅かされながら，なお分解しきれずにとどまっているこの層の農家はⅠ農家やJ農家のような厳しい状況におかれている。大型共選体制がその要求に応えてくれるものではないことを如実に示している。Ⅰ農家をはじめ3戸が拡大志向をもっているが，みかん作りを中心においてどこまで頑張り続けられるか，その意欲を支える集団的な基盤は今のところ見出しがたい。

② ［半農半兼］農家——90〜180aの［兼業（重）］層，1970（昭和45）年5戸
　→75（昭和50）年11戸

新たにこの層に移入した7戸は，3戸が後継者ないし子女の恒常的勤務への新規就労，4戸が土建関係の自営業開始によるものである。一定の経営面積を有する農業と，恒常的勤務（4戸）あるいは自営業（7戸）との二本立ては，前項で見た［中の下］の転進形態となっている。

「共選」8戸→5戸

K農家：［中の下］より移入，110a経営。主（40歳）は，土建関係の日雇いの経験を基礎に，暴落後この層のO農家ら4戸とM組を作り，下津町の建設会社の仕事を中心に共同経営を開始。農業従事は妻が専従，主はその半分である。

L農家：［中の上］より移入，100a経営。10a単位で園地を手放しているもようで，脱農的傾斜が強い。後継者（23歳）は，自営・クレーン車運転手として和歌山の下請会社で働いており，農業従事なし。「省力」50a。

M農家：しょうゆ醸造を兼業してきた農家。主（34歳）は，この自営業の経済的基礎のうえに40aを拡大，160aを経営している。父の助力を得ながら園地管理を合理化して，ギリギリのところで両立させている。「『省力』110aのおかげだ」と言っており，その作業班や市の青年農業者会議での積極的メンバーである。

「第二次離脱」3戸

N農家：後継者（25歳）は1969（昭和44）年に高校卒業後，T燃料に勤務。

75（昭和50）年には年収150万円ほど。100aの園地と15aの水田は主（53歳）夫婦が専従。後継者は将来三交替勤務の許す範囲でみかんを続ける予定。縮小志向。

O農家：主（34歳）は，前記のK農家らとM組で仕事しながら，父と妻を助けて農業に100日弱従事。みかんを取り仕切っている父は「中耕しなくても10年前より樹勢はよい。病虫害がなくなったからか」と言い，省力化のため個人で防除スプリンクラーを設置している。「共選」を離脱したのは省力化に反するが「労力配分を考えて，早生4割，中生4割，晩生2割にしているが，その中生の出荷期間を『共選』が十分保障してくれないから，やむなく出た」のである。「個選D」に参加。拡大志向。

「第一次離脱」3戸

P農家：主（38歳）は，1969（昭和44）年以前に海岸で釣宿経営開始。100aの園地はすべて「省力」。父の専従をはじめ2組の夫婦が従事。

1970〜75（昭和45〜50）年の段階では，この層からの［農村労働者］への移出は見られないが，今後，ファミリー・ステージの推移を一要因としながらこれらの転進が明瞭になっていくであろう。この層は，農業と兼業との二本立てということで生計の面では一定の安定性を有しながら，家族労働力の面での不安定性からどちらかに傾斜していかざるをえないという性格をもっている。その意味で，家族労働力の過剰と生計の不安定性という性格をもつ［中の下］とは異なって，今日的特徴を帯びた分岐層をなしているといえよう。

③ ［下］農家——50〜90aの［専業］［兼業（軽）］の層，1970（昭和45）年18戸→75（昭和50）年9戸

18戸から9戸へと半減しているこの層において，減少した農家の大部分7戸は［農村労働者Ⅰ］へ移出している。とどまっている9戸には生活の貧農的状況が色濃く出始めている。

「共選」5戸→4戸

Q農家：主（43歳）夫婦で20aの水田を自給の基礎に60aのみかん作りをしているが，それだけでは生活できず，主は年間100日ほど苗木作りに雇用されている。拡大志向をもっているが，生活状態から見て，その展望は困難である。

「第一次離脱」4戸

R農家：75aを主（59歳）夫婦，後継者（32歳）夫婦で経営している。「個選A」内部に作られている共販グループの一員として，良質のみかん作りに意を用いている。農外労働には後継者が100日ほど従事しているのみである。

この層の貧農的状況は，生活意欲そのものに停滞を招いているようであり，労働力市場の展開の狭さもあって，今後の兼業化の道すら困難を予想させる。

(3) 農業副業の農村労働者・自営業者──［農村労働者Ⅰ］［同Ⅱ］［脱農］

① ［農村労働者Ⅰ］──50～90aの［兼業（軽）］層，1970（昭和45）年12戸 → 75（昭和50）年13戸

戸数自体の変化は12戸から13戸へと小さいが，［下］からの移入7戸，［農村労働者Ⅱ］への移出4戸，脱農1戸というように移動率は高い。［下］から移入した7戸は，後継者の恒常的勤務への新規就労3戸，自営業開始3戸，日雇の恒常化1戸より成る。

「共選」10戸→6戸

S農家：50a経営，うち水田5a。主（35歳）はD電線勤務で年収約170万円。「資材費だけとれれば，財産としてみかん作りを続けたい。農道事業は反別が小さいうえに削られるので反対した。しかし，断りきれず，現在反あたり26万円で計100万円近い借金を背負うことになった。出るはずの市の補助金もまだ出ない。事業を否が応でも受けねばならない事態を考え直してほしい。共同防除は県営工区でしたいのだが，隣地の人の賛同を得られない。反10万円ならしたいのだが個人ですると17～18万円かかるのでできない」。農業従事は主と妻，父であるが，いずれも30日ほどである。

「第二次離脱」4戸

T農家：70a経営，うち水田20a。主（56歳）は，20年間勤めた郵便局を退職し，妻に負担をかけていたみかん作りに力を入れようとしている。「共選」を離脱した点について「1974～75（昭和49～50）年と地区委員（班長）をやったが，横流し（良質なみかんを『共選』に出さずに別途販売する）を今になって規制してくるので班のまとまりがつかなくなった。自分のところは『共選』に

全量出荷してきたが」と言っている。「個選D」に所属。後継者はT燃の下請会社H組に就労, 年収70万円。

「第一次離脱」3戸

［農村労働者Ⅰ］の13戸総じて恒常的勤務8戸, 自営業4戸, 日雇1戸である。農業には, T燃勤務の後継者3人を除いて, 主夫婦, 後継者が何らかの形で従事している。非「共選」農家の農外年収は相対的に低いが, その分みかん収益を上げる出荷努力を個選で行っているといえよう。

② ［農村労働者Ⅱ］──50a未満の［兼業（重）］層, 1970（昭和45）年30戸
→ 75（昭和50）年30戸

［同Ⅰ］より移入してきたのは, 主がM石油勤務（管理職）, 主がM組（土建）勤務, 主が自営（土建）, 主と妻とも日雇の4戸で, 10～40aほどの農地を縮小させている。［下］より移入した1戸は主と後継者の恒常的勤務就労によるものである。

30戸の農外就労状況を見ると, 自営業従事と世帯員多就業の多さが顕著である。年収も120万円未満がかなりあるなど全般的に低い。農業については, 前項のJ農家とほぼ同様の状況にあると考えられる。農業従事は, 短い日数で複数の世帯員が行っており, 年間60日以上の従事者を有する世帯は19戸（主7戸, 妻8戸, 父ないし母4戸）である。農外就労に重点がおかれているからみかんの品質が悪いとは一概に言い切れず, 面積が小さいので管理をこまめにやる世帯もある。

③ ［脱農］家──1974（昭和49）年以前に脱農し引き続き集落内に居住している世帯21戸

1971（昭和46）年以降に脱農した8戸に特徴的なことは, 50歳以上の主の自営業従事と20歳台の後継者の恒常的勤務を組み合わせている世帯が5戸もあることである。すでに70年以前に脱農した世帯にはこういう形態はなく, 30～40歳台の主が恒常的勤務に就労という世帯が13戸中5戸を占めており, 恒常的勤務の農家への浸透は早まっている。

みかん農業に関していえることは, これらの不安定な農村労働者・自営業者

にとって，たとえ小規模なみかん作りでも不可欠の家計基礎になっていることである。それぞれの園地管理の粗密はにわかには判定しがたいが，出荷の省力とともに中品質志向の「共選」は，彼らにとって適合的なものである。労働力市場の展開が「構造不況」下で狭められているだけに，この層のこうした形態での滞留は今後とも続くであろう。

4 村落生活の主体的再編成の論理と担い手

　これまでの現状分析によって，「みかん危機」のもとでの村落生活の変化の実態がおおよそ明らかになった。みかん価格低落とそれによる家計費不充足によって引き起こされた急速な兼業化。この兼業化を基軸とする農民層分解は，営農面において，大型共選体制の内部矛盾と集落的出荷体制の亀裂を深刻化させ，また改植や土作りという生産の基本問題を農家につきつけている。
　では，有田市千田東において，その主体的再編成の論理はどのように探られるべきか。筆者は自らの現状分析の不十分さに不安を覚えつつも，「新しい千田東銘柄の再建」をその論理として提出したい。「ありだ共選」の装置を利用し，千田東生産分の独自仕分けを行うことが技術的前提となる。四つに分裂している個選が市場からの要請にもかかわらず合同できないのは，そこに抜きがたい競争主義と秘密主義が存在していることを物語っている。他方，「共選」農家はその営農意欲におけるこのような閉塞を免れているが，逆に開放のなかの風化といったものにさらされている。「『共選』は会社みたいなものだ，品物を放り込みさえすればよいのだから」「『共選』場に行くのは，まちに出かけて行くようなものだ」という農民の言葉がそれを象徴している。
　個別への閉塞と開放のなかの風化という矛盾をともども克服する道は，集落的協働の再建に求める以外にない。「以前の『千田東共選』くらいの大きさが一番よい」というのがおおかたの農民の声である。
　千田東の村落生活を主体的に再編成していくことを考えるとき，そこにはきわめて有利な条件を見出すことができる。それは青年農業者の層の厚さである。130a 以上経営のなか，上層農家36戸のうち20歳台ないし30歳台の農業

専従男子を有する農家は20余戸にのぼる。

　5年あるいは10年の見通しをもったこの活動のなかで，見過ごされてはならないいくつかの論点がある。一つは，小農経営の存立基礎を危うくさせられている［中の下］［下］農家の問題と，［農村労働者］あるいは［半農半兼］世帯の問題である。千田東銘柄の再建のためには，これらの層の集落的支持が必要である。そのための一論理として，農作業受委託組織の民主的形成が考えられる。兼業重点の農家に生じがちな粗放化を集落的かつ民主的な規制でもってチェックし，その園地管理作業を［中の下］［下］あるいは［中の上］農家に優先的に受託させる組織を各層の農家代表によって編成することである。千田東銘柄再建というむらの論理は，こうした階層間協働の論理に支えられなければ実現しないのである。

　二つは，1976（昭和51）年から試験的に開始されている「温州みかん所得共済」の拡充の課題である。

　三つは，平坦部のスプロール現象はみかん作り継続と資産的保有という二つの側面をもっている農業者にとっても，また新来住民にとっても放置できない問題である。加えて，「遅すぎた」農用地指定がそれをいっそう複雑にしている。

　以上，当面考えられる論点だけでも非常に重く大きいものであるが，「新しい千田東銘柄の再建」の論理を青年農業者自らのものとなし，その実現に向けて共同の努力を蓄積していくならば，必ずや解決可能な課題となっていくであろう。

参考文献
磯辺俊彦編　1975『みかん危機の経済分析』愛媛県果樹協会。
井野隆一他編　1968『戦後日本の農業と農民』新評論。
岩崎信彦・谷口浩司　1976「みかん旧産地における農民層分解と農業諸組織の展開」高野山大学編『高野山大学論叢』11。
全国農業会議所　1971『果実市場の変化と経営の分解』。
南清彦他編　1971『総合農政下の農業と農民』汐文社。

【コラム】その後の有田みかん

　私は「新しい千田東銘柄の再建」を最後に提案したが,「みかん危機」のもとでは,千田東は農民層の下方分解,すなわち兼業化と脱農が顕著なすう勢となり,また選果グループの四分五裂など集落的結合は弱体化していた。無理な提案であったが,ある意味でそう言うしかしようがなかった。

　「ありだ共選」という大型選果場であっても集落ごとの選果は技術的に可能である。しかし,問題は共同大量出荷による市場占拠力の増強である。他のみかん産地がその力を強めているとき,集落共選体制に戻すことは不可能であった。「中品質」といえども大量出荷による市場占拠力が重視されたのである。「高品質」「ブランド」を維持しようとすれば,それはおのずと個選,集落共選という旧来の体制を保持する必要があった。旧産地有田はこうして二つの道の分岐が進んだのである。

　その後の有田みかんについては,30年後の2009年に刊行された細野賢治著『ミカン産地の形成と展開――有田みかんの伝統の革新』が詳しいので,それを要約的に紹介させていただく。

　全国の温州みかんの栽培面積は,1973年には約17万haのピークに達した。50年の5倍となっていた。価格暴落から80年代末まで「過剰・転換期」に入り,生産も縮小傾向となった。90年代に「再編期」に入り,光センサーなど新しい選果技術が導入され,また「川下」の消費市場では,スーパーの大型ロットにおける定時・定量・定品質仕入れが広がっていった。他方で「こだわり商材」としてのブランドみかんの市場も伸びていった。しかし,2000年になる頃には,ピーク時17万haあった栽培面積も3分の1まで減少している。価格の低迷,市場競争の激化,農家の脱農によって減少したのである。産地間競争も激しく,販売ロットの大型化と高品質化を積極的に進める熊本県や静岡県などの優位性が高まっている。和歌山県はその点で遅れをとっているが,意外に農家数や栽培面積の減少幅は小さいのである。そこには,有田みかん固有の特性がある。

　有田みかんの歴史は古く,個別農家の家族経営による「商業的農業」として

発展してきた。1960年代以降の農業近代化のなかでも，京阪神の古くからの消費者に支えられてきたブランド力がある。今日でも「こだわり商材」としての高品質みかんという消費者の要求に応えて販路を確保しているのである。もちろん収益性の低下，担い手の高齢化・後継者不足，選果施設更新時の資金不足などでその数は縮小傾向にある。

　他方，大型の農協共販組織は「ありだ共選」など三つあるが，光センサーなどの選果技術，園地台帳に基づく営農指導による品質向上，スーパーの仕入れニーズへの対応によって，出荷者を拡大させている。個別生産農家のなかで上記の理由で経営を継続できなくなった農家がこの大型共販組織に吸収されていることは，それが受皿的機能をもっているからである。

　以上のように，有田では生産体制が小規模生産販売農家と大型農協共販組織に二極化しており，それが市場の二つの要請，すなわち一方のスーパーの大型ロットにおける定時・定量・定品質仕入れと，他方の「こだわり商材」としてのブランドみかんのそれぞれに対応する「重層的市場対応」が可能になっているのである。ただ，伝統的みかん産地であるだけに老木の改植，密集園地の整理，「有田ブランド」みかんの確立など課題は多いが，今後の取り組みが注目される。

参考文献

細野賢治　2009『ミカン産地の形成と展開——有田みかんの伝統の革新』農林統計出版。

第 2 章

「トヨタ生産方式」のなかで苦闘する労働者
組立ライン労働者の労働生活と疎外

初出:「自動車産業労働者における労働生活と疎外——トヨタ自動車工業を事例として」『神戸大学文学部紀要』第 11 号,1984 年。なお,一定部分の省略と若干の補正が行われた。

　1982(昭和57)年度の法人申告所得3336億円,トヨタ自動車は日本企業のなかの第1位に位置している。トヨタの「かんばん方式」や自主管理活動は,国際的にも日本的経営を代表するものとして注目を浴びている。本稿はそのトヨタの労働者を調査によって具体的に捉え,彼らの労働生活を分析し,その「勤勉」と疎外を解明することを目的としている。そこには,流れ作業の単純反復労働がもたらす疎外の基本的性格が存在している。そして,疎外を労働者に「乗り越え」させようとするトヨタ経営が一方に,またそれに呼応して刻苦勉励する労働者,それに反発しながら不満をうっ積させる労働者が他方に存在している。
　本稿の前半では,そうした問題状況を整理して仮説を立て,後半ではそれを検証しながら職場と労働生活の構造と疎外を具体的に解明しようと思う。

1　自動車産業労働者をめぐる問題状況

(1)　オートメーションと労働疎外
　　　——ブラウナーの「逆 U 字曲線」仮説
　自動車組立におけるフォードシステムの展開は,労働の細分化と労働におけ

る疎外の問題をあらためてクローズアップさせ，旧来の熟練技能型労働から最新の装置管理型労働への進展のなかで，それがどのように位置づけられるかを浮かび上がらせた。

　この課題に一つの労働社会学的視角を与えたのはブラウナーであった。その著書『疎外と自由』は，工場労働における疎外を四つの次元において解明しようとした（Blauner 1964）。疎外の四つの次元とは，すなわち①無力性（powerlessness），②無意味性（meaninglessness），③孤立（isolation），④自己疎外（self-etrangement）であり，それぞれ①無力で事柄に対する統制力を欠いていること，②役割がきわめて専門化されているため，組織のなかの「歯車」になること，③非人格的な取り扱いを要請する共同体，ないし人格的な関係のネットワークから孤立していること，④他者の目的のための手段であることの結果，彼自身にとって彼の活動は自己実現のための目的ではなく，たんなる手段にすぎないものとなること，と定義している。

　そして，分析のこの四つの次元によって，ブラウナーは産業とテクノロジーの四つの型，すなわち①熟練技能型（印刷工），②機械監視型（紡績工），③組立ライン型（自動車組立工），④連続処理工程型（化学オペレーター）の労働をそれぞれ検討したのである。その結果，労働における疎外は，①熟練技能型では低く，②機械監視，③組立ライン型で高まり，④連続処理工程型でふたたび低くなる，といういわゆる「逆U字曲線」仮説を提出するにいたったのである。

　この仮説を直接に実証しようとしたシェパードは，若干の修正をほどこし，孤立を無規範性（normlessness）におきかえ，労働者の昇進がヒキ（pull）やコネ（connection）にどれくらい左右されているかなどの昇進評価の恣意性を尋ねる問いに限定し，また自己疎外を自己評価における仕事の意義（self-evaluation involvement in the work role）と仕事に対する手段志向（instrumental work orientation）におきかえ，前者は仕事上の成功が自身の自己評価において重要な意味をもつかなどの問いに，また後者は仕事が生活の糧を得るためのものであるかなどの問いに限定するなどを行って，マン・マシン関係の3段階，すなわち非機械化段階，機械化段階，オートメーション段階の労働者に適用している（Shepard 1971）。ブルーカラーについての労働疎外度を総括的に表わし

表 2-1　労働疎外指標において中位度以上を占める労働者の比率　　(%)

疎外指標	非機械化段階 (クラフツマン)	機械化段階 (自動車組立工)	オートメーション段階 (石油精製監視工)
無力性	19	94	42
無意味性	46	73	45
無規範性	48	61	33
自己評価における仕事の意義*	48	38	70
仕事に対する手段志向	50	69	29

注：*この項目は非疎外度を問うたものであるから，数字の表われ方は他と逆になる。
出所：Shepard. 1971: Table 6.1 より作成。

たものが表 2-1 である。各項目において疎外の「逆 U 字曲線」が現われており，ブラウナーの仮説はそのかぎりで検証されている。

(2) 自動車労働者の手段主義的態度
—— ウォーカーとゲストの X 工場調査およびゴールドソープらのルートン調査

ウォーカーとゲストは，1949 年という早い時期にアメリカの自動車工場 X の労働者 180 名の面接調査を行い，その結果を『アセンブリー・ラインの労働者』として著している。彼らは，大量生産における労働の特質を，①機械に規定された仕事のペース，②反復性，③最小限の熟練，④工具と作業方法の事前決定，⑤作業対象である生産品の細分化，⑥表面的な精神の集中，の 6 項目に整理し，より短い時間でより少ない回数の操作をより短いコンベア距離のなかで遂行しようとしている自動車組立労働は，大量生産労働のまさに一つの「種」であるとしている（Walker and Guest 1952）。そして，それらの特質が仕事の全体状況（total job situation）にどのように影響し，またそれらがどのように労働者の満足ないし不満足を構成するのかを探求しようとしている。自動車労働者が現在の仕事を好ましいとする場合の主な理由は圧倒的に賃金と雇用安定という経済的要素であり（82%），仕事そのものの満足をあげるものはきわめて少ない（4%）。逆に好ましくないとする場合は，圧倒的に仕事そのものの不満足を理由とし（53%），経済的要素をあげるものはたった 1 名である。

X 工場は稼働後 2 年の新しい工場であったが，ゴールドソープらが 1962～64 年にかけて調査したルートンもイギリス経済成長期に膨張した新しい工業

表 2-2 「手段主義」の度合い (%)

	クラフツマン (N = 56)	機械 据付工 (N = 23)	プロセス 労働者 (N = 23)	機械 工作工 (N = 41)	自動車 組立工 (N = 86)
強い手段主義の労働者	16	26	44	39	49
中位の労働者	30	26	30	22	29
弱い手段主義の労働者	54	47	26	39	22
計	100	99	100	100	100

出所：Goldthrope et al. 1968: Table 72 より作成。

都市であった（Goldthorpe et al. 1968）。ボグゾール自動車工場，スケフコ・ベアリング工場，ラポルテ化学工場で働く 21～46 歳の既婚男子労働者 229 人を対象として精密な調査が行われたのであるが，それは当時のイギリスに増えてきた豊かな労働者（affluent workers）とその中産階級化（embourgeoisement）をめぐってその是非を検証しようとするものであった。豊かな労働者の特徴を調査者たちは手段的志向（instrumental orientation）において端的に捉えようとしているが，①現在の会社にとどまっている理由として賃金水準への言及度が高い，②同僚との交際度が低い，③労働者組織への参加度が低い，の三つの指標を総合して捉えた場合，自動車組立工が最も手段主義的態度を示していることが分かる（表 2-2）。

2　トヨタ自工の労働者をめぐる問題状況

(1)　労働内容，賃金に対する低い満足と高い「仕事のはりあい」感

1980 年の面接調査によって回答を得た 158 名のトヨタ自工労働者の労働生活の特徴について見てみよう。

トヨタでは労働者を四つの部門に分類している。すなわち，A. 直接製造部門（総組立，組付け，運搬，ライン検査，機械加工，研磨，塗装，板金，溶接，プレスなど），B. 準直接部門（機械加工，プレス，ライン保全），C. 間接部門（ライン外検査，ライン保全，走行試験，試作など），D. 事務・技術部門（庶務，技術員など）の四つである。ここでの主要な対象は，ラインに直接規定された A 部

表 2-3 労働内容, 労働条件に対する満足, 不満足 (%)

	労働内容	賃金	福利厚生	労働時間
A（直接）部門（N=61）	5 (30)*	7 (44)	49 (19)	9 (36)
C（間接）部門（N=47）	21 (21)	6 (36)	54 (17)	23 (13)
D（事務・技術）部門（N=42）	38 (19)	17 (38)	51 (10)	36 (24)

注：* （ ）内は不満足
　　B（準直接）部門は標本が少ないため省略した。
出所：立命館大学人文科学研究所編 1981: 表Ⅳ-9 より作成。

　門の労働者であるが，職務について最低限のことができるのに必要な熟練期間を見ると，A部門では1か月以内が7割を占めているのに対して，C部門では逆に1か月以上が7割以上となっている（立命館大学人文科学研究所編 1981）。このようにラインから相対的に自立しているC部門には熟練労働者が多く存在しているのに対して，ラインに規定されたA部門では熟練期間の短い非熟練労働者が圧倒していることが確認される。

　それでは，まず労働内容，労働条件などに対する労働者の満足度を表2-3に見てみよう。仕事そのものの内容（intrinsic job content）を表わす労働内容について，A部門労働者はきわめて強い不満足を示し，C部門では満足と不満足が拮抗し，非現業のD部門では満足が優勢を示している。A部門における労働疎外の状況が明瞭である。一方，外的報酬（extrinsic rewards）の中心をなす賃金については，各部門の労働者とも強い不満足を示しており，会社全体に及ぶ低賃金水準を窺うことができる。賃金と対照的なのは福利厚生であり，各部門とも高い満足度を示している。そのほか，労働時間についてはA部門のみ不満足が強く表明されている。これはラインに規定されて生じる夜勤，休日の指定，残業などの不規則，長時間労働によるものと考えられる。また職場の人間関係については各部門とも満足度は高くなっている。

　A部門労働者に即していえば，仕事そのものに対する強い不満足をもちながら，賃金，労働時間についても満足を得ることができず，福利厚生と職場の人間関係に満足を見出している姿を捉えることができる。内的にも外的にも疎外度，不満足度の高いA部門労働者は，それではどのように仕事と向き合っているのであろうか。仕事に対する総体的な満足度（overall satisfaction）を表

第Ⅰ部　現場で苦闘する農民・労働者・住民の群像

表 2-4　仕事のはりあい感　　　　　　　　　　　　　　　　　　　　　（%）

	つよく感じる	少し感じる	あまり感じない	ほとんど感じない	NA DK	計
A（直接）部門（N=61）	26	43	20	5	7	101
C（間接）部門（N=47）	23	49	21	4	2	99
D（事務・技術）部門（N=42）	50	38	7	2	2	99

出所：トヨタ第5次調査（1980）集計結果表より。

わしていると考えられる「仕事のはりあい」感を見たものが表 2-4 である。おどろくべきことに A 部門の 70％近い労働者がはりあいを感じており，非現業の D 部門にはやや及ばないとはいえ，熟練労働者を多く含む C 部門と同等の高さを示しているのである。

トヨタのライン部門労働者における労働内容，賃金に対する低い満足度と高い「仕事のはりあい」感のあいだのこのギャップは，私たちが解明しなければならない論点である。

(2)「仕事のはりあい」を支えるもの

表 2-5 は，会社における今後の進路を問うたものである。A 部門労働者においては，生活安定志向が 59％と最も高く，人間関係志向も 43％という高さを示している一方，技能志向 12％，役付志向 8％と仕事に向けての志向がきわめて低いことが分かる。これと対照的に C 部門では技能志向が 28％と高く，D 部門では役付志向が 31％と高い。

A 部門において生活安定志向が顕著に高いこと，逆に役付志向，技能志向はきわめて低いことを考え合わせるならば，そこに明瞭な手段主義的態度の存在を推定することができる。

表 2-5 についてもう一つ注目すべきものは人間関係志向である。A 部門では 43％と高い数値を示し，C 部門 38％，D 部門 31％と漸減している。24 歳のある労働者（彼は上司やグループ内の人間とウマが合わず，いくつかの職場を回されてきた間接部門の労働者である）は，「A，B，C，D ごと徐々に人間関係が落

表2-5　今の会社における今後の進路　　　（一部複数回答）（％）

	役付者として腕をふるう	技能専門家として能力を発揮	生活の安定を確保	よい人間関係を築く	その他	計
A（直接）部門（N=61）	8	12	59	43	3	125
C（間接）部門（N=47）	6	28	38	38	0	110
D（事務・技術）部門（N=42）	31	19	36	31	0	117

注：ただし、「とにかく定年まで働ければよい」という選択肢にたいする回答は「生活の安定を確保」に含めて集計した（以下同じ）。
出所：トヨタ第5次調査（1980）集計結果表より。

ちてくるようだ。A部門がいちばんいい。C, D部門辺りでは上を見ちゃうのか，人を蹴落としてもいいという感じになる」と言っている。人間関係が有する固有の意味と「仕事のはりあい」に及ぼす影響という問題状況が見えてくる。

これらの問題状況に同じような関心をもつ共同調査者の沢田善太郎氏は，コンピュータによる解析を通じて興味深い三つの仮説を定立している（沢田 1981）。

① 熟練に要する期間の大きいほど「仕事のはりあい」感は大きい。ところが，非熟練労働が支配的なA部門において「仕事のはりあい」感が大きいのは，A部門特有の「α型熟練」（「α型」は便宜的な呼称である）が存在していると考えるからである。「α型熟練」とは，仕事そのものは本来非熟練であるが，内部昇進制によって職制の地位が上がるに伴って，人員の配置や目標の達成，人間関係の管理などの異質な能力，また部下の作業の手助けができる能力が要請され，そうした能力の熟達をいうのである。

② QC，提案制度，社内教育，社内団体の行事への参加態度の積極性，職場での発言の多さなどを総じて「企業への参加度」と捉えると，地位が高いほど労働者の「企業への参加」が大きい。また「企業への参加」が大きいほど「仕事のはりあい」感が大きい。ただし，企業への参加活動がA部門でとくに活発であるわけではない。

③ A部門が単調労働であるにもかかわらず，「仕事のはりあい」型の部門より低くない理由は何か，という問題と関係がありそうな変数は人間関係である。人間関係が「仕事のはりあい」に及ぼす効果は，職制より一般作業員，その他の部門よりA部門など相対的に価値剥奪の大きい労働者のなかでほど大きい。そして，この人間関係はQCや提案制度など企業の労

務管理によって作られた人間関係とは異質な労働者間の結合を測定している可能性がある。

　以上，仮説は「仕事のはりあい」を支える三つの要因を取り出したのであるが，その現実性を具体的に実証すること，すなわち「a型熟練」なるものをどのようなものと捉えるのか，企業内の諸活動に労働者はどのような態度で参加しているのか，また労務管理によって作られたものとは異質のものとしての人間関係をどのように摘出しうるのか，ということが以下の作業におけるわれわれの課題になるのである。

3　労働者の性格類型

(1)　性格類型

　ライン部門労働者の労働生活をより精細に分析するために，対象とする労働者を次のように限定した。①年齢を21～47歳までとした（すべて既婚者）。学歴が新制であること，工長が含まれないこと，勤続が短い高年の臨時工出身者が少ないことが限定の利点である。②ラインに規定された直接部門（A）の非熟練労働者43名を対象とする。③それと対比させるために間接部門（C）の労働者34名と準直接部門（B）の労働者2名を合わせて36名を熟練労働者として一括した。

　そこでまず，労働者の基本的な性格を類型的に捉えるために次の三つの指標を設定した。

① 労働条件に対する満足度。賃金，労働時間，昇進の3項目について合算し，「満足」（「ふつう」を含む）と「不満足」に分ける。

② 「仕事のはりあい」について「感じる」（「強く感じる」と「少し感じる」）と「感じない」（「あまり感じない」と「ほとんど感じない」）に二分する。

③ 「組合と会社の関係についてどう思うか」について，「協調しているがこれでよい」と「協調しすぎだ」（「多少協調しすぎだ」と「あまりにも協調しすぎだ」）に分ける。

①は外的報酬に対する満足度であり，②は仕事に対する総体的な満足度であ

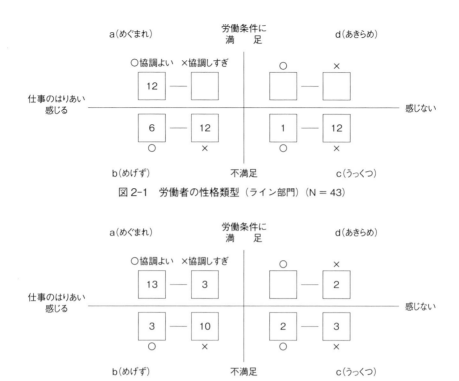

図2-1 労働者の性格類型（ライン部門）（N＝43）

図2-2 労働者の性格類型（間接・熟練部門）（N＝36）

る。③は労働者が会社に対して抱く一体感の度合いである。会社に対する態度を直接に尋ねたものではないが，トヨタの組合は労資協調の性格をきわめて強くもったものであるので，組合のあり方に対する態度を通じて，会社への包摂のされ方を測りうると考えるのである。

　以上の3指標に基づいて類型化したものが図2-1と2-2である。①と②の交差によってできる四つの型をa, b, c, dとする。型の性格をイメージアップするためにそれぞれ「めぐまれ」型，「めげず」型，「うっくつ」型，「あきらめ（あるいは楽天）」型と仮に名づけておいた。そして，③の組合と会社に対する態度をそれぞれの型のなかで二分し，「協調しているがこれでよい」とする肯定的態度を○印で，「協調しすぎだ」とする否定的態度を×印で示すことにする。これらの図から分かることは次の点である。

f.1（finding 1）：ライン部門においては，a 12名，b 18名，c 13名と三つの型にほぼ等しく分かれている。a「めぐまれ」はすべて「協調でよい（○）」であり，c「うっくつ」は「協調しすぎ（×）」が圧倒している。それに対してb「めげず」は両者に二分されている。bの中間的，分岐的な性格が推定される。

　f.2：間接・熟練部門においては，a 16名，b 13名，c 5名，d 2名と，aとbに偏った現われをしている。これは「仕事のはりあい」感をもつものが多いことを示しており（ライン部門70％に対して81％），労働における熟練の影響を推定しうる。また，労働条件に満足なもの（a＋d）が多く（ライン部門23％に対して50％），とくに労働時間に対する不満足が低いことを反映していると考えられる。a○からd×まで型の変異に富んでいる。

(2) 性格類型と進路志向

　進路志向についてライン部門と間接・熟練部門を対比すると，表2-6のようになる。

　f.3：ライン部門においては生活志向が高く（51％），仕事志向（役付志向＋技能志向）が低い（23％）。間接・熟練部門においては技能志向を主とする仕事志向が高い（47％）のに比べると，ライン部門に手段主義的傾斜が強いことが分かる。

　それでは，ライン部門のなかにおいて性格類型と進路志向の関連がどのようになっているかを表2-7に見てみよう（以下の（　）の％値は，表2-7で省略されている実数値に基づいて算出されたものである）。志向の違いは「仕事のはりあい」を「感じる」もの（aとb）と「感じない」もの（c）とのあいだに見ることができる。

　f.4：「仕事のはりあい」を「感じない」もの（c）は，生活志向がきわめて高く（62％），仕事志向がきわめて低い（8％）。ライン部門のなかにあって手段主義的態度を最も強くもっているのがこの層である。

　f.5：「仕事のはりあい」を「感じない」もの（c）は人間関係志向が低い（15％）のに対して，「感じる」ものはかなり高い（40％）（間接・熟練部門においては，それぞれ29％，32％である）。非熟練労働が支配的なライン部門において「仕事のはりあい」を「感じる」ことに影響を及ぼしているものに労働者の人間関係志向があるといえる。

表2-6　今の会社における今後の進路　　　（一部複数回答）(%)

	役付志向	技能志向	生活志向	人間関係志向	その他	計
ライン部門 (N=43)	9	14	51	33	9	116
間接・熟練部門 (N=36)	11	36	33	31	9	120

出所：トヨタ第5次調査（1980），再集計による。

表2-7　性格類型別の進路志向（ライン部門）

（一部複数回答）(%)

	役付志向	技能志向	生活志向	人間関係志向	その他	計
a○ (N=12)	0	33	42	50	0	125
b○ (N=6)	33	0	50	17	0	100
b× (N=12)	8	17	50	42	8	125
c× (N=12)	8	0	58	17	25	108
c○ (N=1)	0	0	100	0	0	100

出所：トヨタ第5次調査（1980），再集計による。

4　労働者の地位構成

(1) 地位と勤続年数

　まず，トヨタにおける職能等級と職制を見ておこう。職能等級はきわめて細かく分けられており，下から，初級一般職，中級一般職，上級一般職，準指導職，初級指導職（一般），初級指導職（班長），中級指導職，上級指導職，初級管理職となっている。職制は，一般，班長，組長である。班長は初級ならびに中級の指導職からなり，時に上級指導職をも含む。組長は上級指導職，初級管理職からなる。会社機構のなかでは組が基本的な作業単位であり，数名から20名ほどで構成され，そのなかに班が一つないし三つ存在している。組長は管理職制の末端であり，班長はあくまで指導職としてリーダー的役割を果たすものとされている。

　そこで，対象としている労働者を，組長，班長，「準指導職」（初級指導職・準指導職の一般，以下「準指」），「一般」（上級・中級一般職）の四つに分類し，それぞれの特徴を見ることにしよう。

地位別の勤続年数から分かることは次の点である。

f.6：ライン部門において，組長は勤続 19〜21 年，班長は 16〜18 年，準指は 13〜16 年が最も多く，地位と勤続年数の比例関係が明瞭に表われている。

(2) 地位と性格類型

では次に，それぞれの地位の労働者がどのような性格類型からなっているかを見よう（表 2-8-1, 2-8-2。以下の（　）の％値は，これら二つの表で省略されている実数値に基づいて算出されている）。

f.7：ライン部門において，組長には $a^○$（めぐまれ），班長には $a^○$ と $b^×$（めげず），準指には $b^×$ と $c^×$（うっくつ），一般には $c^×$ が多い。

f.8：間接・熟練部門においては，一般で c＋d（「仕事のはりあい」感じない）が 50％という高さを示し，ライン一般と同様の状況が窺えるが，それより上の 3 階層は a＋b（「仕事のはりあい」感じる）が 89％と圧倒的に多数である。ライン部門において職制が「仕事のはりあい」感に及ぼす影響がきわめて大きいということである。また，「組合は会社に協調しすぎである」（×）という批判的意見は，ライン部門では組長 0％，班長 43％にすぎないのに対し，間接・

表 2-8-1　地位別の性格類型（ライン部門）　　　　　　　（％）

	$a^○$	$a^×$	$b^○$	$b^×$	$c^○$	$c^×$	$d^○$	$d^×$	計
組長 (N=5)	80	0	20	0	0	0	0	0	100
班長 (N=16)	38	0	13	31	6	13	0	0	101
準指 (N=11)	9	0	18	36	0	36	0	0	99
一般 (N=11)	9	0	9	27	0	55	0	0	100

表 2-8-2　地位別の性格類型（間接・熟練部門）　　　　　（％）

	$a^○$	$a^×$	$b^○$	$b^×$	$c^○$	$c^×$	$d^○$	$d^×$	計
組長 (N=8)	37	25	13	25	0	0	0	0	100
班長 (N=8)	37	0	0	50	0	13	0	0	100
準指 (N=12)	33	8	17	25	0	8	0	8	99
一般 (N=8)	37	0	0	13	25	13	0	13	101

出所：トヨタ第 5 次調査（1980），再集計による。

熟練部門では組長50％，班長63％にものぼる。間接・熟練部門は職制が上がっても会社に包摂される度合いが低く自立度が高い。

(3) 地位と進路志向

地位別の進路志向から分かることは次の点である（表2-9-1，2-9-2）。

f.9：ライン部門において，組長は仕事志向（役付＋技能志向）が高く（60％），班長では生活志向が高くなる（44％）が，人間関係志向（44％），仕事志向（31％）も高い。準指になるといっそう生活志向が高くなる（64％）が人間関係志向も高い（36％）。一般では同じく生活志向が高く（64％），人間関係志向（9％），仕事志向（0％）はきわめて低い。

志向別に見ると，仕事志向は地位が上がるほどに，また生活志向は地位が下がるほどに高い。すなわち，地位が下がるほど手段主義的志向が高くなることを明瞭に示している。また人間関係志向は，組長，班長，準指に共通して高く，一般で低い。このことは人間関係が地位と役割に伴う管理性，指導性と強い関連にあることを示唆している。

f.10：間接・熟練部門においては，一般の労働者にのみ高い生活志向（63％）

表2-9-1　地位別の進路志向（ライン部門）　　　（一部複数回答）(%)

	役付志向	技能志向	生活志向	人間関係志向	その他	計
組長 (N = 5)	20	40	20	40	0	120
班長 (N = 16)	13	19	44	44	0	120
準指 (N = 11)	9	9	64	36	0	118
一般 (N = 11)	0	0	64	9	36*	109

注：*「どれも」「なりゆきにまかす」「楽しく仕事できればよい」「わからない」の4名である。

表2-9-2　地位別の進路志向（間接・熟練部門）　　（一部複数回答）(%)

	役付志向	技能志向	生活志向	人間関係志向	その他	計
組長 (N = 8)	13	25	25	63	13	139
班長 (N = 8)	13	38	25	13	13	102
準指 (N = 12)	17	50	17	25	8	117
一般 (N = 8)	0	25	63	25	0	113

出所：トヨタ第5次調査（1980），再集計による。

と低い仕事志向（25％）という手段主義的志向が見られるが，組長ならびに班長，準指の志向はライン部門と大きく異なっている。すなわち，組長の管理的性格は人間関係志向（63％）と強い関連をもち，班長，準指の指導的性格は仕事志向，なかんづく技能志向（それぞれ38％，50％）と強い関連をもっている。

　f.11：技能志向に注目して見ると，準指，班長，組長と上昇するにつれて間接・熟練部門においては減少しており（50％→38％→25％），ライン部門では増大している（9％→19％→40％）。ある意味でわれわれの常識と逆の表われ方をしているが，このことはライン部門における「a型熟練」の存在を示しているといえる。沢田仮説の①を論証するのに使われた一つの論点は，A部門の非熟練労働者が地位の上昇に伴って「仕事のことなら何でも分かるのに必要な期間」を長く見積もる，すなわち重大視しているという点であった。地位上昇に伴う技能志向の増大の意味することもこの点と同じであると考えるからである。

　それでは，以下，本稿の後半部において，各論点を労働者の労働生活実態に即しながら掘り下げることにしよう。

5　「仕事のはりあい」と企業内活動

(1)　「仕事のはりあい」の内容

　ライン部門労働者43名のうち，「仕事のはりあい」を「感じる」と答えた30名のa型，b型の労働者は，どのような内容において「仕事のはりあい」を感じているのであろうか。自由回答を整理すると表2-10のようになった。

　「仕事責任」としてまとめられるものが最も多かった（37％）が，それは次のようなものからなっている。

　「自分たちの工程が基幹，周りの人たちは自分たちのために存在している」（組長），「任されて仕事をしている」「第一線で働いている」（班長，準指，一般），「オシャカを出さないように」「クレームがかえってこないように」（班長，一般），「3～4億円の部品を扱うわけだから，また怠けるとすぐ溜まるから一生懸命よ」「年齢的なものもある，そうボヤボヤできない，言われたことを守らねば」（準指）。

表 2-10　仕事にはりあいを感じる理由（ライン部門のa, b労働者）　　（%）

	仕事責任	仕事の改善	リーダーシップ	生活のため	その他	計
組長 (N=5)	20	40	0	0	40*	100
班長 (N=13)	38	15	31	0	16**	100
準指 (N=7)	43	14	0	43	0	100
一般 (N=5)	40	0	20	40	0	100
計 (N = 30)	37	17	17	17	13	101

注：＊「昇進」「気持ちのもちよう」各1名。
　　＊＊「気持ちのもちよう」「NA」各1名。
出所：トヨタ第5次調査（1980），再集計による。

　次に，「仕事の改善」としてまとめられるもの（17％）は，次のような内容である。
　「部下がうまく達成して，いい品質ができたとき，また減価会議で目標達成できたとき」「どうしたら自動化できるか，不良率を下げられるか」（組長），「ユーザーの立場になり検査」「改善提案が通ったとき」（班長），「QCなどによりコストダウンできる」（準指）。
　また，「リーダーシップの改善」としてまとめたもの（17％）は次のような内容である。
　「若い人が多い職場だからいろいろな面でリードしている」「職場をひっぱっていかねばという使命感」（班長），「若いし，自分が中心になってひっぱっていく」（一般）。
　さらに，「生活のため」としてまとめられるもの（17％）は次のような内容である。
　「家族を養っていかなければならない，仕事がいくら単調でも」「会社にいるおかげで家も建てられるし……」（準指），「子どものためにがんばらなくては」（一般）。
　f.12：組長においては「仕事の改善」が，班長においては「仕事責任」と「リーダーシップ」が，準指，一般においては「仕事責任」と「生活のため」がそれぞれ「仕事のはりあい」の内容として多く見られる。各地位の役割，性格がこれらを通して表われているといえる。

ところで、間接・熟練部門を見るとライン部門と大きく異なっていることが分かる。すなわち「はりあい」を「感じる」29名（81％）の労働者が「仕事の内容」として一括できる次のようなものをあげ、それが各層それぞれ70％前後に達している。

　「仕事におもしろさ，難しさがあり，やりとげたという達成感がある」「自分で考えて仕事ができる」「技能を生かして，熟練になれる」「新しいことを研究しなくてはならない」「仕事に変化がある」（それぞれ近似的なものが複数ある）。

　f.13：間接・熟練部門においては、「仕事のはりあい」を感じる理由は圧倒的に「仕事そのものの内容」である。一方、ライン部門においては、それの代わりにいわば「仕事の内容」を問わない「仕事責任」と、ライン部門における「仕事の内容」というべき「仕事の改善」と「リーダーシップ」が見出される。

　f.14：ライン部門における「a 型熟練」には、「何でも分かる」技能（f.11）とともに、ここにおける「仕事の改善」と「リーダーシップ」を付加することができる。

(2)　企業内活動への参加態度

　企業内活動には社内研修、QC、改善提案、社内団体行事があるが、これらへの参加度を総体的に捉え、それを地位別にクロスしたものが表2-11である。

　f.15：ライン部門において、企業内活動への参加度は地位が上昇するほど高い（cf. 沢田仮説②）。組長，班長においては大部分が参加しているが、準指，一般では参加に消極的な労働者が半数ほど存在する。企業内活動が職制機構に乗って展開していることが分かる。

　また、性格類型別にクロスすると次のような知見が得られた。

　f.16：「仕事のはりあい」をもっているもの（a, b）には企業内活動によく参加しているものが多い（a + b：70％、c：40％）。また組合が会社に「協調しているがこれでよい」とするものにはよく参加するものが多い（$a^{\circ} + b^{\circ} + c^{\circ}$：84％）。「協調しすぎである」とするものは少ない（$b^{\times} + c^{\times}$：46％）。

　それでは次に、このような企業内活動に対して労働者がどのような態度で参加しているかを分析しよう。

表2-11　地位別の企業内活動参加度*（ライン部門）　　　　　　（%）

	非常によく参加する	よく参加する	ふつう	どちらかといえば参加しないほう	あまり参加しない	計
組長（N=5）	60	40	0	0	0	100
班長（N=16）	31	50	6	13	0	100
準指（N=11）	18	27	9	36	9	99
一般（N=11）	18	9	18	27	27	99

注：*「社内研修」「QC」「改善提案」「社内団体行事」について参加度を3段階評価し，それを加重して5段階に分けた。
出所：トヨタ第5次調査（1980），再集計による。

表2-12　QC活動への参加，不参加の理由（ライン部門）(一部複数回答)（%）

	おもしろい，自分にプラス	集団的達成感，人間関係よくなる	工程の改善	リーダーだから，仕事のうち	皆がやるから	やむなく，命令だから	忙しくてできない	NA	計
組長（N=5）	0	0	20	80	0	0	0	0	100
班長（N=16）	13	19	19	38	6	0	6	6	107
準指（N=11）	18	9	9	27	18	27	0	0	108
一般（N=11）	36	0	0	0	18	45	18	9	126

　まず，QC活動を取り上げ，その参加，不参加の理由を見たものが表2-12である。

　f.17：ライン部門において，組長は管理的アドバイザーの立場でQCに関与し，班長はリーダーとしての立場から，また実際積極的な意義を感じて参加している。準指は班長に似た参加態度を示す一方，一般と同様に消極的態度をとるものがいる。一般においては「面白い，自分にプラスになる」とする部分と「やむなく，命令だから」とする部分とに分かれるが，消極的態度をもつものの方がやや多い。

　QC活動は，科学的管理法と人間関係管理を統一した高度な労務管理技法であるが，その展開のメカニズムと効果を表2-12に明瞭に読み取ることができる。そして，さらに留意すべきことは次の点である。QC活動は確かに現場労働者一般の労働意欲を喚起するために行われているものであるが，実際に直接的かつ最も効果的にそれを発現させている層は中間リーダーの班長層である。

ということはQCにおいては品質管理や改善を同僚といっしょにすること以上に，自分もいっしょになりながら皆にそれをさ
・
せ
・
る
・
ことの方により大きな労働意欲喚起の機能があるということであろう。

　f.18：「工程，仕事の改善」を「集団的に達成」していくための「リーダーシップ」の発揮が班長層に積極的に担われることによって，QCがライン部門における「仕事のはりあい」を高めることを可能にしている。

　それでは，QCが個々の労働者のところで，どのように捉えられているかを見ていこう。

　　一般

　「ものすごくQCが盛んな職場で，自分らもつられるという感じ。自分らはそうでもないが，リーダーは大変」（20歳台前半，勤続7年未満，b[×]），「みんな，どちらかというと，やりたがらない。3か月ほどリーダーをしたことがあるが，自分の時間がなくなる。おもしろいことはおもしろい。仕事をこうすればこうなるんだと考えること，こういうことは『やった！』という感じがする」（20歳台後半，7〜9年，c[○]）。

　　準指

　「こういうことをやっていかないと作業者はあきてしまう。全員が一つのものに向かっていくことのよさ。交流もできる」（30歳台前半，10〜12年，a[○]），「好き。時間を忘れてラインを離れてやれるので」（30歳台前半，16〜18年，c[×]）。

　　班長

　「けっきょく仕事に結びつくから。はっきり分からんが。今は『人の扱い方，まとめ方』をやっている。話し合いをしたり，一杯飲んだり。へそまがりもいるし，いかにこちらに向けるか」（30歳台前半，13〜15年，a[○]），「自己啓発になるから。（改善提案について）創意提案をすると仕事の見方が変わってくる。私生活の姿勢もムダをなくそうという姿勢が自然と出てくるんです」（30歳台後半，16〜18年，b[×]），「部下育成の最もよい方法だと思う」（30歳台前半，16〜18年，a[○]）。

　　組長

　「部下のやる気が仕事の成果につながる。品質のよしあしを研修でつかむ，そういう能力を向上させることに役立つ」（30歳台後半，19〜21年，a[○]），「事

実上，仕事。人がやっているし，自分がやれないことはない，意地」(40歳台前半，16〜18年，a○)。

一方，QCに対する消極的，否定的態度の表明には次のようなものがある。

一般

「(改善提案について) 人間を減らすことを書くと一番いいらしいけどね」(40歳台後半，7〜9年，c×)。

準指

「みんないやがる。QCやると言うとみんな帰る。来週は課長らのいる前で発表しなければならない。いやだ。班長，組長も下がいやがることが分かっていても何も言わない」(30歳台前半，10〜12年，c×)，「(改善提案について) 楽しようと思うから。でも合理化されれば仕事が多くなるからけっきょく同じ」(30歳台前半，13〜15年，c×)，「苦手。はたしてこれで不良品が減り安全になるのか。(改善提案について) 変なことを書けば自分の首をしめる」(40歳台後半，13〜15年，b×)。

班長

「疲れが先に出る。その一言。仕事以外にQC，改善などいっぱいあって満足なし。班長をやめさせてくれと言っているのだが」(40歳台前半，16〜18年，c○)。

数は少ないがやはり「みんないやがる」という底流が存在しているようである。それは，「合理化されればけっきょく同じ」「自分の首をしめる」という形で表明されている。QCに本質的に反労働者的な性格があるのであろう。

6　人間関係の二層構造

(1) 人間関係に関する問題の整理

前の第5節で捉え出されたリーダーシップは，労務管理技法としての企業内活動によって，たんに上から作られたものであろうか。また労働者が進路志向において多く示している人間関係志向とそれはどのように連結しているのであろうか。そして，沢田仮説③がいうところの「労務管理によって作られた人間

関係とは異質な労働者間の結合を測定している可能性がある」ことをどのように具体的に検証すればよいのであろうか。この章ではそれらの問題解明を試みよう。

これまで人間関係について確認してきたことは次の点である。
① A部門（ライン部門）労働者の人間関係志向は，部門全体として見た場合，C部門（間接・熟練部門）労働者のそれに比べてやや高いというものの，それほど大きな差異はない（表2-6）。
② しかし，「仕事のはりあい」との関連で見た場合，ライン部門においてのみ強い相関があった（f.5）。
③ さらに，地位別に人間関係志向を見た場合，ライン部門においては組長，班長，準指に40％前後存在するのに対して一般は9％と低い。間接・熟練部門においては組長のみとびぬけて高く（63％），班長，準指，一般はそれほど高くない。間接・熟練部門においては，人間関係が労務管理的性格をより強くもって組長に担われていることを推定しうるとすれば，ライン部門では人間関係志向が組長，班長，準指に分有されていることが分かる（f.9, f.10）。
④ 「仕事のはりあい」を感じる理由，ならびにQCへの参加の理由のレベルまで分析をおろしてみると，ライン部門においてはとくに班長層において，リーダーシップ，集団性・人間関係について言及するものが多い。職場のリーダーシップの発揮が，昇進機構と企業内活動に乗せられて強められ，班長層を中心に担われていることが分かる（f.12, f.17, f.18）。

以上の点をふまえ，論点をさらに発展させるために，アッセンブリー・ラインの工程的（技術的・組織的）特質が，労働者の人間関係的（社会的・組織的）特質に及ぼす影響について次に検討してみよう。

(2) ライン労働の組織的，集団的特質——X工場，ルートン調査

ウォーカーとゲストによるX工場調査（Walker and Guest 1952: chapter 5）でも，そしてゴールドソープらのルートン調査（Goldthorpe et al. 1968）でも，ライン労働の組織的，集団的特質が同様の形で捉え出されている。まとめると

次のようになる。
　①　作業そのものは個別化されたものであるが，工程における空間的近接性と，作業の遅れや失敗が他の労働者に波及するなどの相互依存性の高さを工程的特質とする。それゆえ，職場内における労働者相互の接触は，それに規定されて密度が高い。
　②　しかしながら，共通のネットワークをもたないというもう一つの工程的特質に規定されて，また非熟練労働として技能の保有力が低いことに規定されて，集団帰属感に乏しく，工場外での同僚との親密な交際は少ない。
　ラインにおける労働者の相互行為（social interaction）のこのアンビバレントな特質はどこからくるのであろうか。
　ライン・システムにおいて，技能的熟練と組織的熟練は高次に止揚されるのではなくて，その内容が工程に機械的に吸収されることによって，労働者には「表面的な精神の集中」（Walker and Guest 1952）と「表面的な職場のつきあい」（Goldthorpe et al. 1968: 60）のみが残されるのである。「表面的な精神の集中」が軽い作業ではなく高密度な神経労働として展開されているように，「表面的な職場のつきあい」も希薄な間柄ではなく頻度の高い相互行為として表われているのである。ライン・システムがそれ自体，高度の協働体系であり，労働の技能的側面と組織的側面がそこにおいて相互に前提し合っている以上，高密度な神経労働は労働者の密度の高い接触と集団心（group mind）の発揮によって担保されなければならないはずである。こうして，労働の本来的な性格は形式的に維持される一方，その内容において疎外されて技術修得の不要化と親密な仲間関係の欠如が表われるのである。
　これまで，「表面的な精神の集中」による単純反復作業という疎外的労働は，手段主義的志向と強く連関させられて個別的にのみ捉えられがちであったが，ここにおいてその組織的側面へも相当の注目が払われなければならないことが明らかになった。

(3)　ライン労働における人間関係の二層構造

　今日，日本の企業において職場に存在している人間関係は，労務管理によっ

て作られたものであり，あるいは労務管理によって完全に包摂されたものである，という見解が一般的である。しかし，われわれは今，労務管理から相対的に独立の，より自生的な人間関係，労務管理が包摂しようとして対象にする人間関係に注目しているのであり，前項で捉えた労働者の相互行為もそうした人間関係の側面を明らかにするものであった。

　それゆえ，ここでは，労務管理によって統括された現実の職場において人間関係のこの二層性がどのように捉え出されるのか，またそのような構造的文脈のなかでアンビバレントな特質をもつライン労働者の相互行為がどのように展開するのか，トヨタ労働者を対象として分析することにしたい。

地位ごとに見た労働者の意見

　まず，地位ごとの労働者の意見を列記してみよう（ただし，否定的見解や問題指摘については後述）。

　労働者A：一般，30歳台前半，勤続10〜12年，$b^×$，人間関係志向

　「仕事のはりあいは少し感じる。若いし自分が中心になって引っぱっていこうと思うから」。ヤセ型，フラフラの感じ。これで定年まで勤続できるか心配。

　労働者B：準指，30歳台前半，勤続10〜12年，$a^○$，人間関係志向

　「よい人間関係を築いていきたい。そうすれば，自分たちの業績も上がる。上司の人もよくやってくれると認めてくれるので自分のためにもなる。下のものを引き上げてやろうという気にもなる」。出世が早いエリート。選ばれて教育を受けてきたことに対する誇りはかなり高い。

　労働者C：準指，30歳台前半，10〜12年，$c^×$，役付志向，人間関係志向

　「殺伐としたものが生まれる。人間関係が大切。班のチームを円滑にする。休まれると穴埋めに皆が負担」。2代目労働者。

　労働者D：準指，30歳台後半，13〜15年，$b^×$，人間関係志向

　調査時，夜勤明けで20歳台の同僚2人とビールを飲んでいる最中。若い2人からは高い信頼を受けている様子。腹を割って話ができる人は「彼女作るより難しい。本当に行き詰まったら話す相手はいない」。

　労働者E：班長，30歳台前半，13〜15年，$b^○$，人間関係志向

　「人間関係を優先する人間は仕事と両立しない場合があり，その面では昇進

が難しい面がある。しかし，自分は人間関係重視で行きたい」。高卒のなかでエリートとしての意識が旺盛。とくに人間関係で優れていると自己評価。

　労働者F：班長，30歳台前半，16〜18年，a○，人間関係志向

　「仕事のはりあいは強く感じる。若い人が多い職場だから，いろいろな面でリードしているから」。2代目，養成工出身。出世コースに乗っていて，テキパキと自信に満ちた様子で答えた。野球チームを作るなど地域の活動も活発。

　労働者G：班長，40歳台前半，16〜18年，c×，人間関係志向

　「仕事のはりあいはあまり感じない。仕事に追われて自分の仕事ができないから。QCでは仕事のよくないところを皆で話し合える。人間関係がよくなる。腹を割って話すのは親兄弟」。神経質な感じ。自分から口を開こうとしなかった。

　労働者H：組長，30歳台後半，19〜21年，a○，技能志向

　「上へ昇ることは二次的なことで，自分の仕事がうまくいくこと，そのためにはいい部下を育てること。そのためには上司と衝突することもある。部下には泳がせる度量をもたねばならない」。2代目，養成工。

　労働者I：組長，40歳台後半，19〜21年，a○，人間関係志向

　「上司の前では，役付として腕をふるいたいと誰でも言うが，自分は個人的出世を考える以前に部下のことを考えて，職場を安定させる。一人一人個性が違うので難しいが」。会社，従業員が混然として一つのまとまりがあるような捉え方が基本にあり，いろいろな問題が相互に矛盾をきたしていないよう。職場ではオヤジと呼ばれそうなタイプ。

　人間関係について何らかの意見を表明している労働者は，やはり多くが人間関係志向であった。これらの意見を分析すると次のようなことがいえる。

　f.19：人間関係の二層性についての自己認識が，組長や一部の班長のところに存在している（一重下線部分）。

　f.20：作業過程そのものから生じると考えられる人間関係への志向が，一般や準指のところに存在している（二重下線部分）。

　f.21：作業過程そのものから生じる人間関係を，労務管理的な諸関係へ結節させようとする意識的ないし半ば意識的な努力が組長，班長あるいは準指によって行われている（破線部分）。

職場の人間関係に否定的，消極的な労働者

次に，職場の人間関係に対して否定的，消極的な対応を示している労働者を列記してみよう。

労働者 J：一般，20 歳台前半，7〜9 年，c[×]，生活志向

「職場の人間関係はよくない。なんとなく組自体にまとまりがない。いろいろやっているが効果は上がらない。やっぱり職制の問題とか，途中入社の人がいるとか。原因ははっきり分からない」。

労働者 K：一般，20 歳台後半，10〜12 年，c[×]

「QC をやっていると皆のイライラが分かる。腹を割って話す人，今はいない」。

労働者 L：一般，30 歳台前半，13〜15 年，c[×]，生活志向

「職場の人間関係はふつう。食事はまとまってとるが，積極的につきあっているわけではない。腹を割って話す人はいない。話してもしょうがない……。上司にかわいがられる，気が合う，ハイハイ言って，ひとこと無理なこと，さらにこれやってくれ，と言われる。やれるものはやれる，やれないものはやれない。今のままでも手いっぱいなのに」。

労働者 M：一般，30 歳台後半，16〜18 年，c[×]

「腹を割って話すのは妻のみ」。気のよさそうなおとなしい感じの人。仕事のことでは「ただ楽しく働ければ」というだけ。

労働者 N：一般，40 歳台後半，7〜9 年，c[×]

「組長，班長は丸抱えだもんだ。腹を割って話すのは，近所のパチンコ仲間」。進路は「なりゆきにまかせる」。

労働者 O：準指，30 歳台前半，13〜15 年，b[○]，生活志向

「職場の人間関係はわりにいい方じゃないか。みんな何を考えているか分からないが。腹を割って話すのは，同僚，上司。しかし，一歩会社を出れば，皆，不満を言うが，なかでは言わない。トヨタが一生の仕事だとは思っていない」。

労働者 P：準指，40 歳台後半，13〜15 年，b[×]，生活，人間関係志向

「腹を割って話すのは，4 人の集団募集の仲間，班長で物の言いやすい人」。炭鉱の組合は強かった，と言う炭鉱離職者。

労働者 M：班長，40 歳台前半，16〜18 年，$c^\times$，人間関係志向（前出）
「QC をやると人間関係がよくなる。腹を割って話すのは親兄弟」。神経質な感じ。自分から口を開こうとしなかった。
　労働者 Q：班長，40 歳台前半，16〜18 年，$c^\times$，生活志向
「職場の人間関係には不満。班長として苦労が多いから。仕事もできないのにうまいことしゃべって組長になるものがいる。腹を割って話すのは兄弟」。
　以上の事例から分かることは次のことである。
　f.22：職場において一定の相互行為が行われている場合でも，それがかなり「表面的な」ものであることを推測させる（一重下線部分）
　f.23：「腹を割って話し合うのは誰か」の質問に対して，同僚，上司，部下のいずれもあげず，妻，兄弟，工場外の友人などをあげたものは，一般の 55%（準指 18%，班長 19%），b（めげず）型労働者の 46%（$b^\times$ 33%，b° 17%）である。
　これらの状況は，前節で見た，密度の高い相互行為の存在と，にもかかわらず親密度の低さという疎外的なアンビバレンスの具体的な現われであるといえる。ジョブサイクル（タクト）の短縮による「表面的な集中」の高密度化が集団心の強い発揮を要請するという意味においても，また頻繁な相互行為にもかかわらず仲間との親密な関係をもてない労働者がその主観的なディレンマを深めるという意味においても，ライン労働者のなかには親密な仲間関係への要求が強く潜在しているといえる。にもかかわらず，腹を割って話すのは妻のみというような孤立的状況が顕在化しているのは，工程から規定される特質より大きな要因がそこに影響を及ぼしていると考えられる。
　f.24：職場の人間関係に対して否定的，消極的な対応をライン労働者が示すのは，求めている親密な仲間関係の形成のイニシアティブが会社によって奪われ，労務管理の手段として包摂されているからであると推測される（破線部分）。

人間関係の形成とリーダーシップの発揮に積極的な労働者
　このような問題状況に対して，職場における人間関係の形成とリーダーシップの発揮に積極的に対応している労働者に次のような意見表明があることは興味深い。

労働者R：班長，30歳台前半，13〜15年，a○，技能志向

「トヨタの人間は問題を投げかけても答えがワンパターン。飲み屋の知り合いの話は参考になる」。

労働者H：組長，30歳台後半，19〜21年，a○，技能志向（前出）

「これまで自工は管理社会化で従業員全体を会社方針に結集させることに成功してきた。しかし，これからは従業員一人一人の能力アップ，個性の発揮などによって従業員の力量に依拠した発展をめざさないと，国際競争に勝てない」。

これらから次のことが指摘できる。

f.25：ラインの労働過程から生じる労働者の集団的人間関係が労務管理のもとに包摂されていくとき，労働者の能力や個性は一面化され，労務管理の自己限界，自己矛盾が生まれる。

以上の分析によって，ライン労働者の相互行為，人間関係がもつ重層的な性格が明らかになったと思うが，それを構造的に模式化すると図2-3のようになる。

f.26：図2-3の甲は管理職としての立場から職場の人間関係を客観的に捉えている組長層，乙は職場の人間関係をリードして管理的関係に結節させていく役割を果たしている層であるが，それを積極的に受け止めえているのが$乙_1$の班長，準指——労働者B（a○），E（b○），F（a○）ら5名——，積極的に受け止めず人間関係に満足していないのが$乙_2$の班長——労働者M（c×），Q（c○）ら8名——である。丙は労働条件に不満足ながら人間関係を大事にして，あるいは人間関係に満足してがんばっている一般，準指——労働者A（b×），C（c×），P（b×）ら6名——である。丁は労働条件に不満足で人間関係にも消極的，否定的対応を示している一般——労働者J（c），L（c），M（c），N（c）ら8名——である。

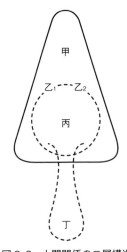

図2-3　人間関係の二層構造

注：——は労務管理を媒介として形成された人間関係。
- - -は労働過程から生じる人間関係。

7 生活のための労働と健康破壊

(1) 残業,夜勤による賃金の上積み

トヨタ自工の賃金は相対的に高いといわれているが,その実態はどうであろうか。表2-13-1は30〜34歳の自工労働者の1979年度税込み収入である。

これをトヨタ自工の関連,下請の労働者のそれ(表2-13-2)と比較してみると確かに高賃金である。また表2-14はトヨタ自工労働者の1980年7月の賃金明細事例である。この月はそれぞれ40時間,54時間という比較的多い残業を

表2-13-1 賃金の実態(トヨタ自工,ライン部門,1980年)

年令	勤続	入職形態	地位	79年度税込年収
31歳	11年	高卒・新採	一般	323万円
32歳*	11年	中卒・登用	準指	360万円
32歳**	12年	高卒・新採	準指	390万円
32歳	13年	高卒・登用	準指	400万円
32歳	14年	中卒・登用	準指	370万円
33歳	14年	高卒・新採	班長	460万円
34歳	16年	養成工	班長	540万円
37歳	21年	養成工	組長	592万円

注:*のついた2名の賃金明細は表2-14を参照のこと。
出所:トヨタ第5次調査(1980)による。

表2-13-2 賃金の実態(関連,下請会社,1980年)

年令	勤続	学歴	会社規模	職種	地位	79年度税込年収
32歳	16年	高卒	2,000人	検査	一般	290万円
34歳	11年	高卒	100人	機械組立	一般	320万円
34歳	18年	中卒	2,000人	金型製作	一般	350万円
32歳	12年	高卒	3,000人	型仕上げ	一般	360万円
33歳	12年	高卒	3,000人	組付	職長	380万円
32歳	17年	中卒	600人	機械工作	組長	417万円

出所:トヨタ第5次調査(1980)による。

表2-14　賃金明細（トヨタ自工，ライン部門，1980年7月分）　　　　（円）

	32歳*, 11年, 準指 出勤23日			32歳**, 12年, 準指 出勤23日		
基本給	168,990	} 183,490		177,450	} 191,950	
家族手当	14,500			14,500		
超勤手当	53,240		（40時間）	74,890		（54時間）
深夜勤手当	18,290		（60時間）	24,960		（78時間）
交替手当	20,320		（80時間）	27,740		（104時間）
特作手当	5,440			2,840		
計	280,780			322,380		

出所：トヨタ第5次調査（1980）による。

行い，また割り増し手当がつく深夜勤務，交替（時差）勤務の時間数もかなり多く，それらを合計した基準外賃金はそれぞれ35％，40％に及んでいる。

ところで，1980年6月の製造業1000人以上規模の男子労働者の全国平均賃金は，高卒30～34歳において平均年齢32.1歳，平均勤続年数11.8年，所定労働時間163時間，超過勤務時間26時間の，決まって支給する現金給与は230.8千円である。うち所定内賃金は184.8千円，年間一時金その他特別給は800.9千円である（『賃金センサス』昭和55年度版）。これと比べてみると，基準内（所定内）賃金においてはほとんど変わらないこと，トヨタの「相対的高賃金」は超過勤務，深夜勤務，交替勤務によってもたらされていることが明らかである。

　f.27：トヨタ生産労働者の賃金は地元労働市場においてはやや高いが，全国的な水準に比した場合高いといえるものではない。残業，夜勤，交替勤の多さが賃金総額の多さとなって表われており，それは労働時間の延長と体力の過剰消耗による高賃金にほかならない。「基本的低賃金」「超過労働による相対的多額稼得」と表現する方が正確である。

(2)　持家取得の実態

　f.28：妻帯して定着を図る労働者は，20～30歳台初めにかけて，月に2～3万円あるいは5～6万円の貯金をして500万円を超える資金を作り，最近では会社とトヨタ住宅からのローンを中心に1000万円ないし1500万円を超える

ローンを借りて30歳台で持ち家を取得している。

(3) 労働者の健康破壊

f.29：すべて仕事に原因するものではないとしても，ライン労働者の不健康状態は16名（37%）に及んでいる。間接部門の労働者の36名中8名（22%）と比べても著しく多いことが分かる。

これと関連して注目されるのが，ライン労働者の生命保険料の高さである。

f.30：トヨタの労働者全体を見た場合，電機労働者よりも高い掛金であることが分析されているが，そのトヨタ労働者のなかでもライン労働者のそれは30歳台前半1万500円（トヨタ全体9860円），30歳台後半1万6800円（1万3740円），40歳台前半2万9100円（2万300円）とかなり高いのである。身体を酷使しているがゆえに，万一のときの妻子の生活のためにする配慮には強いものがある。

8　労働者の会社観，組合観

(1) 会社観

労働者が全体として会社をどう見ているか，労働者の言葉や調査者の印象記のなかから拾ってみよう。

一般
「工長は会社の方針はこうだからと言うだけ。文句が組長で止まる」（20歳台前半，$c^\times$）。
「トヨタはエゴイスティックな会社。低い給料で残業，夜勤で生活を支える。社内の事故も隠す」（30歳台前半，b°）。
「みんな警戒してこの調査には本当のこと言わんと思うよ」（30歳台前半，$c^\times$）。

準指

「今は家族いるし，これだけの保証ある会社はないのでいる。宝くじが当たれば店でも出したい」(30歳台前半，b○)。

用心深く考えながら答えてくれた。仕事に忠実で家も持てたことで会社に感謝しているというのがよく伝わってきた(調査者印象，40歳台後半，b×)。

班長

「子どもは豊田市内に就職させたい。しかし，自動車はいや」(30歳台前半，b×)。

「60歳まで働けたらよい。その意味でしんどい仕事。子どもにはこんな苦労はさせたくない」(30歳台後半，a○)。

「昭和38(1963)年頃は2直制，定時前15分に仕事をやめて掃除，5分前には手を洗っていた。一つの仕事は2分ちょっとだったが，今は30秒，もう殺される，というのが職場の声」(40歳台前半，c○)。

「安全対策は行き届いている。しかし，ちょっとしたミスで指を2本飛ばした人が同じ職場にいた。この前も一人死んだ。ボタン操作まちがって。しかし，新聞には出ない。もみ消せるものはほとんどもみ消すようだ。操作ミスした人は気が狂ったそうだ。トヨタはこわいよ」。「今年も炉に落ちて死んだ人が一人いる。うちの職場で今年3回ケガが発生した。見舞金はくれるけれど，5針位ぬっても，休まず職場に来いと言われ，労災扱いを受けられない場合もある」。

また，この面接調査に際して「会社からのヤル気調査ではないかと疑った」「会社には秘密にしてくれと最後に念を押した」と言う労働者をはじめ，「用心深く回答」する労働者が10名近くに及び，そのほとんどが班長であった。組長という管理職を前にした彼らにとって，会社からの抑圧感はきわめて大きいといわなければならない。

(2) 組合観

それでは次に，労働者がどのような組合観をもっているかを見よう。

まず，トヨタの組合に肯定的，積極的な対応を示しているものを列記してみる。

肯定的，積極的な対応

班長

「いろんな労組を見てもストやって儲かったところはまずないもんね。お互い同調してやっていくのが本来の姿」（a○）。

「組合と会社の関係はこんなもんじゃないですか。とにかくわれわれにはよう分からんですなあ。上の人がやっていることだから」（a○）。

「協調しているがこれでよい。組合の慈善活動は世間の人も積極的に受け止めているようですよ。……政党討論会などは必ず聞く。防衛は大事，軍国主義とは別です。共産主義では労働意欲がなくなるし，言論の自由もなくなるので反対です」（c○）。

組長

「仕事が終わってもサーと帰らないで毎日30〜60分休憩所で仕事の感想を出し合う。この集まりは自然発生的で，別に指示しているわけではない。職場会は月2〜3回開かれるが，組合的な要求はほとんど出ない。毎日の集まりで組合のことも話すので必要性は感じない。ライン部門では金銭的なことより労働条件の方が強い意見が出る。実質的闘争は皆無だが労働条件はずいぶん改善されている。組合の力量の真価は経営が苦しくなったとき。その意味で本当の力量は分からない。会社との関係では時には馴れ合いを感じることはあるが，やり方がうまいなと思う。会社あっての組合，労働者あっての会社」（a○）。

一般，準指には見出せない積極的な意見が班長のところで現われ，組長では明確な見解として表明されている。年輩の労働者のなかには1950年争議の体験者がおり，会社も「経営がうまくいかなくなると50年争議のような大変な事態になる」と日常的に訓示し，労働者の要求の食い止めや労使協調体制の確立を図っている。

否定的，消極的な対応

一方，組合に対して否定的，消極的な対応を示しているものをあげよう。

一般

「ちょっと発言したばかりに職制に目をつけられる，ということは聞くねえ。日産より人数少なくてたくさん売っても日産より賃金は低い。矛盾しているよ

ねえ。事務の人が組合幹部に多いしね。役員は組合推薦でいつも決まっている。組合の予算て不明な金が多い気がする，こんなことみんな言っているよ」($b^×$)。

「うちの組合は要求なんかせんしね。こきつかわれているから組合への信用なんてなくなっちゃうわけ」($c^×$)。

「職場会で話題になるのは賃金に関することがほとんど。こういうことやってほしいとたまに出ても，取り上げられることはない。職場委員は組長の指名。だいたい班長になる前くらいの人がなる。共産党系の人がいる職場は選挙でしているところもある。うるさく言うから。しかし，共産党はタブー，昇給もストップらしい。役員はまあまあやっているが，役員になると出世が3年早くなるというのが常識。要するに御用組合。そんな膨大な要求出していないのに満額回答できない。日本的な風土というか難しい」($c^×$)。

「会社の言いなり，ストなんか起こさない。役選も候補者の名前が分かるだけで○×つけよ，だ」($b^×$)。

「執行部の決めた通りにしかならん，みんなそう言っている。組合費ばかり取って紙ばかりもってきて，何の役にも立っていない」($c^×$)。

準指

「会社の組合。ふつうの組合だったら幹部が会社のネーム入りのジャンバーなんて着てないだろう。賃上げの一発回答でたいていおさまっちゃう。よそより安くても，組合は受け入れだと言う。組合員の意見を聞かず執行部で決め，職場委員にみんなを納得させてくれ，とくる。みんなも分かっていて何も言わない。いつものこと。……組合の会社との関係についてのこの調査のアンケート項目は，職場委員の研修会で一人一人呼ばれて執行部の人に聞かれた質問と同じ」($c^×$)。

「会社に対して弱腰だ」($b^×$)。

「職場会ではいつも決まったことを言っている。自分は発言しない。言わない方がよい。選挙のときは後援会に入れと強制的だ」($b^×$)。

「賃上げのときしかしゃべらん。執行部案，少ないという意見が多いけれども，いつもそのまま決まる。年休の取り方など役に立っている部分もあるが，役立っていない部分も多い。会社のアシスタントだもんだ」($b^×$)。

班長

「賃金問題，労働環境について，上（労使間）で適当にやっている」（b˟）。

　強い不満が一般，準指の労働者から多く出されている。班長層にも b˟，c˟ が 7 名（44％）いるのであるが，アンケートの選択肢を選んだのみで，それ以上の発言は行っていない。

　f.31：組合に対して肯定的態度をとるのは組長，班長に多いのであるが，明確に労使協調の立場から発言するものは必ずしも多くない。一方，否定的態度をとるものは一般，準指に多く，彼らの多くが強い不満，鋭い批判をもっている。班長は不満や批判の表明を抑制している。

参考文献

沢田善太郎　1981「組立ライン労働の特質」『新しい社会学のために』25（『中間報告 2』）。
立命館大学人文科学研究所編　1981「特集　自動車工業労働者の労働と生活」『立命館大学人文科学研究所紀要』32（『中間報告 1』）。
Blauner, E. 1964. *Alienationn and Freedom*, University of Chicago Press（佐藤慶幸監訳　1971『労働における疎外と自由』新泉社）。
Goldthorpe, J. H. et al. 1968. *The Affluent Worker: Industrial Attitude and Behavior*, Cambridge University Press.
Shepard, J. M. 1971. *Automation and Alienation*, MIT Press.
Walker, C. R. and R. H. Guest 1952. *The Man on the Assembly Line*, Arno Press.

【コラム】その後のトヨタ生産方式

　2023 年，小松史朗氏が辻勝次氏のトヨタ研究の成果を継承しつつ，『日本的生産システムにおける労働と管理』を著した。そこで氏は，「トヨタ生産方式が日本的生産システムのプロトタイプの類であると言って差し支えがなかろう」（小松 2023: 30）と言っている。

1986年から91年にかけて日本はバブル景気となり，日本の自動車産業の年間生産台数は1350万台に上り，北米を抜くにいたった。しかし，それに伴う労働力不足が進み，また組立工程の初年度離職率は平均20％に達した。これに対応して，田原工場第4組立ラインの自動化が推進されたが，いくつかのトラブルの発生で結果的に失敗した。そこで，「人と機械の共存」をテーマとした九州宮田工場が1992年に新設された。　　（同書：443-445）

　これまで1本だったラインを機能別に11本に分割して「自己完結ライン」と称した。組単位の責任体制が敷かれ多能工化による「職務拡大」のみならず「職務充実 job enrichment」がめざされた。そして，作業負担の緩和が作業姿勢の改善，取扱重量の軽減，組付荷重の軽減，ライン休止時間の導入によって行われた。これらについてトヨタ自動車取締役は次のように言っている。

　「今の車，作業者に合うようにラインを再生しただけなのです。だから，トヨタ生産方式の思想そのものは全然変わっていません」。　　（同書：449）

　例えば，2時間ごとに配置替えをするジョブ・ローテーションが宮田工場で取り入れられているが，これについて小松氏は次のように批判的に言及している。

　「2時間ローテーション」には，作業の単調感を緩和させた一方で，頻繁に変化する作業内容をサイクル・タイム内でミスなく遂行し続けなければならないという労働者の精神的・肉体的負担を増加させる面もある。こうした点をかんがみれば，「新・トヨタ生産方式」は（中略）「ストレスによる管理」と形容された日本的生産システムの特質を踏襲していると考えられる。　　（同書：451）

　小松氏は，その後技術発展した自動車溶接工程の考察も行い，次のように指摘している。

> トヨタ生産方式では，基本的にテイラー・フォード主義を踏襲しており，各ショップの作業の分業と標準化を追求する。そして，細分化・同期化された作業の集合体として各ショップが機能単位となる。細分化・同期化された各作業では，職場集団における協業を通した「集団的熟練」が求められる。
> (同書：67)

さらに，ジョブローテーションによる多能工化，2週間に1回程度のQCサークルなどを取り上げている。そして次のようにまとめている。

> 以上のように，トヨタ自動車の溶接工程では，「技能の技術化」が進んだ一方で，成熟市場における多品種需要生産変動に柔軟かつ迅速に対応するために，自動機への設備投資を抑制して，生産技能者の幅広い能力に依拠した「人と機械との柔軟な分業」が志向されている。これは，トヨタ自動車の溶接工程では，労働のフレキシビリティが工程編成の前提条件として機能していることを示す。
> (同書：71)

本書第2章の調査からおよそ10年余り経った1990年代，工場では組立ラインを含めて自動化が大きく進んでいる。この溶接工程もそうであるが，しかしながら，そこで行われている多能工化，QC活動は以前の組立ラインと変わっていない。本章に見る実証は，トヨタ生産方式のプロトタイプを捉えたものになっていることがよく分かる。

ところで，1990年代の後半から期間工（非正社員）の増加と正社員の逓減が進んでいる。「海外展開による要員不足，長期的な国内生産縮小の見通しからくる正社員採用の抑制などから，グループ全体での熟練労働者の不足が深刻化している」（同書：378）のである。この事態は順調に展開してきたトヨタ生産方式にも大きな影を落とし始めている。「非正社員の増加傾向，業務マニュアルへの依存度の高まり，それらの弊害としての正社員の『問題発見能力』『問題解決能力』すなわち改善能力の『低下』が，複数の職場の現役従業員から指摘され

67

た」(同書:379) のである。

　いやおうなく生じたトヨタにおける非正社員化は「格差管理」を必然的にもたらし,「長期雇用に基づく特殊的熟練の内部養成」を基軸にすえたトヨタ生産方式の存立基礎を突き崩しつつあるのである。

参考文献
　小松史朗　2023『日本的生産システムにおける労働と管理』ミネルヴァ書房。

第3章

乱開発の住宅地で苦闘する住民
木賃住宅の町に住み合う人びとのまちづくり

初出:「木賃住宅の町に住み合う人々の生活史」庶民生活史研究会編『同時代人の生活史』未來社, 1989年, 8。西村雄郎氏と共同執筆。なお, 一定部分の省略と若干の補正が行われた。

1 水郷的水田地帯から過密な「文化住宅」の町へ

　大阪都心の淀屋橋から京都行きの京阪電車に乗る。天満橋を過ぎて地上に出た電車は京橋でJR環状線を越え, 北東に進路をとって走る。城東区, 旭区は大阪市のインナーシティである。瓦ぶきの小さな屋根は茶褐色にすすけていて, その波のなかにビルやマンションが林立している。千林で大阪市を離れ, 守口市に入る。大きな工場が点々と続くが, 古いながらも庭に木のある少し大きな家が見受けられる。かつての郊外住宅地というような面影がある。次は門真市である。松下電器をはじめとする工場がなお続く。家並みには, 郊外住宅地というような趣きはまったくなくなる。「文化住宅」長屋の赤や青の大きな屋根も増えてくる。15分もたったであろうか, 電車はもうわれわれの調査対象地である寝屋川市の「萱島(かやしま)」駅に到着する。

　高架軌道を走ってきた電車はそのまま高いプラットホームに入る。降りたわれわれの目をまず奪うのは, ホームの真ん中の一画を割いて生い繁る楠の大木である。幹周10m, 萱島神社の神木である。萱島神社はこのプラットホームの足下に再建されており, その萱島祭りとともに町の一つのシンボルとなって

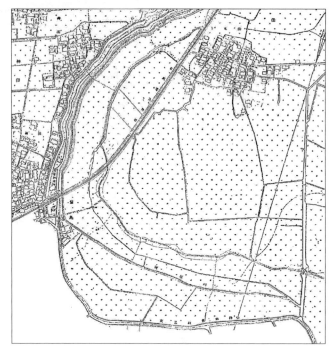

図 3-1　住宅開発以前の萱島（1960〔昭和35〕年）

いる。

　それにしても，ここからの眺めはよくきく。南西に流れてきた寝屋川は，ホームの下を背後から正面に抜けるとき90度曲がり，南東に流れを変える。その流れを追いながら左に目を転じると，木賃長屋の屋根の海が広がっている。そこが人びとの住み合う萱島の町である。ひときわ高い煙突には「京阪温泉」と書かれている。この町の世話役の一人が経営するお風呂屋さんである。

　1960（昭和35）年，今（本稿執筆時）から四半世紀前，そこはまだ緑豊かな水田であった（図3-1）。そして，その北向こうに70戸ほどの「下木田(しもきだ)」集落がここから見えたはずである。今はもう家並みのなかに埋もれているが，水田はその下木田の領地であった。寝屋川沿いに土手が築かれ，水郷的な水田地帯をなしていたのである。そして，その南側に寝屋川が流れているのであるが，江戸期18世紀末，その氾濫原に流作新田24町歩が開かれ，地名も「萱島流(りゅう)

第3章　乱開発の住宅地で苦闘する住民

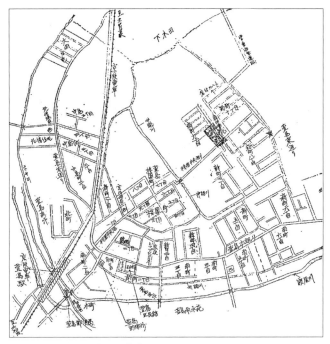

図 3-2　住宅開発途上の萱島（1964〔昭和39〕年，萱島区開発部作成）

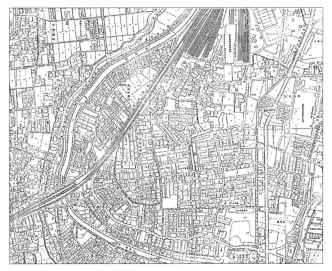

図 3-3　密集住宅地域となった萱島（1980〔昭和55〕年）

71

作」と名づけられた。川の右岸に今も大きな古い家が見えるのであるが、それが萱島流作の住人の一人、古井さん（仮名）のお宅である。

　昭和30年代後半、寝屋川の護岸改修工事に伴って宅地化の波が押し寄せた（図3-2）。1961（昭和36）年2月に飯場ができ、その年の暮れには280戸もの新しい住民が移住してきたのである。高度経済成長の折から、それはあっというまに1966（昭和41）年には3700戸に膨れ上がった。人口密度1ha当たり500人という過密の町が生み出されたのであるが（図3-3）、それは皮肉にも「文化住宅」という名の、木造長屋を2段に積み上げた形態で、1棟十数戸から成り、各1戸が2部屋と流しと便所という狭い家屋から成っていた。

　新しい町をどのように処遇するか、下木田の人たちは相談したが、結局「萱島流作の方は地付きの家が少ないから問題もあまり起こらないであろう。そちらで面倒を見てもらおう」ということになった。古井さんたち3戸もそれを了承し、町は「萱島区」として編成されたのである。古井さんたちと新しい住民によるまちづくりの歴史がそこに始まった。

2　萱島の今昔

　古井さんのお宅の南隣に桑田さん（仮名）のお宅がある。桑田さんは1935（昭和10）年にここで生まれ、地元の学校を出て1957（昭和32）年から寝屋川郵便局に勤め、現在にいたっている（1983〔昭和58〕年面接時48歳）。

　　桑田の家は江戸期に萱島流作の新田開発に伊勢から来住してきました。父の代まで農業を営み、開発者の神田家に小作料を納めていました。昔の萱島は水に浸かり、家の石垣にまで水が来るようなところでした。ですから、どこの村からも「新田、新田」と呼ばれていました。でも、田圃があり、用水沿いに船着き場もあるのどかなところでした。それが1961（昭和36）年頃からみるみる風景が変わってしまい寂しい気もしていましたが、でも日本一の小さな部落ですから、新しい人に対する受け入れの気持ちはよその村よりもあったようです。

では下木田の地付きの人はどのように思っているのであろうか。萱島の地所に家を建てて住んでいる三木さん（仮名）を訪ねた（1985〔昭和60〕年面接時43歳）。

三木さんは，1942（昭和17）年，下木田の農家の次男に生まれ，高校卒業後，三洋電機に就職したが，姉婿に「恩給のあるところに勤めた方がいい」と勧められて，1964（昭和39）年に寝屋川郵便局に勤めを変え，1975（昭和50）年には萱島に郵便局を開設し，局長として今日にいたっている。三木さんには幼友達だった妻と3人の子どもがいる。

> まだ目をつぶると，ここに田圃があるように思えることがあるんです。1968（昭和43）年の住居表示変更で市から，木田新町9丁目から萱島東町にすると言ってきたときには「エッ」という感じで驚きました。

> あの頃は時代に押し流されるようにして土地を売りましてね。買う方はたくさん買って大きな開発をしたいと思って来られていましたが，先祖から預かっている土地ですから自由に処分するというわけにはいきませんでした。土地を売った後は何か大事なものを失った感じでしたよ。

3　驚いたジャボジャボの道と狭い家

それでは，萱島に外から来住してきた人びとの話を聞いてみよう。

坂下さん（仮名）は1908（明治41）年，大阪市堀池生まれである（1983〔昭和58〕年面接時75歳）。

> 萱島に来るきっかけになったのは，Y製薬の社長運転手として働いていたとき，1964（昭和39）年でしたか，肺結核になりましてね。文化住宅を買って人に貸すことで生活の足しにしようと思って，65年に1棟6戸の文化住宅を買って移ってきたのです。その頃は，田圃のなかに道が一本あって，その一画に家ができているというような時期でした。道は舗装できていませんから，雨が降ったらジャボジャボで，長靴はかんとあかんようでしたね。だから，町会で砂やバラ

スを買うて皆でバケツで運んだり，ようやりました。72年に前の会長さんから「ここに住むなら何とかしろ」と勧められて，それから10年間ほどここの町会長を務めました。いろんなことをやりましたけど，68年には銀行から借金をして道路の舗装をしました。69年には町会の集会所を建てようということで，ここに住んでいる所有者に土地をしばらく貸してもらう交渉をして，古材を融通してもらって，大工さんがヤグラを組み，電気屋さんが配線をするといった形で，みんなで力を合わせて自前で建てました。はじめは，みんなが賛成ということではなかったのですが，できると，親戚が来たときはそこで宿泊してもらったり，火事が起きたときは退避場所になったり，皆さんに喜んでもらいました。

　もう一人，坂下さんの文化住宅に住んでいる田中さんの奥さんの和子さん（仮名）の話を聞いてみよう（1986〔昭和61〕年面接時42歳）。
　和子さんは1944（昭和19）年に三重県の熊野で竹細工と農業を営む農家の長女として生まれた。現在，兄がその家を継ぎ，弟二人は名古屋で暮らしている。

　　熊野は海と山のいいところでしたが，中学校を終えると，家を出たい，働いて自分でしたいことをしたいと強く思っていたので，あの頃はやっていた紡績工場に就職して四日市に移り，寮生活を始めたんです。(中略) そこで5〜6年暮らしているあいだに同郷の大工をしていた5歳年上の現在の夫と知り合って，21歳で結婚しました。
　　夫は親方について2年前に大阪に出ていて，萱島で所帯をもつことになりました。私はいやいやでしたが仕方なかったんです。田舎の家はこんなに狭い家じゃないでしょう。水も出るし，初めはものすごく怖かったり，びっくりしたりすることの連続でした。いつかは出られるものと思って我慢していたけどね。その頃のこの辺りは，周りには幼稚園しかなくて，その横を舟が浮かぶ田圃の灌漑用水が通ったりしてね。雨が降ったらいっぺんに水がたまってね，フナが泳いだりカエルが跳んだりしているのが見えたりでね。だから町会でもよく砂を買って道の穴埋めをしました。私なんかおなかが大きかったのに夫と二人で出てね，それは楽しかったですよ。田舎者だったから。ドブも掃除しないでい

ると他の人がやってくれたりして，お互いにお世話にならなければならないことが多かったですよ．

さらに，和子さんは現在まで萱島に住み続けていることについて，次のように語ってくれた．

ここは家賃が安くて買い物や交通の便利がいいところだから．いざとなれば田舎に帰ればいいという気持ちがあるもんだから，家に執着するというものがなくてね，なんとなく20年たったという感じがするんです．今は文化住宅の1階と2階を一つずつ借りて，下には夫婦が，上には大学1年と高校2年の息子が住んでいます．子どもが中学生になる頃，地元の中学が荒れていたこともあって，香里園の団地に移ろうかという話が出たこともあったけど，子どもがものすごく反対してね．子どもたちにとっては，ここがふるさとになってるんでしょうね．

4 萱島草創期の苦労

　萱島の地域づくりは，し尿処理場建設反対の運動から始まった．というのは，市は新しく住民が来住する前の1960（昭和35）年から萱島にし尿処理場を建設する計画を進めていたからだ．ところが，住民の方は1962（昭和37）年5月の区の役員会で初めて知ったのである．「予定地の表示が早くからなされていれば，われわれは萱島へは来なかった」と憤る役員たちは，さっそく区長の古井さんを中心に反対の運動を始めたのである．
　かれらは対市交渉をもち「絶対反対」を強く主張した．6月には近隣都市のし尿処理場の見学に行き，施設の実態および設置の反対給付条件の調査を行った．7月の市長との直接交渉では「絶対反対，ただし市が地元施設を講ずるならば譲歩してもよい」という意向を示し，また木田・神田地区選出の市会議員に働きかけ，「市当局者に人間として礼節ある交渉」とともに「設置承諾にふさわしい施策の回答」を求める依頼をした．

し尿処理場に隣接する新町5丁目と6丁目の住民は，とくに強い反対の意思を示し，「20～30万円の市民税の免除を含む個人補償」などが出されたが，「個人の補償については区としては主張できない」「負ける喧嘩はせぬがよい」という区の役員の説得により，萱島区は一丸となって交渉を続けた。その結果，1963（昭和38）年1月に「し尿処理場設置に関する覚書」を調印するにいたった。

そこで獲得されたものは，幾本かの道路の拡幅整備，排水施設の整備，上水道施設の充実，公民館の建設，駐在所の誘致などであった。このように，地域生活の基礎・基盤が獲得されたことは，たいへん大きな意味をもった。というのも，この町には計画というものが一切なく，細くて行き詰まりのあるような私道の網，建築基準法違反さえある密集住宅，上水道・ガス・下排水などの未整備といった乱開発の極みであったからである。またそれ以上に，見知らぬもの同士がこの運動を通じて知り合い，地域づくりの力ができていったことは，大きなことであった。

古井さんは当時を思い起こして次のように言っている。

　市の計画案が決定した昭和35（1960）年の直後からこの問題は知っていました。けれど，建設予定地が自宅から遠く離れているし，その予定地はほとんど木田の領地にあったし，萱島地区には3戸しかなく，反対運動をしたところであまり効果がないと思ったので，新しい住民が来てから一緒にやろうとその頃から思っていたのです。

5　暴力の町はごめんだ

地域草創期の試練を乗り越え，1964（昭和39）年9月公民館披露式，1966（昭和41）年保育所設置，萱島大橋改修，派出所設置と続き，町はしだいに整っていった。1966（昭和41）年に3700戸に増え，従来の萱島区では対応できなくなり，分区していくつかの町会・自治会へと再編された。それ以後，各単位町会・自治会ごとに銀行から借金しての道路舗装や町会の集会所づくりなど，きめ細かい活動が進んだのである。坂下さんや田中和子さんが一生懸命に地域づ

くりに携わったのもこの時期である（写真 3-1）。

小学校区も二つに分かれ、そのうえに第七中学校ができるのであるが、1974（昭和 49）年頃から七中校区の非行問題が激しくなっていった。学校内では、教師を殴る、教室のガラスを割って 100 万円の被害を出すといった問題が相次ぎ、そのうち授業もできな

写真 3-1 萱島「文化住宅」街のたたずまい
（1987〔昭和 62〕年 9 月撮影）

くなり高校への進学率もどんどん下がるという事態に陥っていった。地域のあちこちでも、シンナー遊び、飲酒、喫煙、万引き、暴行が見られた。青少年にとっての文化、スポーツの環境が悪いこと、新しく入ってきた住民同士のつながりが弱いこと、校区内に暴力団の組事務所がいくつか存在し、それと関係をもつ少数の問題生徒を生んだこと、などが原因となった。

ようやく 1976（昭和 51）年 4 月に学校と地域住民の協力態勢ができ、「七中校区教育懇談会」が発足した。そこでありとあらゆる工夫がなされた。地域の業者を訪問して、「青少年を守る店——広げよう愛の一声」のステッカーを店先に貼り、理髪店には額の剃り上げや眉毛の剃り落としなどをやめてもらい、小売店にはナイフや薬物、風俗雑誌を売らないようになどの協力をしてもらった。一斉奉仕活動を夏休みと冬休みに年 2 回実施し、生徒と親、住民が協働で清掃や草刈、溝掃除などを行った。校区懇談会では、教師と父兄が地域で意見交換を行うなど交流をもった。暴力団の組事務所の撤去に向けては、暴力排除地域集会をはじめさまざまな行動が、自治会との連携のもと、警察や他団体の協力を得て、広範な住民の連帯のもとで進められた。その成果は住民自身が驚くほどの速さで上がっていった。こうして 1979（昭和 54）年 4 月発行の会報第 14 号でのアピールをもって懇談会の活動は一応の終息を見た。

この活動がみごとな成果を収めるにあたって、その基礎に木田小学校の校区福祉委員会の活動があったことに注目しなければならない。1975（昭和 50）年以来、民生委員や自治会が中心になってあらゆる地域のリーダーが名前を連ね、社会福祉協議会（社協）の基礎単位での活動を進め始めていたのである。

基本的な社協事業のほかに校区大盆踊り大会，敬老の集い，校区大運動会，暴力排除地域集会などを行っていった。

　そのなかで特筆されるのは「市と住民との懇談会」である。第4回（1979〔昭和54〕年2月）のそれでは，市側から市長，両助役，教育長，理事，関係部課長23名の出席のもとに，①青少年健全育成問題，②福祉問題，③教育問題，④生活環境・都市開発問題，⑤土木関連問題など全般的な課題が議論されている。最後に「市長が総括し，老人の就労，身障者対策，自転車置き場，バス乗り入れ運行，過密対策，コミュニティなどの問題についての説明があった」（「木田校区福祉委員会だより」第3号，1979〔昭和54〕年8月1日）。

　この校区福祉委員会の委員長として奮闘したのが「京阪温泉」のご主人森田さん（仮名）であった。訪ねてお話をうかがった（1983〔昭和58〕年面接時68歳）。

　森田氏は，1915（大正4）年，石川県志賀町の生まれである。

　　昭和20（1945）年12月に復員後，体の養生のために故郷に帰り，商売をしながら農業をしていました。体力が戻ったので，同じ町の出身で大阪で豆腐屋を営んでいる人のつてを頼って大阪へ出ました。その人のもとで1か月ばかり豆腐屋の修業をした後，能登地方から大阪に出てきている人の互助会に能親会というのがあって，そこから資金繰りなどの面倒を見てもらい，大正区で豆腐屋を開業しました。能登地方からの出身者は，辛抱強くておとなしい人が多いためか，豆腐屋と風呂屋を営む人が多いようです。私も，一番多いときは16人くらい雇って4～5軒の支店を出していましたが，風呂屋の方が安定していると思い，転業を準備していました。ちょうど，萱島が新しく開かれていったので，昭和37（1962）年ここに風呂屋を開業したわけです。

　　現在までそのときどきで自分の生活は人並み以上と思ってきたので苦しいと思ったことはありません。自分はフィリピンで仲間が死んだので，いつ自分が死んでもいいと思ってこれまで生きてきましたが，今は生き残れて幸福だと思っています。

　　ちょっとだけ現在の自分より高い所に目標を定めて努力することで，目標にす

ぐ到達することができる，これが生活信条といえば生活信条です。

　この時期にもう一人の有力なリーダーが生まれる。1971（昭和46）年に萱島を地盤に市会議員に初当選した草垣さん（仮名）である。下木田のH議員は市会議長まで勤め円満引退したので，いよいよ萱島から立候補することになったのである。草垣氏は1932（昭和7）年，香川県丸亀市に生まれている（1984〔昭和59〕年面接時51歳）。

　　父は農業を営んでおり暮らし向きは普通でした。高校まで地元におり，昭和26（1951）年にK大学に入学し，大学時代は全関西雄弁連盟委員長として活躍しました。（中略）以前から妻に洋品店をやらせていたのですが，それをチェーン店化していこうと思い，当時人口が急増していた萱島に店を開いたのです。
　　昭和40（1965）年に萱島に転居したあとは，比較的ひまにしていたのですが，当時町内会長をしていた人が急によそに転居することになったため，残りの期間だけでよいから会長を引き受けてくれ，と頼まれて会長になったのです。それをきっかけに，商店会会長，区長，自治会長などになり，萱島駅地下道建設や駐在所設置など地域づくりに参加していきました。そのなかで，この町からも誰か市議会に出そうではないかということになり，私が推進役を務めたわけですが，結局，自分が立候補する羽目になりました。
　　昭和46（1971）年に初当選して今日にいたっているのですが，行政は計画し実行することをしないから，多くの住民と話し合って計画を練り行政にもちこむようにしています。自分の信条としては，すべて輪が大切という意味で「和」，また耐え忍ぶ力が次の飛躍を生むという意味で「忍」の二文字が好きです。萱島は自分を育ててくれたところで，恩返しのつもりで，豊かなふるさとづくりをして，ここに骨を埋めるつもりでがんばりたいと思っています。

6　萱島神社とお祭りの再興

　萱島神社は，今は京阪電鉄の高架下にコンクリート造りで再建されており，お

祭りが盛大に行われている。古井さんに萱島神社再興のいきさつをお尋ねした。

　　萱島神社は，流作新田ができたとき神田家と17人の百姓中で作ったようです。私が16歳のとき，昭和3（1928）年でしたか，祖父が亡くなりましたが，その頃まで年行事を二人たて，毎年10月17日に秋祭りをし，おさがりを男たちで手料理し直会をしていました。伊勢講で毎年お札を貰いにお伊勢参りをしていました。戦後になると農地改革で地主，小作がなくなり，開発者であり旧地主であった神田家からのお供えもなくなるし，皆も水くさくなるしで，結局，桑田さんと私で守ってきました。旧からの住人として神社だけはなくさないようにしよう，新住民の方も来始めているので，どのような形態で新住民を氏子として迎えたらよいだろうか，と思いをめぐらせていたのです。ところが，流作が神田家の手を離れて4人目の所有者になっていたのですが，その人が「お宮は要らん，会所の土地は売る」と言うので，これは大変だと頭を痛めました。

　　昭和40（1965）年に京阪電鉄の高架工事のための買収の話があったときに，これだ，と思って，京阪に買収してもらって工事完成後にお宮を再興してくれるよう申し入れたのです。幸い京阪の理解を得ることができ，胸を撫で下ろしたという次第です。ご神木を切らずにホームのなかに生かしてもらえました。昭和54（1979）年に工事がほぼ完了したので，議員の草垣さんら3〜4人と再興に向けて京阪との交渉に入りました。京阪さんはできるだけ小さく，私どもは大きくということで何度か協議をもちましたが，幸い立派な神社を再建できることになりました。

　　そこで，昭和55（1980）年4月には萱島神社再興世話人会を作り，住民各位の寄付をお願いすることになりました。世話人には萱島区以来，地域づくりにご尽力いただいた方になってもらいました。

　　祭神は天神さんを主にお祀りして，子どもたちといっしょに親御さんがお参りできるようにしました。ともかく皆さん積極的に寄付をしてくれました。玉垣は親柱10万円，小柱7万円でお願いしましたが，名前を石に刻めるというので多くの人の申し込みが殺到し，当初，親柱のあいだに小柱を3本入れる予定だったのを4本に増やしました。全部で48本になりますが，それでも超過する

第3章　乱開発の住宅地で苦闘する住民

写真 3-2　萱島祭りのみこし行列　　　写真 3-3　萱島祭りの稚児行列
　　　　　　　　　　　　　　　　　　　（いずれも 1980〔昭和 55〕年 7 月 25 日撮影）

ので抽選にしようかということになりましたが，神様にはねられたということになるので具合が悪い，やはり申し込み順にということに落ち着きました。祭具も祭りのときに名前が出るということで，そちらに回ってもらったりしました。そんなことで目標の 1500 万円を集めることができまして，ほっとしています。世話人 13 人の方々に対しては，その功をねぎらって御手洗を寄進してもらい，それに名前を刻みました。宗教上の理由で協力できない人のことを考えて「有縁の方々」ということで呼びかけて，できるだけ問題を起こさないよう気をつけました。

　お祭りの具体的な準備の方は，町内会ごとに 2～3 人ずつ出てもらい奉賛世話人会を作りました。主婦層から稚児行列，みこし行列もしようと声が上がってきて，それをすることになりました（写真 3-2，3-3）。稚児行列の方は，古いしきたりでは寄進の多い者を出すわけですが，それはよくないということで，3000 円を出す者は出ることができるとしたのです。ところが，希望者が多く，年齢制限や抽選で参加者を決める状態でした。みこし行列も，手作りの樽みこしとか 13 町内から 8 台も出て，みんな楽しく練り歩きました。

それから早や 7 年が過ぎたが，最近の様子を草垣氏にお聞きした（1987 年聴取）。

元旦祭には地区内の絵の得意な方に畳 2 畳くらいの奉納絵馬を描いてもらい，子どもたちには檜板に自分で絵馬を描かせました。元旦の初もうでは零時になるとたくさんの参拝者が 2 列に並び，三が日は鈴の音が絶えません。節分は豆

まきをし，夏祭りにかけては，太鼓を教えてくれるという人が現われたので子どもたちに習わせています。年末には奉納餅つき大会をして，臼を五つ出して子どもに餅つきをさせています。自分たちのふるさとの子ども時分の餅つきの雰囲気を味あわせたいと思って。お祭りの奉賛金の領収書にナンバーを付けてくじを作ったり，工夫をしていることもあって，年々おさい銭も増えていることはありがたいことです。徐々に基金の積み立てを行って，また10周年記念祭を盛大にやりたいと思っています。あとは総代や世話人に若い世代も参加してもらうようにすることですね。

7　萱島の現状とこれから

このように萱島神社の再興によって，住民の心の拠り処ができたのであるが，地域社会そのものはやはり以前と比べて大きく変わってきている。

田中和子さんは萱島の人情の変わりようについて，次のように嘆いている（1986〔昭和61〕年聴取）。

今はもう若い人が入ってきても干渉ができないですものねぇ。昔は小さい子がいるとみんなが我が子のように見てくれたり怒ってくれたりしてね。みんなワーッと連れて，守りしたりしてね。でも，そんなことがあったのは下水がごしゃごしゃしていた時分までででねぇ，それがなくなったらもう関係がなくなった。今の親は自分の子どもを怒るときも「ゴミを捨てると町が汚れるからやめなさい」という言い方ではなく，「あのおばちゃんに怒られるからやめなさい」でしょう，ほんとうにいやになりますよ。しかも女の人が働きに出るようになって知らん顔の人が多くなって，町会の役を引き受けてもらうのも大変になって。昔だったらバスツアーといったら家族全部で参加したもんだけど，今ではお祭りなんかでも，いやいやで皆さんに無理矢理頼んで協力してもらっているような状況ですよ。

居住面積が狭いため子どもが大きくなると外へ転出していくケースが多く，

相変わらず流動性の高い地域である。加えて，安普請のため建築後20年を経ると老朽化が激しくなっている。若い単身者の流動と高齢者の滞留，この両極端が萱島の特徴になりつつある。こういうなかで，高齢者の組織作りにボランタリーな熱意をもって取り組んでいるのが，坂下さんである。坂下さんにその様子をお聞きした。

　萱島に一人暮らしの老人の会ができたのは昭和55（1980）年の6月のことです。この年は，萱島で一人暮らしの人が亡くなり，下の家に虫が落ちるまでそのことを誰も知らなかったというような事件が続いた年でした。それで市が慌てて「一人暮らしの老人と語る会」を催し，そのことをきっかけに社会福祉協議会から民生委員に「何か一人暮らし老人の集まりを作ることはできないか」と要請がありました。そこで，民生委員の皆さんが協力し合って一人暮らし老人の名簿を作り，その人たちを招待して会食を行い，この会を「ひさご会」と名づけてその後も集まるように決めたのが，そもそもの始まりです。多分，寝屋川市では一番早くできた会だと思います。

　今は，春と秋の2回お弁当を持っての日帰りのバス旅行に行ったり，お正月に集まってみんなで祝ったり，また月1回の定例会をボランティアの方の協力を得て持ったりしています。昔と比べると，市が旅行にバスを無料で貸し出してくれたりするなど活動しやすくなった面もありますが，一方で福祉見直しで市から会への補助金が減らされたり，初めは一人で住む人を皆入れていたのに，ここにきて「すぐそばに親族が住む場合は入会資格がない」と市の側から言ってきたりして，会長として困ることもあります。

それでは最後に，草垣議員に萱島の今後の課題を聞いてみよう。

　寝屋川市は，全体としてかつての「通過都市」からようやく定住都市に脱皮し始めています。福祉については隣接都市と比べてもかなり充実しているので，これからは文化的なものにお金をかけるべきだと主張しています。小学校は200教室ほどの余りがあり40人学級がすでに実現しています。コミュニティセン

ターの設置も4号館が完了しさらに進んでいますが，萱島では市役所の出張所を京阪の高架下へ移ってもらって，その後を自治会館として住民のいろんな活動に利用しています。文化住宅の再開発は重要課題で，大利地区の方で3階建て30戸くらいのモデル事業がスタートすることになりました。萱島にもってこようとしたのですが，共同建て替えの話がうまくまとまりませんでした。幹線道路分の確保はだいぶできているのですが，中心地は容積率を200％から300％に増やすなどしながら，個別的に建て替えを進めていくしかないでしょうね。萱島駅を周辺地区のターミナルにして，商店街の活性化を図っていきたいのですが，都市計画道路が一気に整備できなくて，バスの乗り入れがまだ実現していないのが一番のネックです。当面，中型バスでも乗り入れができるようにと努力しています。

　老人問題も深刻になってきています。一人暮らしの老人の問題など，福祉まちづくりに多くの方々が関心をもっているので，坂下さんのようにリーダーシップをとってくれる人がいると本当にいいんですが，まだまだ少ないですね。それにリーダーの高齢化が進んでいますから，私もいろいろな活動を通じて，若い人を育てるのに努力しています。有志と一緒にボーイスカウトを作ってから20年になり，100名を超える隊員を育てたのですが，高校・大学進学でプツンと切れてしまって次の世代を育てる力になってくれないのが，なんとも残念です。

　今，1987（昭和62）年。萱島に住宅が建ち始めて25年の歳月が流れた。一つの町が多くの人びとの生活史とともにその歴史を刻んだ四半世紀であった。地方の「むら」つきあいをいろんな形で身につけたまま上阪してきた人びと，そして新しい町はその土台からして混とんと欠如の町であった。お互いの助け合いなしにはその日は始まらなかった。そして，彼らのまとまりの要になった旧住人の古井さんや桑田さん。これらどの要因を欠いても萱島の地域づくりの苦闘と喜びの歴史はなかったであろう。しかし，歴史はまたさらに冷徹である。住宅の老朽化や住民の高齢化などの新しい課題を町につきつけている。萱島神社とお祭りに結晶化された「ふるさと」の精神がどのように町の歴史を新たに切り開いていくか，また次の四半世紀を見守っていきたい。

【コラム】その後の萱島

　1980年に萱島神社の再興とお祭りがあり，20年にわたるまちづくりは一つの完成を迎えた。あらためて振り返ってみると，そこにはこれまで「保守的」とか「前近代的」といわれてきた「むら」のイデア（よきものを追い求める思い）が新しい場所でいかんなく発揮されたことが分かる。

　旧住人で新しい町の「取り仕切り」を引き受けた古井さんたちは，日本一小さな3人の集落であり「新田，新田」とさげすまれた歴史を踏まえながら，「自分たちのむら」というイデアを実現したかったのであろう。し尿処理場の反対運動を新住民が来るまでじっと待って住民の力を結集していくつかの公共施設を勝ち取ったこと，萱島神社を京阪電鉄高架事業にからめて再興したことなどに，その知恵とリーダーシップが表われている。

　また，来住民の地域づくりも，来住民のふるさとの「むら」の記憶が濃く盛り込まれている。みんなと一緒に道路の補修をすることも町会の集会所を自分たちの手で建てることも楽しいことであった。自分たちのふるさとの思い出をこの萱島で子どもたちに経験させたいという思いが彼らの気持ちを支えていた。それは萱島祭りの樽みこしや稚児行列となって溢れ出たのである。

　新たに来住した人びとは，まさに「欠如」の真っただ中におかれ，いわば「受苦共同体」を形成して，生活防衛とまちづくりに注力していった。七中の暴力問題を発端とした暴力排除，まちづくりの活動は「校区福祉委員会」を中心に展開し，市長はじめ全幹部の出席のもとで数年次に及ぶ「市と住民の懇談会」にまで発展していった。生活防衛を求める「むら」の力がもつ民主主義の質を発露させたのである。ゲマインシャフト（共同態）的なゾチアール力（社会生活の力）が，市政というゲゼルシャフト（全体社会）的な機構に働きかける先進性を創造したのである。しかしその後，その取り組みは「校区福祉委員会の枠を越えている」という市の「上からの」圧力によってつぶされてしまった。活動の中心を担っていた森田さんが「残念だ」と声をふりしぼっていたのを今でも思い出す。

萱島祭りが挙行された1980（昭和55）年には，すでにまちの人口は減り始めていた。1960（昭和35）年の102人から始まり，1970（昭和45）年には2万993人とピークを迎えたが，1980（昭和55）年までの10年で4000人減少し，2000（平成12）年現在，1万3529人になっている。「文化住宅」の老朽化も進み，木造密集住宅地の再開発が重要な課題になっている。共同調査者の西村雄郎氏がその後の萱島を考察しているので（西村2008），それを参照してみよう。

　ある「文化住宅」経営会社は25棟300戸の「文化住宅」を10年かけて賃貸マンション（3棟241戸）へ建て替えているが，それは稀な事例である。多くの場合，不在地主の多さ，所有土地の零細さが共同の建て替えを阻んでいる。また自分も住みながらその文化住宅を所有している住民もかなりいるが，かれらは高齢化するなかで低額であれその家賃収入は老後の年金生活を補填する重要な収入源であり，「現状維持」を強く志向しているのである。

　行政は，1984年に建替補助制度を内容とする「木造賃貸住宅地区総合整備事業」を始めたが，事業は遅々として進まず，1996年から総事業費360億円を予算化して「萱島東地区整備事業」を展開した。とくに受皿住宅を1997年から2000年にかけて計388戸建設することによって，共同建て替えが進展し始め，1996年から1999年にかけて計115戸が建設された。多額の資金を投入して事業は動き始めたが，2003年時点での進捗率は老朽住宅買収除去，公園用地取得は40％弱，道路用地取得は24％と他の事業地域と比べて大きく遅れている。

　すべてこれらの困難の始まりは「乱開発」にある。新しい町の取り仕切りを任された萱島区の古井氏は，水田所有者の在地である下木田と神田に住宅開発前に区画整理事業を行うべきであると申し入れたのであるが，それは却下された。この地の土地所有者の身勝手さが，この町の大きな悲惨を生んだのである。

参考文献
　西村雄郎　2008「インナーリングエリアにおける住宅地域形成と地域社会の変容」「木造住宅密集地における『草の根』のまちづくり」西村雄郎『大阪都市圏の拡大・再編と地域社会の変容』ハーベスト社．

第 4 章

研究方法論 1　ゲゼルシャフトリヒとゾチアール
社会構造分析と社会過程分析の統合へ

初出：「『生活』の論理構造とゾチアールなもの」現代社会研究会『新しい社会学のために』第 13 号，1977 年，ならびに「構造分析（ゲゼルシャフトリヒ）と過程分析（ゾチアール）の統合」西村雄郎・岩崎信彦編『地方社会の危機に抗する〈地域生活文化圏〉の形成と展開』東信堂，2024 年，序 2 章「研究の方法」の 1。なお前者の論文は分かりやすくまとめなおした。

1　「存在が意識を規定する」を基軸とする生活過程論(ゾチアール)

　上記の初出論文のうち前者の論文を書いた 1970 年代，社会科学の世界においてマルクスは大きな影響力をもっていた。そのなかで，社会学はどのような立ち位置をとるのか，私を含めてマルクス派社会学者の懸案事項であった。私はみかん農村調査を行いながら考えた。
　マルクスの唯物論は確かに社会を構造的に把握するのに明快である。人間は生き続けるために，食べ，住まい，衣服を着る。自然に働きかけて労働，生産を行う。そこに経済が生じ，生産手段（土地や道具）の所有に基づく生産関係が成立し，その生産関係を「土台」とする社会が形成される。そして，その「上部」に法と国家という政治構造がそびえたつ，というのが「土台－上部構造」論である。
　問題は，しかしながら，この「土台－上部構造」論で人びとの「意識」あるいは「生活」がどこまで捉えられるか，ということである。この論で捉えられる意識は，土台に照応し，法的かつ政治的関係に規定される諸「イデオロ

ギー」に限定される。

　われわれ社会学徒が不断に対象とする人びとの意識，生活はどのように位置づくのであろうか。けっしてイデオロギーという種類の意識で終わるものではない。このテーマを深く考察してきた田中清助氏は「日常的意識態様」という言葉を使って次のようにいう。

> 「日常的意識態様」をも含め歴史的－社会的諸条件において形成され，発展し，未来へ歴史を描く意識の問題は，歴史的－発生論的な方法が分析を進めるのであって，体系的－構造論的な方法とその分析図式からは区別すべきだと考えます。
> 　　　　　　　　　　　　　　　　　　　　　　　　　（田中他 1973: 74）

　すなわち，「土台－上部構造」という「体系的－構造論」的方法では「日常的意識態様」は捉えられないので，独自に「歴史的－発生論」的方法が必要である，と言っているのである。そして，歴史的－発生論的な方法をドイツ語のsozial（ゾチアール，社会過程的）の言葉で，体系的－構造論的な方法をgesellschaftlich（ゲゼルシャフトリヒ，全体社会的ないし社会構造的）の言葉で表わし，両者の区別と相互の関連を考察している（同書：75-81）。

　そこで田中氏は，マルクスの『経済学批判』序言の定式を引用し，それを三つに分けて，3番目こそが唯物論的に最重要であり，これが「日常的意識態様」を解く鍵を与えてくれる，というのである。

> 　人間は，彼らの生活の社会的生産において，一定の，必然的な，彼らの意志から独立した諸関係を，すなわち彼らの物質的生産力の一定の発展段階に照応する生産諸関係を取り結ぶ。これらの生産諸関係の総体は，社会の経済的構造を形成する。これが実在的土台であり，その上に一つの法的かつ政治的な上部構造がそびえたち，そしてこの土台に一定の社会的意識形態が照応する（引用者注：土台－上部構造の図式に関わる部分①）。
> 　物質的生活の生産様式が，社会的，政治的，および精神的生活過程一般を制約する（引用者注：「生活過程」というゾチアールな領域を指す部分②）。
> 　人間の意識が彼らの存在を規定するのではなく，逆に彼らの社会的存在が彼

らの意識を規定するのである（引用者注：存在−意識のカテゴリーに関わる部分③）。

(同書：77)

　これら三つの部分を解説すると，次のようになるだろう。
　①の「土台−上部構造」論の「土台」は，人間の生産活動はすなわち自然との「物質代謝」を基礎においた経済であり，奴隷制，農奴制，資本−賃労働制など前進的に展開する生産関係を意味している。人間の全体社会にとって経済的な物質活動が基底的な意味をもつ，そういう意味で唯物論（materialism）の不可欠の一側面をなすのである。そして，それを「土台」とし，その「上部構造」として法的かつ政治的な諸関係がそびえ，そしてまたイデオロギー関係がそこから生じそれらを包むのである。
　②では「生活過程」が主題となり，そこでも「物質的生活」つまり経済的生活過程が基底となるといって，①の論理を生活過程に敷衍している。重要なことは，しかしながら，「生活過程」というものが，「土台−上部構造」という全体社会構造とは別個の出自をもっているものとして提示されていることである。そこには人びとの生きた生活の営みが捉えられている。田中氏はそれを「ゾチアール（sozial）な領域」と名づけたのである。
　③それゆえ，ゾチアールな領域を捉えるためには独自の方法・視点が問われなくてはならない。それが「社会的存在が意識を規定する」という「存在−意識」カテゴリーなのである。このカテゴリーこそが唯物論の哲学的基礎なのである。
　唯物論（materialism）という場合，その理解の仕方は物質（matter）をどのように理解するかで大きく異なってくる。物質の基本的な捉え方は，物理学の対象である原子から成る物質構造であり，自然科学は物質構造の客観的認識において成り立っている。これが唯物論の基礎である。そのうえで，人間−社会の世界において唯物論はどのように表われるのかが今，問題なのである。
　土台すなわち経済的諸構造が社会の規定要因であるとする「土台−上部構造」論は，経済的＝物質的という考え方である。人間の生存根拠が生産と消費に，すなわち自然との物質代謝に基づく経済にあるとしているのであり，人類の歴史を見るときに主要な側面を解明している。

しかし，唯物論にはもう一つの考え方があり，それは「存在が意識を規定する」という命題である。それは当然に「意識から独立したものとしての存在」を指示しており，この「存在」の「意識からの独立性」を哲学的に「物質」として表わしている。

　前記の②→③は，人間の「生活過程」の固有性を捉え出したうえで，そこにおいて生活する人間は「社会的存在が意識を規定する」という「存在－意識」の唯物論的規定状況におかれる，と言っているのである。

　それでは，人間にとっての「社会的存在」とは何なのか。それは，マルクスがフォイエルバッハ第6テーゼ「人間の本質は，その現実性においては，社会関係の総体（アンサンブル）である」で示しているように，その人間が保持している，あるいはそれによって貫通されている経済的，法的，政治的，イデオロギー的な諸関係であり，その総体なのである。

　ここで少し付言しておくと，「階級」はこの「土台－上部構造」から直接に規定された社会的状態である。「階級」は「社会的関係の総体」を端的に表現したものといっても過言ではないだろう。一方，「階級意識」は，その客観的な階級が以下のようなゾチアールな生活過程でいかに生活者を規定し，いかに生活者がそれに対応するかで多様な形態をとることになる。

　そして，「社会関係の総体」を全体社会（ゲゼルシャフト）において捉え返したとき，それが「彼ら（人間）の意志から独立した諸関係」である「土台－上部構造」として存立していることがあらためて理解できる。人間が保持している社会関係は人間から自立し，骨化するように構造化して「土台－上部構造」となっているのである。

　「社会的存在が意識を規定する」ということは，ゾチアールな過程②を媒介として，社会的存在としての「土台－上部構造」①が人間の「社会的存在」となり「生活意識を規定する」③のである。これが社会科学におけるマルクス唯物論のトータルな理解である。

2　生活者の論理と研究者の論理——経糸と緯糸

　有田のみかん農民を例にとれば，彼らがおかれているところの，みかん経済の産業構造的関係であり，農業近代化政策として襲来する政治経済的関係がかれらの「社会的存在」である。これらのゲゼルシャフトリヒな諸関係に規定されながら，「まいど」と挨拶を交わす集落的，家族的な小経営の主体たちは，新たに設立された「ありだ共選」に参加するのか，集落共選を死守するのか，個選でがんばるのかという形でその選択を行うのである。規定のされ方，対応の仕方はその農家の「社会的存在」のあり方によって違うのである。私はその違いを階級論的視角から「農民層」の多様性・分解性において解析し，そのうえで各農民の意識を読み解いていった。これが，「人間の社会的存在が彼らの意識を規定する」という意味である。

　ここで「人間」「人びと」と表現しているところを「生活者」とおきなおすと分かりやすくなる。生活者一人一人にその人の「社会的存在」のありようとそれに規定される「意識」のありようがあり，それらをしっかりと見極めていくことが求められているということである。

　研究者はその見極めができるように，二つのことをしなければならない。一つは，現場において生活者の生活のありようをしっかり聴き，その立ち位置に自分をおき，共感し共通認識がもてるようにすることである。そうすることによって，その生活者における「存在−意識」のありようをゾチアールに把握することができるのである。二つは，その生活者とその生活現場がおかれている客観的状況を全体社会的に（ゲゼルシャフトリヒに）「土台−上部構造」論的見地，階級論的見地から見据えることである。

　このように，生活者の論理（経糸）と研究者の論理（緯糸）とを織り合わすことによって，そこに「場面」が立ち上がってくるのである。あらゆる調査フィールドでこれが必要となる。

　「意識」は，しかしながら，それ自体として「存在」から相対的に自由に存立しているという独自性をもっているのであり，そうであるからこそ，「存在」

からの規定を受けることができるのである。有田みかん農家がそうであったように，人びとは「存在」がもたらす苦難と矛盾をそれぞれに乗り越えていこうとする主体的な意志決定と行動を進めていくのである。

「意識の独自な存立性」などというと，かつてのマルクス陣営からは「観念論だ」という批判が飛んでくるのは必定である。しかし，唯物論か観念論かと二者択一的に問うこと自体がきわめて不合理なことである。唯物論がいう「存在の意識への規定性」を十分に汲み取りながら意識の独自な創発性を深く捉えていくことが重要である。もう一歩踏み込んでいえば，存在が基礎を与え支えることによって意識が初めて存立しうること，また逆に意識が存在を存在として受け止めることによって存在が初めて存在として自己確証できること，を知る必要がある。唯物論と観念論は，唯物論を規定因としながら両者が背中合わせになっている，といえるのである。

3　現場 – 社会場 – 全体構造という三層の社会構成

直近10年の新しい調査（2014年開始の科研「地域社会の危機に抗する〈地域生活文化圏〉の形成と展開」）を進めるなかで，私は「意識」をいわば下から規定する「存在」があるのであれば，上から「意識」を誘導し促迫する形で規定するものがあってもよいのではないか，と思うようになった。それがプラトンのいう「イデア」であった。

有田のみかん農民，トヨタの労働者，萱島の地付き住民と来住民，それぞれの人たちがそれぞれの「イデア」つまり「思いのなかに保持され追い求められるよきもの」をもって生きている，ととりあえずは補助線でよいのでこれを引いて理解すれば，生活現場と社会場はより精彩をもって立ち上がってくるのである。そのことは，本書の終章であらためて取り上げられる。

ここで後半の論点に移ろう。調査研究を有効に進めるために，ゾチアール領域を二分し，社会場レベルと生活現場レベルに分けようということである。

このように分けることで，社会は，次の三層によって構成されることになる。

構　　造（cレベル）：ゲゼルシャフトリヒな体制（regime），国家，資本，
　　　　　　　　　　　　国際関係
　　社 会 場（bレベル）：ゾチアールな社会過程，社会学対象領域
　　生活現場（aレベル）：現場（locale），その地に根差した（vernacular）生活

　生活現場（a）では，さまざまな生活者が暮らしを営んでおり，その地に根差した固有の生活が行われる。今年はどのような作付けをするか，あの農機具は調子が悪いので買い替えるか，息子はどういう進路を選ぶのだろうか，など家庭の数だけ多様な生活がある。
　社会場（b）では，農家同士が稲わらと家畜糞尿を交換したり，機械の共同利用を行ったり，農協の会合で意見を交換したりなど，さまざまな相互作用を行う。そこには，競争，協力，対立などジンメルが形式社会学であげる相互作用が日常的に見て取れる。
　構造（c）では，国家と行政官僚制，資本制企業と市場制度などが全体社会の体制を構成する。マルクスの生産関係を軸心とする社会理論が有益である。そこでは，議会制度と民主主義が普及すると同時に，資本の利潤追求のために労働者の労働と生活の条件切り下げが進み，格差が広がっている。「構造的不正義」（ヤング2014）がそこから生じ，人権の侵害と民主主義の衰退が進む。
　この三つの社会構成の関連は，ジンメルの社会学が明確に捉えているところでもある。

　　超個人的な社会形象（c）とは，相互作用する諸力（b）がその直接の担い手（a）から切り離されて結晶化した観念的な統一体であり，それゆえにそれは，客体化され実体化されることによって「独自の存立と独自の法則」を獲得するにいたった，永続的な相互関係である。　（那須2001: 137。(c)(b)(a)は引用者による）

　　だが固定化された相互関係のほかにも，人びとのあいだには，いまだ超個人的な形象に固まっていない無数のより微細な関係の形式と相互作用の様式とが存在している。それは「生まれたばかりの状態の社会」と言ってよい。　（同書：137）

すなわち，生活現場（a）と社会場（b）をつなぐものは，人びとと地域社会に担われたイデアであり，その相互作用（心的相互作用）である。そして，生まれたばかりの社会である社会場（b）と関係構造（c）をつなぐものは，（b）から（c）への社会化（Vergesellschaftung）である。生活現場（a）－社会場（b）－構造（c）という三次元構造において，地域社会に全体社会構造的（ゲゼルシャフトリヒ）な危機が到来するなかで，地域生活者は襲ってくる困難に対して自らのイデアと生活行為によって新たな生活と社会的（ゾチアール）な関係を築こうと努力する。自らが抱える課題解決を図り，全体社会のありようを改変させる営みを繰り広げている。

参考文献
那須壽　2001「形式社会学の諸位相」居安正・副田義也・岩崎信彦編『ゲオルク・ジンメルと社会学』世界思想社。
田中清助他　1973「シンポジウム　史的唯物論の現代的課題」『現代思想』14。
ヤング，I. M. 2014『正義への責任』岡野八代・池田直子訳，岩波書店。

第 5 章

町内会はコミュニティなのか
「住縁アソシエーション」としての町内会

初出:「町内会をどのように捉えるか」岩崎信彦他編『町内会の研究』御茶の水書房,1989 年。なお,第 2 節「『住縁アソシエーション』としての町内会」はより分かりやすくまとめ直した。

　町内会をどのように捉えるか。男と女,生と死,貨幣と資本,そして町内会・自治会,身近なものほどその本質をつかまえるのが容易ではない。
　これまでにも多くの議論が行われてきた。第二次世界大戦期における軍国主義体制の末端機能の分担という歴史的な経験をもち,今日においてもなお,半強制的全員加入組織である,行政の下請け機関である,政治的に保守的な組織であるなど,その否定的な評価が根強く存在している。たしかに,そのような否定的役割を果たしたが,町内会自体にその責をすべて帰するのは誤りであり,町内会は「白紙」のような性格をもち,良くも悪くもなるという評価もある。また,町内会は日本社会の成り立ちの原型質のようなもの,すなわち「社会型」「文化型」であるとする評価もある。このような評価はいずれも一理あり,まだ総合的な評価は定まっていないというのが現状である[1]。
　それゆえ,本稿では,歴史と現状の分析のなかから,町内会とはいったい何なのかを明らかにすることを目的とする。そこで,まず,町内(会)の歴史をおおまかにたどり,町内会に「住縁アソシエーション」という規定を与えることから始めることにしよう。

注 1　町内会研究の系譜を検討したものに吉原(1980),藤田(1982),田中(1985)等がある。また町内会を総合的な視野から論じたものとして中田監修(1981),中川(1985)がある。

1　歴史のなかの町内会

　町内会の源流をどこに求めるのか。日本の古都である京都においてそれを探ってみよう。

　応仁の乱（1467～77年）の廃墟のなかから，暴力に対抗し生活の安全を守るために隣保団結の地域団体である「町」が結成されていった。それは，条坊制の「町」とは異なって，交差する街路をもって区切られた，街路をはさむ両側を以て一町を形成したものであった。戦国の世にあってこれらの町はさらに「町」の総合体たる「組町」を形成し，上京5組，下京3組をなし，それぞれ「上京中」「下京中」として連合体へと発展した。このような町は，14世紀以来成長してきた封建的自営農民によって結成された相互扶助の自治的な共同体組織＝「惣」結合に応ずるものであり，都市に成長してきた商工業者，金融業者たちの座的な組織を前身としていた。土一揆や武士の狼ぜきに対する防衛のなかで商工業者，金融業者と一般住民の提携が進み，地縁的な自治組織たる「町」を形成したのであった。

　しかし，信長入京によって事態は大きく変貌する。信長の意向に対抗した上京は焼き打ちされ，その圧倒的な武装力の前に屈服させられたのである。信長はかえってこの町組組織を統治の手段として利用した。犯罪人の告発逮捕，地子銭の徴収，労役賦課，御貸米の利米の収納など，ここに町組は自治・自衛の住民組織から行政機構の補助組織へと大きな変化をこうむったのである。信長から秀吉の時代にかけて京都の市街は急速に繁栄し，天正19（1591）年頃には上京五百数十町，下京は約100町を数えるにいたった。そして，この間，町組の「惣町共同体」としての性格は，近世の統一封建権力による中間支配層の排除と一方における上層富裕町人の封建支配者に対する妥協，依存によって解体していった。

　徳川治世の初期においては，町数140余，戸数3万7000余，1町あたり少なくとも20～30軒，普通40～50軒からなり，町組は上京12組，下京8組，禁裡6組に及んだ。町は，年寄（任期3年），五人組役（任期2年）という町役

を選挙で選び（江戸，大坂は世襲），触の伝達，警察事務の分担，町内居住者の整正，家屋敷の売買，借家の手続き，町内共同の自衛活動，家督相続の公証，金銭貸借の保証，戸籍事務，京都全町の経費分担など広範で重要な仕事を行っていた。行政は所司代，町奉行によって完全に掌握されていたが，その役人は70～80人にしか過ぎず，いかに「町請制度」が有効に機能していたかが分かる。

　このような状況のなかで都市民の闘いもなかったわけではない。文化14（1817）年の「町代改儀一件」がそれである。「町代」は本来町によって給料を支給され，役所向きのことに不案内の町人に代わって雑務を行った者であったが，役所と彼らの関係が密接になり，しかも町代が世襲の家業ということも手伝って，しだいに町民に対して支配的地位に立っていった。これに対して町組は公儀に対して訴訟を起こし，上下京は結束した闘いによってその主張を実現させ，町代を本来の姿にもどさせた。また，京都の南の町である伏見における町一揆である。伏見奉行小堀政方の横暴に対する文珠九助らの有力商人を先頭とする幕府に対する訴え（天明5〔1785〕年）の闘いである。3年の厳しい闘いのなかで多くの犠牲を払ったが，小堀家を改易にまで追い込むという勝利を勝ち取った。

　さて，明治を迎えて大きな変化が見られた。まず，町組の区画の均整化である。大小，あるいは親町・枝町などの不斉一を正し，二十数町を一組とするように再編成された。そして，それを行政単位にすると同時に小学校の建設を義務づけたのである。この番組＝学区の長として区長をおき小学校を豆役場とし，町に戸長をおいた（いずれも不動産所有者の互選）。そして，若干の変更を経ながら，明治22（1889）年の市制・町村制，特別市制施行にいたり，自治体京都市が誕生し，今日の姿の原型ができるのである。すなわち，組（学区），町の一切の行政事務が市に移管されたのである。

　しかし，数百年続いた生活の自治的組織の解体は，新しく生まれた市にとっても問題をはらんでいた。すなわち，行政と市民とのあいだの距離があまりに大きくなったことである。それゆえ，これを埋めるべく，明治30（1897）年市会において「公同組合設置標準」が採択され，市民に諭達されたのである。学区単位に作られる公同組合は各町の受け止め方によって必ずしもスムースな結

成を見なかったが、生活自治組織は新しく任意団体として再生していったのである。

その当時、東京でも町内会の結成が進み、大正 12（1923）年の関東大震災のあと急増していき、都の教育局社会教育課が「町会規約要領」（大正 13〔1924〕年）を策定している。横浜では衛生組合が結成され、大正後半には 180 を数える連合会が作られている。名古屋では明治 26（1893）年に「町総代」の制度が復活し、昭和 2（1927）年に「町規約準則」が作られている。大阪ではやや遅れ、昭和 13（1938）年にそれまでの放任主義から市による町会の整備が始められている。神戸では明治 30（1897）年頃、横浜と同じく衛生組合が結成されていき、昭和 8（1933）年には衛生組合から町内会が分離している。

昭和 6（1931）年の満州事変以降、これらの活動を戦争と切り離して論じることはできない。京都においても国防献金、慰問袋、防護団、防空演習など戦時態勢が公同組合の組織を利用して進められたのである。そして、昭和 15（1940）年、内務省訓令 17 号により町内会の官制化が行われたのである。そこにおいては、学区以上の連合組織は認めず、行政機関の長の管理権限の確保がなされており、また、配給制によって統制の強制力を付与したのであった。[注2]

昭和 20（1945）年 8 月、日本は敗戦と GHQ による占領を経験することになる。内務省はあくまで町内会の存続を意図するが、占領軍の命令により昭和 22（1947）年政令 15 号は町内会の廃止を命じた。とはいえ、行政にとっても市民にとっても町内会組織はあった方がよいものであった。日赤奉仕団、文化委員会、教育会などの形で多くの都市で事実上存続した。そして、昭和 27（1952）年サンフランシスコ講和条約の締結に伴う政令 15 号の失効により町内会は解禁されたのであった。

民主主義憲法と議会制度、地方自治制度の確立という新しい状況のなかで、その後は全国的に町内会が復活、結成され、昭和 21（1946）年政令 15 号の直前に 21 万を数えた町内会は、昭和 55（1980）年には 27 万余に達したのであった。周知のように市町村を基礎的な地方公共団体とするという地方自治法によって、町内会・自治会は任意団体としての性格を免れるわけにはいかないの

注2　主に次の文献を参照した。秋山他（1975）、秋山（1980）、高橋（1983）、原田（1982）、東京市政調査会（1943）。

で，各市は京都のように市政協力員制度によって町内会との結合を図ったり，何らかの名目の補助金を出したりして，その育成と行政協力化を図ったところも多い。また，基本的に関係を断ったところもある。

　昭和30年代後半から40年代にかけて，高度経済成長によって資本主義市場経済は日本社会に広く深く浸透していき，人口も流動化し，部落会や町内会も解体，形骸化の危機に直面した。共同生活そのものの基盤と条件が，人口の流動や生活様式の個人主義化などによって中から崩れていき，都市集中に伴う共同生活手段の不充足やさまざまな公害によって外から破壊されていったのである。しかし，形骸化しつつも町内会は残っていき，新しく開発された住宅地域では必ずといってよいほど町内会・自治会が結成されていった。そして，あるときは公害に反対し，あるときは共同生活手段の充足を求めて行政や企業と闘ったのである。それは，戦後の日本に住民運動と地方自治の新しい発展を画した時代であったのである。

　もちろん，国家も，こうした動向に手をこまねいてはいなかった。このような住民運動や自治体革新の動きに対抗し，あるいは妥協し，先取りし，包摂しようとした。それが，昭和44(1969)年に国民生活審議会コミュニティ問題小委員会の「コミュニティ——生活の場における人間性の回復」と題する報告書であった。新たに小学校区を単位として「コミュニティ」を編成しようという政策が展開された。町内会はその基礎組織として残るのであるが，「コミュニティ」という名称はその響きのよさから一気に広がっていった。

　社会福祉による受益政策をこれに連動させ，また低成長経済への減速による「合理化」「安定化」宣伝によって，政府の狙いは功を奏していったように見える。たしかに，今日市民のあいだには「生活保守主義」が広がっている。町内会は日常生活のなかに埋没し，住民の自治と新しい地域社会の形成は頓挫しているようにさえ見える。しかし，500年の歴史を生き延びてきた町内会，新しい住民運動の経験を蓄えた町内会は，けっして形骸化し体制のなかに埋没しているわけではないのである。

2 皆で住み合うアソシエーション

　町内会を「コミュニティ」と捉えると，分かりやすく適切な表現のように思われる。しかし，そうすると誤りを犯すことになる。
　古典的名著マッキーバーの『コミュニティ』にそって見ていこう。
　マッキーバーは「関心 interest」をキーワードとし，コミュニティとアソシエーションを対比させる。すなわち，コミュニティの関心は「一般的」であり，アソシエーションのそれは「特殊的」である，と。そしてまず，コミュニティの原初的な姿を描く。

> 人間はすべてある基本的な関心について似通っている。われわれはみな，類似の有機体の要求，すなわち食物，飲料，空気，光，住居への要求をもっている。（中略）有機体の類似した要求の普遍性は，かくして結局は強大な社会化の原動力なのである。いくつかの心的関心は有機体の要求と同じくらい普遍的と思われる。　　　　　　　　　　　　（MacIver 1917: 109-110 = 1975: 134-135）。

　この叙述はデュルケームの「類似に基づく環節社会」を思い起こさせる。歴史的には原初の共同体であり，構造的には「有機体の要求普遍性」をもつ「原動力」なのである。これはコミュニティの原初的規定である。
　マッキーバーはひるがえってアソシエーションを次のように捉える。

> アソシエーションとは，社会的存在がある共同関心を追求するための組織体である。それは共同目的に基づいて作られる確定した社会的統一体である。（中略）今日の現実の社会的生活を研究するものは誰も，政治的，経済的，宗教的，教育的，科学的，芸術的，文芸的，娯楽的，博愛的，専門的な各種の無数にあるアソシエーションが，今日の共同を以前にもまして豊かにしていることに感銘を受けざるをえない。　　　　　　　　　　　　　　　（同書：23-24 = 46-47）

ここでは，人びとの「特殊的」関心がさまざまに展開する姿が「今日の現実」として力強く表現されている。そして，この「特殊的」関心の展開こそが「共同生活を以前にもまして豊かにしている」のである。ここには原初的なコミュニティが「豊かに」なって再登場していくことが含意されている。

ここにおいて，前記引用文中で中略したところの，マッキーバーの決定的に重要な一文，「コミュニティは，永続的なり一時的なりのアソシエーションのなかへと泡立っている」が万感の重みをもって確認されなければならないのである。すなわち，コミュニティはアソシエーションの「特殊的」で多様な活動の「なかへと into」泡立っている，新しい豊かな内容をもつ共同関心として再生しているのである。原初的コミュニティは，アソシエーション活動によって，高次に再生されるのである。まさに正→反→合の弁証法である。

以上で，町内会がそれ自体で即コミュニティではなく，アソシエーションであることが明確になった。それでは，町内会はどのようなアソシエーションであるのか。筆者が属する学会は学術的アソシエーションであり，あとで見るように神戸市に展開しているのは，災害救援アソシエーションであり，まちづくりアソシエーションであり，地域福祉アソシエーションである。いずれも「特殊的」な課題をもって活動している。

それに対して町内会の「関心」「目的」は多岐にわたり明確ではない。「一般的」性格が濃厚なのである。

まず，先に引用したコミュニティの原初的な規定「類似の有機体の要求，すなわち，（中略）住居への要求」では「住居」があげられている。人びとが土地の上に「住む」ことは「有機体の要求」であり「普遍的なもの」である。町内会は地域に住み合うという普遍的，一般的要求をベースにおき，原動力にしている。だから，その地域の生活環境が悪化することに対しては生活防衛の力を根底から発揮する。住宅地開発に際しての環境改善の活動，地域にもたらされるさまざまな公害との闘いが町内会・自治会によって進められてきたことをすでに見た。ここに「一般的」アソシエーションともいえる町内会の「原動力」があるのである。

マッキーバーは，興味深いことに，語義矛盾と思われる「一般的な共同関心に対応するアソシエーション」（同書：115 = 140）を表示している。それを

「社交と友愛のアソシエーション，クラブ等」として示しているのである。クラブは社交と友愛を直接めざしたアソシエーションであり，他のさまざまな特殊的なアソシエーションと並列されてよいものであるが，町内会において重要な意味をもつ「社交と友愛」はクラブとはかなり趣を異にする。

　京都では，町内ごとに地蔵盆が執り行われる。とくに子どもたちの健やかな成長を願って行われ，地蔵菩薩を拝したのち，いろんなお遊びや福引きが催され，親たちの親睦も深まる。これに似たものは各地にある。また，町内会対抗となると俄然盛り上がる。その頂点にあるのが京都の祇園祭である。鉾町がそれぞれに鉾の絢爛豪華を競い合い，町同士の社交と友愛を深めるのである。これも各地に類似のものがある。そして，連合町内会（学区）の運動会は町内対抗イベントとしていつもどこでも盛り上がりを見せる。

　このように地域に住み合うことによって，「有機体の要求」は町の歴史のなかで根強く保持され洗練され，「社交と友愛」の共同関心へと展開する。「社交と友愛」はコミュニティの内容，精神といってよい。まさに，「コミュニティは，永続的なり一時的なりのアソシエーションのなかへと泡立っている」のである。たぶん住民がめざし求めているのは「社交と友愛」のコミュニティであろう。だから，町内会をコミュニティと言い切りたい気持ちは理解できる。しかし，町内会アソシエーションの諸活動が多様に生き生きとなされて初めてコミュニティが泡立つのである。そして「町内」は「町内コミュニティ」へと形成されていくのであるが，「町内会」はあくまでアソシエーションなのである。この区別を明確にしておくことが学術の役目である。

　政府のコミュニティ政策は，町内会の真実の目的ともいえる「社交と友愛のコミュニティ」を先取りし，手段として，町内会を学区「コミュニティ」へと誘導し，地域の紐帯を再編しようとするものである。住民の真の目的を政策の手段として活用する「禁じ手」が行われているのである。

　町内会は，以上の考察から「一般的アソシエーション」と性格づけるのが最もよいと考えられる。そして，それに名前をつけるとすれば「住縁アソシエーション」ということになるであろう。「地縁」は使い慣らされてきたよい言葉であるが，たとえば京都では土地所有者が道路に面して住みそれを「オモテ」と呼び，路地（ロージ）にある借地・借家の住人は「ウラ」と呼ばれる。ま

た，町会費も見立て割りというように格差を含んでいて住民はフラットではない。

それに対して「住縁アソシエーション」は，居住に基づく縁であり「皆が住み合う」というところからきているので，フラットである。住むことを縁として形成されるアソシエーションは，住環境を悪化させるあらゆる外因に対して協力して闘い，それと並行して親睦や祭りなどの行事・イベントを行っていく。そういう「一般的」なアソシエーションなのであり，分かりやすくいえば「皆で住み合うアソシエーション」なのである。

参考文献

秋山国三　1980『近世京都町組発達史（新版・公同沿革史）』法政大学出版局。
秋山国三他　1975『京都「町」の研究』法政大学出版局。
高橋康夫　1983『京都中世都市史研究』思文閣出版。
田中重好　1985「町内会と町内社会――町内会研究の『曲がり角』に立って」地域社会学会編『行政と地域社会』時潮社。
東京市政調査会　1943『五大都市町内会に関する調査』。
中川剛　1985『町内会』中央公論社。
中田実監修　1981『これからの町内会・自治会――いかしあいのまちづくり』自治体研究社。
原田伴彦　1982『近世都市騒擾史（著作集・別巻）』思文閣出版。
藤田弘夫　1982『日本都市の社会学的特質』時潮社。
吉原直樹　1980『地域社会と地域住民組織』時潮社。
MacIver, R. M. 1924（1917）*Community*. Macmillan and Co., Limited（中久郎・松本通晴監訳　1975『コミュニティ』ミネルヴァ書房）

【コラム】その後の町内会

私たちは『町内会の研究』を1989年に刊行しておよそ四半世紀後の2013年に『増補版　町内会の研究』を刊行することになった。私は旧版で取り上げた6つの町内会・自治会のその後の姿を追った（増補版，第11章第1節）。

岡山県津山市は，中心市街地が人口空洞化し，商店街組合も解散し，各町内

会の役員選出もままならない状態になっている。鹿児島市は，多くの町内会が親睦活動を中心に，年中行事を踏襲しているが，高齢化と若い会員の無関心化が進んでいる。そういうなかで両市とも校区レベルに多様な地域活動を引き上げ連携させて，衰退を乗り越えようとしている。こういう事例は全国に広がっていると考えられるが，コンパクトシティという政策提起も行われており，それとの関係も見ながら引き続き注視されなければならない。

　岩手県釜石市は東日本大震災において，震災以前の町内会の防災避難訓練が参加者の減少によって避難場所を変更して模擬的に行われていたために，変更した避難場所に避難してしまい，かえって被害を大きくした。他方で鵜住居小中学校での防災教育が大きな成果を示して被災児童を最小限にとどめたことが確認された。町内会の避難訓練と小中学校のそれなどその他のアソシエーションとの連携が今後の課題となっている。

　愛知県豊田市は，トヨタ自動車株式会社が策定した「トヨタ基本理念」では「企業市民」「豊かな社会づくり」が掲げられ，自治区の活動への参加は増え，また定年退職を迎える多くのトヨタ従業員が自治区の役員として活動し始めている。本書第2章ではトヨタ生産方式の光と影を考察したが，地域社会にとっては光の影響が増している，ということになるだろう。もちろんかつて「トヨタ城下町」といわれたこともあり，その問題点についても見ておく必要があるだろう。

　京都市唐橋学区は「下町情緒が残る勤労者の町」であり，社会福祉協議会との連携によって総合的な自治活動を展開してきた。役員も充実し，自治連合会ニュースを年2回発行（2012年で45号）している。「行政にもの申す会」も「学区行政懇談会」と名称を変えて発展している。まさに地域の小さな自治政府の役割を果たしている。

　神戸市真野地区は，老朽密集住宅街の建替え促進を自治会ベースのまちづくり推進会によって進めてきた。1995年1月，そこを阪神大震災が襲った。建て替えられた公的住宅群は震動によく耐えて無傷であった。救出，消火，避難，救援の活動もまちづくり推進会やそこに参加する地元企業の消防組織の力でス

ムースに展開した。結果,二次被害の火災も消失家屋43戸,焼死者2人にとどまった。神戸市の「震災の帯」のなかでは稀有の事例となった。

　社会全体として町内会・自治会は確かに衰退傾向にあるが,重大な事案が地域に生じたときの対応の受け皿,「原動力」として,住民の歴史的記憶のなかから町内会が活性化することは大いにありうる。とくに災害の頻発に対して防災の活動を準備する動きも強まっている。それらの担い手として町内会・自治会の役割は今後さらに重要になっていくであろう。

参考文献

　岩崎信彦　2013「四半世紀後の町内会」岩崎信彦他編『町内会の研究』増補版,御茶の水書房。

第 6 章

阪神大震災の勃発と苦闘する住民
町内における救助と避難，そして苦労と喜び

初出：「町内における救助と避難の実状，そして苦労と喜び——神戸市長田区鷹取東の場合」神戸大学〈震災研究会〉編（岩崎信彦責任編集）『阪神大震災研究 2 苦闘の被災生活』神戸新聞総合出版センター，1997 年，Ⅲ 2。国場壱子氏と共同執筆。なお，一定部分の省略と若干の補正が行われた。

1995 年 1 月 17 日午前 5 時 46 分，兵庫県南部地震が発生した。阪神大震災である。JR 線の南側，鷹取商店街を中心とする 8 町内（若松町 10，11 丁目，日吉町 5，6 丁目，大橋町 10 丁目，野田町 4 丁目，海運町 2，3 丁目）は，地震後の火事によって地域の 9 割が焼失した。直接の震災犠牲者も 70 余人にのぼる。地震直後にこの地域の南東に発した火はまたたく間に北西に広がり，昼過ぎにようやく大国公園の南北筋で鎮火することに成功した。その模様は長田消防団第 7 分団・古市忠夫氏による口述記録（古市 1995）に生々しく描かれている。また，消防庁（1996）より，この地区の延焼動態図を引用した（図 6-1）。

本稿では，その同じあいだに，住民自身がどのような避難と救助活動を行ったかを，若松町 10 丁目，日吉町 5 丁目を中心に捉えようと思う。1996 年 2 月から 5 月にかけて被災住民の方々に面接して聞き取ったものを整理したものである。

1 町内における相互扶助の実状

(1) 火の廻りが速かった若松町10丁目の場合

事例A　夫：70歳台，3人家族

　ドスンという音と揺れで目が覚めると真っ暗で，崩れた天井の粉塵が煙幕のようになっていた。通路を探しながら自力で外へ出る。外にいた人に懐中電灯を借りて，1階にいた妻を助けに入る。木材にタンスがひっかかっていたので，息子と2人でタンスをどけ，妻をひっぱり出した。階段が60cmほどずれていて使えなかったので，裏口から3人で脱出した。隣4軒の家族が出てきていたが，a <u>路地が倒れた家でふさがり逃げ場がなくなっていた</u>。e <u>若い人が崩れた家の屋根を越え</u>，みんなそれについて逃げ出した。無論，b <u>パジャマに素足</u>。d <u>すぐに旭若松公会堂に避難</u>。崩壊していない家の人が靴やシャツを持ち寄ってくれる。公会堂は年寄りばかり。e <u>若い人は少しでも助けるためにグループを組んで外に出ていた</u>。息子も3人ほど助けたそうだ。

事例B　夫：50歳台，5人家族

　最初に近くの親兄弟の安否を確認しに行った。その後，c <u>母子家庭である隣の人が生き埋めになっていたので救助に行った</u>。さらに，c <u>2軒隣に赤ん坊のいる家庭があったので救助に行った</u>。f <u>1人助けるのに約1時間はかかり</u>，全員助けるのに4時間近くかかった。11時頃には周辺は全焼していた。当日の晩8時には小学校に避難した。

事例C　妻：60歳台，3人家族

　外から大きな叫び声がしたので外を見たら向かいの家がつぶれていた。c <u>隣のお店に住んでいるおばあちゃんを助けようと思って行こうとしたら</u>，a <u>道がふさがっていたので裏に廻ったら火が来ていた</u>。結局，前の道をかきわけて連れ出した。離れている近所の人が見にきてくれた。裏の家の人が腰を骨折していたので，杖がわりになって避難した。d <u>公会堂に行ったが遺体などでいっぱ</u>

第 6 章　阪神大震災の勃発と苦闘する住民

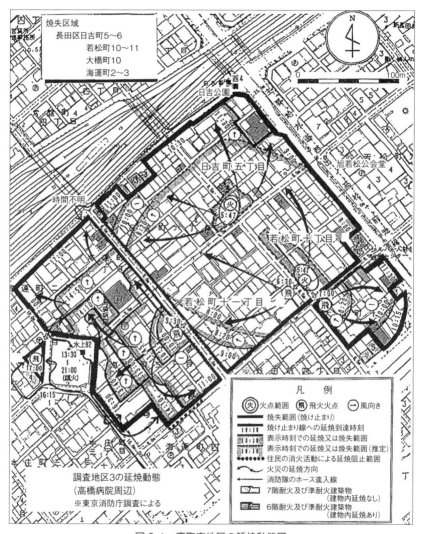

図 6-1　鷹取東地区の延焼動態図
出所：消防庁 1996。

いだったので，千歳小学校に行った。

事例D　夫：50歳台，4人家族
　地震が起きたときすでに起きていた。a <u>向かいの長屋がうちの家に倒れてきた</u>。私ら夫婦は1階にいて，長男が畳を上げてくれて，天井を破ってベランダから外に飛び降りた。前の道の端の方からすぐに火が出たので，山側の広い通りへ逃げた。b <u>何も持たずに裸足</u>。c <u>近所の人たちとは声をかけあった</u>。逃げる途中，赤ちゃんの泣き声がするので助け出したら，次にお母さん，ひっぱったら足がはさまって「痛い」と言われた。次にお父さんがなかにいることが分かり，助け出した。c <u>近所の人は知らない人でも助け合った</u>。その後，d <u>公会堂に行った</u>。

事例E　夫：70歳台，2人家族
　どうも高齢者のつけっぱなしのストーブが倒れて火が起きたらしい。それでも，消防車が消してくれると思った。自分とAさんの家は倒れていなかった。c <u>隣のおばあさんで寝たきりの人</u>を助けることができた。前の長屋が倒壊していたが，f <u>助けることはできず</u>に焼死した人もいた。命の大切さが身にしみた。

事例F　娘：40歳台，2人家族
　家は倒れなかったが火事で全焼。何も持って出ていない。父が脳梗塞で車椅子。路地は物が落ちたりして通れなくて，c <u>近くの人が押して出してくれた</u>。長く住んでいて知っている人ばかりなので。大切なのは隣近所のつきあい。そのおかげで助けてもらえた。

(2) 若松町10丁目の北に接する日吉町5丁目の場合

事例G　妻：50歳台，5人家族
　揺れたときに母がトイレにおり，腰を強く打った。d <u>マンションの前の緑地帯</u>に母を連れて行って休ませた。とても寒く，犬も喧嘩したりしてパニック状態であった。その頃は何丁か先で煙が上がっている状態であった。家が焼ける

までに2〜3時間あったけれど，1時間も経っていないように感じられた。火の来る寸前まで挟まれた人を夫と息子が助けていたが，f 手で掘り返したりしたけれど，どうしようもなかった。火が熱くなって，d JR高架下の日吉公園に移動し，ぼうぜんとしていた。

事例H　妻：50歳台，3人家族

家は築10年だったので無事だった。隣の家もつぶれていなかったが，c「大丈夫か？」と声をかけた。玄関が開かずに声がしたので，夫が戸をこじあけた。とりあえずd 日吉公園の方へ出ようと夫と言っていたら，MさんやNさんが「子どもや主人が下敷きになったので手伝ってほしい」と言ってきたので，e 夫と子どもはそのまま救出活動へ行った。私は日吉公園に避難。着の身着のまま。火がすぐにここに来るとは思わなかった。火がこっちへ向いてきたので息子が「とりあえず何か取ってくる物はあるか」と言って，車のキーと通帳などの入ったカバンを取りに家に行った。

事例I　妻：60歳台，2人家族（当時）

地震が起きたとき，私は1階の居間，夫は洗面所にいた。コタツに座ったときにドンときて，夫に「地震や，懐中電灯持ってきて」と言われ，立とうとしたら天井がすぐ上にあった。段ボール箱のなかにいるようでどこにも手を伸ばせなかった。夫に「天井を破って上に上がれ」と言われ，天井板を破ったが，2階は畳を暮れに新しくしたばかりで堅くしまっていたので，なかなか上がらなかった。よその人が助け上げてくれた。夫の救出を外からすると崩れる恐れがあったので，ce 近所の男の人たちがなかへ入ってくれた。私も外から掘っていったら夫の手首が見えた。「Iさん，がんばれ」と言いながら男の人たちは救出しようとしてくれたが，しばらくしたら火の勢いが迫ってきて，夫は救出できなかった。

事例J　夫：30歳台，4人家族

2階で寝ていたため怪我はなかった。火事などもまだなかったため，明るくなるまでとりあえず家のなかで待機。5歳と8歳の子どもを階段下の物置に避

難させる。そして，c 近くの家へ救助に行った。ふだんの住民の連携があったからか救出しやすかった。しかし，同時に，f どのようにしたらいいのかということが分からず，指導者と，そして道具などの必要性を感じた。

　今回の被害の特徴は，木造住宅がかぶさるように倒壊し細い道路をふさいでしまったことである。その状況は住民の談話のaの部分に見られる。「路地が倒れた家でふさがり逃げ場がなくなっていた」「向かいの長屋がうちの家に倒れてきた」はじめ，「あちこちで助けを求める声がしていた」（男性60歳台），「住んでいない人も多かった。裏はつぶれて見えなくて，近所の人の様子は分からない」（女性50歳台）という状況であった。インナーシティの密集老朽住宅街の問題性が一気に現われてしまったのである。だから，住民も着の身着のままでb「パジャマに素足」のような状況であった。そういうなかで，ともかく隣近所の救出が行われた。c「隣のおばあちゃん」「2軒隣の赤ん坊のいる家」など。「個人を把握していたので救出しやすかった」（男性40歳台）という談話もある。
　一方，皆がまず身を寄せるのは，d「公会堂」「マンション前の緑地帯」「日吉公園」など近くの施設，空地である。
　そして，そこで「崩壊していない家の人が靴やシャツを持ち寄ってくれる」という形で着の身着のまま状態からの回復が行われ，妻子をそこにおいて夫たちが救出活動に赴いたり，e「若い人は少しでも助けるためにグループを組んで外に出た」というような重要な場所になるのである。「このあたりは年寄りが多く，下敷きになった人も多く，助けると言っても手出しができなかった」（男性70歳台）。頼りになるのは，働き盛りや青年の男子である。高齢者の比率の高いこの地域であるが，表6-1に見るように，53件の聞き取りのなかで「救助した」「救助された」のケースは23件にのぼっている。30歳台が少ないが，ある30歳台の夫が言っているように「2歳と3歳の子どもを避難させるのが精いっぱい。隣の子どものある家と一緒に避難した」という30歳台固有の状況がある。
　しかし，f「手で掘り返したりしたけれど，どうしようもなかった」「1人助けるのに約1時間はかかった」「どのようにしたらいいのかということが分か

表6-1 被災直後の近隣相互救助の活動（鷹取町の2町を中心にした調査）

「救助した」	「救助された」
夫（70歳台）	隣の寝たきりのおばあさん
夫（60歳台）	向かいの子ども
夫（60歳台）	隣の一人暮らしのおばあさん
夫（60歳台）	近所に住む妹
夫（50歳台）	隣の母子家庭，2軒隣の乳児がいる家
夫（50歳台）	近所の人を6人
夫（50歳台）	戸の開かない家の戸を開ける
夫（50歳台）	親と近所の人
夫（50歳台）	「人助けにまわっていた」
夫（50歳台）息子（20歳台）	近所の2軒，隣の母子家庭
夫（50歳台）息子（20歳台）	2軒隣のおばあさん
夫（50歳台）息子（20歳台）	「はさまれた人」
夫（40歳台）	「近くの家」
夫（40歳台）息子（20歳台）	（不明）
息子（40歳台）（グループで）	近所の人を3人
近所の若い人	男（60歳台）
近所の若い人	夫婦（70歳台）
近所の人	車椅子の父
息子（20歳台）近所の人	女（50歳台）
近所の人が3人	女（50歳台）
近所の人	女（50歳台）
妻（60歳台）	隣に住む母，裏の骨折した人の杖代わり

注：太字の方がインタビュー対象者あるいはその家族。

らず，指導者と，そして道具などの必要性を感じた」という状態にあった。たとえ「路地が倒れた家でふさがり逃げ場がなくなっていた」事態でも，近くの集会施設に防災救助の諸道具一式が備えられていれば，そこで態勢を整え直すことができ，救助活動はもっと進んだであろう。生き埋めのままで火事に呑まれてしまった人たちが多いだけに，初期消火とともに救助態勢の整備が望まれる。

2 避難生活の経次的過程

　この地域は千歳小学校の校区に属する。千歳小学校は，JRの高架をくぐって幹線道路の板宿線を北へ10分余り歩いたところにある。その他，南に長楽小学校，東に駒ケ林中学校，西に鷹取中学校がある。千歳小学校は，周囲地域の広範な火災のために避難所として機能できなくなり，そこに集まっていた約700人の住民は，周辺の避難所に分散していった。そして，多くの人が親族・親戚や知人を頼って避難して行った。
　その過程を正確に追うことはかなり困難であるが，二つの調査からその概要をつかんでみよう。

(1) 5か月後のアンケート調査より

　鷹取東の6町の被災者を対象に行ったアンケート調査では，自宅（A）からどのような経路で避難して，現在どのような居住状態にあるのかを質問した。346の回答数のうち，第一次避難先は，学校，公会堂などの避難所（B）が47％，親族・親戚宅（C）が36％と群を抜いて高い。5か月後の6月末の居住状態では，親族・親戚宅が25％，新しく賃貸などした住宅（J）17％，公的仮設住宅（I）16％，もとの自宅9％，避難所9％，会社関係（F）9％，以前から所有していた住宅（E）9％，もとの場所へ自宅再建（K）4％となっている（病院，老人ホームはG）。
　この間，第二次避難先は，避難所が大幅に減り，親族・親戚宅が増える。一方，自宅復帰，公的仮設住宅，賃貸住宅，自宅再建が増え始めるので，第一次避難先として36％を占めた親族・親戚宅もそれに伴って減少していくが，5か月後の時点では，なお25％と首位にある。
　経次的に見た場合，第一次避難はほぼ100％の世帯が，第二次は66％が，第三次は24％が，第四次は7％が経験していることになる。

(2) 1年後のインタビュー調査より

鷹取東の2町を中心とするインタビュー調査では，53の対象者の回答から，類型が捉え出された。その結果，避難所（B）型といえるのが14ケース，親族・親戚宅（C）型といえるのが34ケース，その他が5ケースであった。

まず，B（避難所）型のケースを見よう。これは，BI（避難所→公的仮設住宅）型とBK（避難所→自宅再建）型に分けられる。

BI（避難所→公的仮設住宅）型，5ケース（BGCI，BFIの各1を含む）

事例1　夫：60歳台，無職

木造2階建ての2階に住んでいた（60年ほど）。1階の人は全員圧死。JR近くの小公園（日吉公園）に1週間，親子4人でそれぞれに毛布1枚，台を作って青天井の下で寝ていた。その後，JR鷹取工場のコンピュータ室の2階へ（1階100人，2階100人）。4月の初め，3回目の抽選であたった仮設住宅へ。そのあいだに，父が体調を崩し，京都の親戚に病院を探してもらい入院したが，4月に死亡。

事例2　BGCI，妻：60歳台，2人家族

長楽小学校へ1週間避難した。その直後，病気が悪くなって5月まで入院した。退院して，亡くなった長男の家族と一緒に日吉町4丁目に住んでいた。仮設があたって，6月から西区の仮設に住んでいる。

BK（避難所→自宅再建）型，9ケース（CBK1を含む）

事例3　夫：70歳台，無職，6人家族

家族，近所の人と千歳小学校へ。火が迫り，JR高架下の日吉公園に戻り一晩過ごす。翌日公会堂に。2月には息子一家が仮設に入る。その後も，公会堂の世話をしながら残り，11月に家を建てて戻る。息子たちも戻って同居。

事例4　CBK，夫：40歳台，5人家族

当日の晩は小学校に避難した。翌日に垂水区塩屋の兄のところへ行き，その晩には大阪の親戚宅へ避難した。その後，地元の公会堂に戻ってきて2月中旬

までいた。5月初めにもとの場所に建てた自宅に戻った。

次に，C（親族・親戚宅）型を見よう。この34ケースは五つほどの類型に分けられる。

CI（親族・親戚宅→仮設住宅）型，3ケース
事例5　妻：80歳台，無職，2人家族

次男と2人暮らしで，2人で起きていた。息子は屋根が落ちてきて死んだ。自分は近所の人に助け出された。双葉小学校に1人で避難した。長男がすぐ探しに来てくれた。娘の家に行き世話になった。6月から仮設住宅に住んでいる。長男が世話をしてくれている。

CIK（親族・親戚宅→仮設住宅→自宅再建）型，2ケース
事例6　妻：60歳台，無職，2人家族

日吉公園に避難していたら夕方息子夫婦が来て，須磨区名谷へ歩いて避難した。1月22日から7月まで四日市の市営住宅にいた。姉が申し込んでくれた。8月に西神の仮設住宅に移転。11月もとの住所へ戻った。

CJ（親族・親戚宅→賃貸住宅）型，5ケース
事例7　妻：40歳台，無職，4人家族

マンション居住。夫が単身赴任中だったのでぼうぜんと立っていた。夜に，近所の人の親戚宅へ。18日夜，妹が迎えに来てくれて鳥取の実家へ。2月中旬に大阪府池田市の賃貸マンション，8月下旬に長田区の借家へ。

事例8　夫：50歳台，4人家族

すぐ近くの駒ケ林のいとこのところへ行った。そこに1か月いて，東灘の兄の家，そして，高砂の妻の妹の家。4月下旬に駒ケ林の現在のアパートへ来た。

CJK（親族・親戚宅→賃貸住宅→自宅再建）型，4ケース
事例9　妻：50歳台，2人家族

翌日，垂水区小束山の息子宅に。2月には西明石の弟宅へ。3月初めから兵庫区でマンションを借りる。上がうるさく眠れなかった。10月にもとのとこ

ろに家を建てて戻った。

CK（親族・親戚宅→自宅再建）型，10ケース
事例10　妻：60歳台
東京の娘宅訪問中に地震。夫は死亡。20日頃に尼崎の兄宅へ。4月から沖縄の娘宅へ。そこで1か月入院。8月に地元に戻って入院。10月に家を再建し戻る。

事例11　妻：60歳台，2人家族
公会堂に行ったが遺体などでいっぱいだったので，千歳小学校へ行った。4時間ほどして，娘の友人が鷹取教会へ連れていってくれた。裏の家の人と一緒に。教会には1日いて，妹のところに2日，灘区の娘のところに半年いた。10月にもとの場所に店を再建し戻ってきた。

CF（親族・親戚宅→会社の世話）型，4ケース
事例12　妻：50歳台，3人家族
17日の夕方，名谷の娘婿の実家へ。2月から，夫は大阪へ，妻と息子は豊中市曽根と姫路の親族・親戚宅に2週間ずつ。3月から夫と大阪の社宅へ。息子は会社の寮へ。

C（CC）（親族・親戚宅）型，6ケース
親族・親戚宅に引き続き世話になっているケースである。3ケースは，父，義父，娘が親戚の所有している住宅に居住，1ケースは母との同居，1ケースは母が被災1年後に娘宅で病没，1ケースは病気の父を姉妹が介護，というものであり，普通のケースで親族・親戚宅に居住しているものは見当たらなくなっている。

以上のB型，C型以外に，DJ（知人宅→賃貸）型1ケース，DK（知人宅→自宅再建）型1ケース，E（自分がもっていた住宅，仕事場）型2ケース，F（社宅）型1ケースがある。

移動の特徴としては，B（避難所）型においては，BK（→自宅再建）型が8ケース，BI（→仮設住宅）型が5ケースと多いのに対して，BJ（→新しく賃貸，購入

した住宅）型がないことである。避難所にいた人たちは，自宅再建するか，公的仮設住宅へ行くかの二者択一を迫られる状況にあったということであろうか。

C（親族・親戚宅）型においては，34ケースという多い世帯がさまざまな経路を歩んでいる。このような多様性をもたらしたのは，親族・親戚側への寄留の許容度，その世帯の住宅復興の資金力の二つが主な規定要因と思われる。

さらに，親族・親戚宅を短期間でも避難先にした40世帯の64件について，その続柄とそこへの滞在期間をクロスさせてみよう。避難先で多いのは，息子9件と娘9件で，妻の姉妹8件，夫の姉妹7件，夫の兄弟6件，妻の実家5件，夫の実家3件，妻の兄弟3件と続いている。通常行われている親戚付き合いの傾向がかなり自然に表われているといえるのではないであろうか。

また，滞在期間について見ると，3か月を超える長い期間は娘9件が最も多く，母あるいは母の実家3件，息子3件，と続いている。1か月を超える期間では，それ以外に夫の姉妹4件，夫の実家2件，妻の姉妹2件が見受けられる。娘，姉妹という女系の方が安んじて滞在できるようである。

ちなみに避難した先の親族・親戚宅がどのような地域分布をしているかを見てみると，明石・三木・加古川地域が14，須磨区13，西区・北区6と西の周辺地域に多く，東の方は顕著に少ない。東は被害が大きかったということもあろうが，インナーシティとしてのこの地域から西の方へ人口が移り「郊外化」していっていたということも示しているのであろう。

ところで，1年後には自宅再建（K）に至っているケースが24件（BK 9件，CIK 2件，CJK 2件，CK 10件，DK 1件）ある。これは調査総数53件に対して高い比率（45％）を示している。この理由は二つある。一つは，調査対象者が復興まちづくり協議会の会合に参加している人が中心であったことである。協議会への参加者には自宅を再建して地元に戻っている人が多かったのである。二つは，この町内では被災死者が多く，災害弔慰金法に基づく弔慰金（生計維持者500万円，それ以外の世帯員250万円）が遺族に支払われた。そして，多くの遺族が，その弔慰金を利用し，亡くなった家族を偲んで元の場所に早期に自宅を再建したことである。

3 避難生活における苦労と喜び

　被災直後，多くの人は「ぼうぜんとしていた」「家が焼けるのを見ているしかできなかった」「頭のなかが真っ白」という状況であった。しかし，「火の手が迫っていたし，近所の人びととの消火活動を手伝ったり，食料調達を手伝ったり，皆がパニックのように混乱していました」（女性36歳）という切迫した状態にあったことはいうまでもない。そして，親戚が捜しにきてくれ「身内の顔を見るのが嬉しかった。崩れた家の下からの声を聞いただけに」（男性69歳）と，ほっと安堵し，命があったことを喜ぶ。「命が一番大事，他には何もいらない」と思いながらも，火事ですべてを失い「3日間放心状態で，ショックで夜も眠れなかった」（女性63歳）。この人の場合，すぐ親戚が助けにきて着の身着のままで現場から離れたので余計に気持ちの整理がつかなかったのかもしれない。

　避難所周辺では，水，食料，トイレに困りながら，「寒い。着る物もない。眠れなかった」（男性69歳）という厳しい状況であった。しかし，「教室内でのいたわり。自分は体が不自由なので特にありがたかった」（同）というように，お互いの助け合いはここかしこで展開した。「協力している人はとても積極的に動いた」「"ヤンキー"や老人がよく働いていた」「慰め合って助け合った。在日の人も多かったが皆仲良くやった」。

　しかし，人間の醜さも現われる。「おにぎりを持ってきてくれた人がいたが，素知らぬ顔をしてわっと取っていった」「近くの半壊だが住める人が救援物資をたくさん持ち帰る。あさましい」というような物資の取り合いや不信感。「デパートや民家で泥棒があった」「ウエストポーチに現金を入れていた女性がねらわれた」ことが話題になり，「避難所で物がなくなり，外からの面接者が疑われ，外で会うようになった。人びとが疑心を持ってしまった」という雰囲気になっていく。「人間の美しい面，醜い面，一概にいえない。それを考えると自分がみじめになるから，よいとこだけ見て，ほかは"ああいうことはやめておこう"と思うようにした」（女性60歳）という気持ちの整理が求められた。

そのようななかで，よその人からの助けは気持ちを励ましてくれる。「ぼんやりと道に飛び出たとき，トラックが停止してくれた。日本人も捨てたものではないと元気が出た」（男性72歳）。そしてまた，ボランティアの支援は大きかった。「関東の方から送られてきた服にアイロンがかけてあって，嬉しかった」（女性53歳），「自分の得にもならないのに，よく活躍してくれた」（男性46歳），「四国，九州からの炊き出しやいろいろ，今でも懐かしいと思うくらい」（男性35歳），「学校のN先生が学校とのつながりを良くしてくれて助かった」（男性48歳）。その後も，「引っ越しを手伝ってもらえた」（男性58歳），「仮設の町並みに絵を描いたり，励ましたりする暖かい気持ち」（女性52歳）に励まされる。

　それでも，長期間にわたる避難生活は苦しい。避難所では，「疲労がひどくなり，咳が出て皆に迷惑をかけるので，毛布1枚で車椅子で外で寝た（1月23日頃から歩けなくなり入院）」（女性63歳）という気兼ね。「日にちの感覚がなくなり考えることもできなく，アホになると思い，早く出ようと思った」（男性50歳），「3～4月頃，夫が夜中に"辛抱できん"と起き，出て行こうとした。このときがつらかった。個人というのがなかった」（女性62歳）。個人の空間がないので思考力が働かず，時間が停まってしまうような避難所の生活。そういうなかで「皆，感情的になり対話に軋轢が出た」（男性71歳），「最初協力していたのに，1か月ほどでわがままが出てきた。協力する人としない人が決まっていた」（男性48歳），「皆の気持ちがいろいろ変わるのが分かった。最初はニコニコしていて泣いたり怒ったりする気力がなくなっているように見えた。だんだん自我を取り戻していくのが客観的によく分かった。精神的に極限に来ていると思った」（女性63歳）。

　親族・親戚の家では，「妹，弟，息子宅ではよくしてもらったが，気兼ねした」（男性71歳），「娘の嫁ぎ先に世話になったのがつらかった。つらいと言えないのがつらい。一時は死にたいと思った」（女性51歳），「長男も次男も助けてくれて幸せ。だが息子たちに気兼ねした。"いいよ"と言ってくれたが，狭くてかわいそうと思って，夜も眠れなかった。妻は今も睡眠薬を服用している」（男性76歳）。核家族化が進むなかでの突然の共同生活である。慣れないうえに，住宅も狭い。心労は大変なものである。

被災者は「がんばって下さい」と言われて困ってしまう。一生懸命に心のなかで何かと必死に闘っている。一方，外の世界でがんばる対象は焼失してしまっている。「精一杯やっているのに，これ以上何をがんばるのか」と思うのである。

　被災地の外に避難した人にも苦労がある。「大阪の人は神戸を忘れているから気持ちが離れている。環境の違うところで人と合わせるストレス」（男性48歳），「（大阪府で）周囲の人間が気持ちや状況を分かってくれない。理解がないのがつらかった」（女性48歳），「マンションの暮らしと違い，周りとの付き合いでいろいろ教えてもらった。でも，北区は被害が少ないので日常の話のなかで傷ついた」（女性41歳），「（明石の息子の社宅で）何もなく，服ももらいもの。周りは震災で焼け出されたことを知らないし，話し相手もいない。毎日長田に来ていた」（女性58歳）。震災の苦難は並大抵のものではなかった。心の痛み，傷ともいえるものが強く残っている。被災地の外ではそれを共有，共感することができにくい。痛み，傷は被災地のなかで時間をかけてお互いで乗り越えていくものなのであろうか。

　そうした心の痛みを語る人も多い。「だんだん落ち込んで，"世の中には不公平なことがある"という考えが積み上がった。そんな自分がいちばんいやだった」（前出の女性41歳），「外に出て，大丈夫なところを見るとみじめになった」（女性43歳），「なぜこのあたりが，自分たちがひどい目に合わなければならないのか，という疑問がつきまとい，大丈夫だった人たちへのねたみや嫉妬が自分のなかで拭いきれない」（女性45歳）。生活基盤の根こそぎの喪失は，心のなかに「なぜ，私たちだけが」という思いをつのらせていく。これまでの生活が，また，他の地域の生活が豊かであっただけに，気持ちの整理はつきにくいのであろう。生活基盤の復興に対する抜本的な援助が行われれば，もちろんだいぶ違うはずである。

　それでも，「息子に"焼けたのは仕方がない。思うのはやめて。ないものは仕方ないから"と言われたときは嬉しかった」（女性59歳），「2月の合同葬のときに岡山から来てくれた甥が美容用のハサミをくれた。仕事を続けるなどまったく頭になかったので，この子は何をくれるのか，と分からなかったが，やがて"そうだ，これで皆の髪をカットをしてあげよう"と思うようになった。

2週間に1度公会堂に来てカットするようになった。それが立ち直るきっかけになった」(女性63歳)。苦しさを本当に理解してくれる人の言葉,行為が被災者の気持ちを救うのも,また真実である。

参考文献

古市忠夫　1995「地震後2日間の救助と消火の活動」神戸大学〈震災研究会〉編『阪神大震災研究1 大震災100日の軌跡』神戸新聞総合出版センター。

消防庁　1996『阪神・淡路大震災の記録1』ぎょうせい。

第 7 章

阪神大震災からの復興過程で苦闘する住民
「まち壊し」区画整理事業は今回で終わりに

初出:「復興『まち壊し』区画整理事業は今回で終わりに」神戸大学〈震災研究会〉編（岩崎信彦責任編集）『阪神大震災研究 4 大震災 5 年の歳月』神戸新聞総合出版センター，1999 年，Ⅲ 2。なお，一定部分の省略と若干の補正が行われた。

1 鷹取東地区とともに歩んで

　地震後の大学業務を 2 月いっぱいで一区切りつけ，私は 1995 年 3 月 8 日，交通機関を乗り継いで長田区鷹取東の旭若松公会堂を訪れた。タイトルは忘れたが，NHK のドキュメントがこの公会堂を中心とする被災住民の姿を生き生きと放映したのを見て一度訪ねてみたかったからである。前庭でドラム缶の焚き火を囲みながら皆が集まっていた。この地域に復興土地区画整理事業の都市計画決定がかけられる直前の時期であったから，話題も自然とそこに移った。「行政に，あんたらこの地域が丸焼けになったから，区画整理事業の網をかけたんやろう，と詰め寄ったら，しぶしぶそうやと答えよったわ」とその理不尽をなじりながらも，かといって一丸となって都市計画決定に反対するふうでもなかった。「この地域が復興するには行政の事業は必要だ，それをどううまく引き出していくかだ」という現実的な判断もあったのであろう。

　3 月 19 日に，住民有志が公会堂に集って第 1 回の勉強会を始めて以降，7 月 2 日まちづくり協議会結成，9 月 13 日まちづくり協議会と神戸市の「確認書」締結，11 月 30 日事業計画決定，翌 96 年 6 月 23 日土地区画整理審議会選挙終了，

8月25日仮換地指定の開始，そして，97年5月に仮換地指定率86％，99年3月には同93％に達するという経過をたどった。被災市域で最も早い展開であった。国会議員，政府の役人などの被災地復興視察の折りには多くが立ち寄る地区となり，神戸市の区画整理事業の「ショーウィンドー」の役割を負わされた。

　そして，5年目の夏（1999年現在＝本稿執筆時），まちづくり協議会レベルでは，公園の設計案を検討したり，まちに花を増やしていこう，イベントを今年もやろう，といった取り組みが行われたりしている。まちづくりの第二期に入っているのである。

　私は，最初に訪れて以降，この地の人びとと懇意になって，今日までずっと一緒に歩んできた。まちづくり協議会からボランティア・アドバイザーという立場をもらって，「行司役」「クッション」といわれながら，一緒に歩んできたのである。その間，研究者として何度か調査をさせてもらい，その結果を公表してきた（岩崎・児玉 1995）。今，第一期が終わろうとしている時期にあって一番強く感じていることは，「道路や公園は立派になったが，住民は戻ってこれるのか」「復興まちづくりといわれてきたが，復興まち壊しが行われたのではなかったか」ということである。

　その問題点をあらかじめ挙げてみると次のようになる。

① 住民が力を合わせてまちと住宅を復興させるのを行政がバックアップし，被災を乗り越えていく自己復興力をまちのなかに育てていくというのが，「復興まちづくり」の真の意味（精神）であろう。しかし，これが忘れられ，行政による「事業中心主義」が強行されて，まちが壊れていった。

② 住民が一番抵抗感をもった「減歩（率）」問題に対して，行政は合理的な説明ができず，住民の事業反対，行政不信感を強め，さらには，住民のあいだの対立を広げ，まちを壊していった（「減歩」とは区画整理のために宅地所有面積を削ること）。

③ 区画整理と住宅復興がまちづくりの過程で結合されないまま進められ，共同化再建は個々別々に少しは行われたが，宅地の随所に住宅再建されていない空き地が残り，町並み家並みの「壊れ」が生じている。

これらの問題点を鷹取東地区での経験を軸に検証しながら，それがどのように克服されるべきかを考察していこうと思う．

2　行政によるまちの分断と住民間の対立

鷹取東はいわば「ショーウィンドー」として，「住民みんな力を合わせて」「順調に」「行政と仲良く」しながら進んできたと，よそ目には見えるようである．しかし，実際はまったく反対のイバラの道であった．

①まず，問題だったのは，行政が被災住民に希望を与えるのではなく，落胆と不信を与えたことである．議論のないままの都市計画決定．被災で大きな痛手を被っている住民にとって，「建築が制限される」「土地が10％取られる」「本建築ができるまで早くて2〜3年，悪くすれば4〜5年，いやそれ以上かかる」と，"泣き面に蜂" の落胆状況に追いやられた．

②神戸市の行政担当者が答えるのは，ただ「区画整理事業によって道路や公園が整備されて環境がよくなるし，土地の資産価値も上がる」「減歩率もふつうなら25％ほどだが震災復興のために10％に緩和している」の2点のみである．住民側は「生活の再建とは関係ない．答えになっていない」と反発する．たしかに，彼らの求めること，「どうしたら早く，そして財産の多くを失ったなかで，皆が戻って住めるようになるのか」の答えにはなっていない．

③それでも，早く地元に戻って住みたいという切なる願いを受けて，まちづくり協議会が，震災の年の7月2日，300人以上の住民を集めて千歳小学校で産声を上げた．しかし，その直後の7月7日の第1回役員会で，市側は「住民との十分な話し合いを前提とする」と言っておきながら，道路・公園図を示し「今この図を前提にして事業をスタートさせたら，来年1月には本建築が建てられる．本日中にどの町が住民の合意を得られるかを確認して，即時にスタートさせたい」と提案し，強引に8町のうち西側4町のみを施工街区とすることを取り付けた．しかし，それをめぐって7月12日の役員会はふたたび紛糾し，一部の役員が退席しようとする事態にまでなった．

私は，それまで議事録やニュース作りなどを役割としていたが，思わず「み

んな，目指しているところはそんなに違わないはずだ。せっかく協議会を立ち上げたのだから，みんなで納得する条件を書き出し整理して，神戸市と確認書を取り交わしてから事業に入ったらいいのではないか」と発言した。みんなの目が一瞬キラリと輝いたことを今でも覚えている。確認書を取り交わすことなど当たり前のことだと私は思うが，余裕を失っていた住民にとってそれはとても素晴らしい提案であったのである。災い転じて福となった。

　神戸市長宛の「付帯条件」の案作りとその提出，各町内での道路・公園配置図の論議が，お盆をはさんで行われた。

　④9月に入り，「確認書」（24項目）の締結となったが（詳しくは岩崎 1997），そこで第一の項目について問題があった。市長の回答には「平均減歩率9.0％」（私道は2分の1を宅地へ組み入れ，65㎡以下は減歩率緩和）とあったが，まち協側は「減歩率は9％」という説明しか受けていなかったので，確認書に「平均」があるのはおかしい，「9％以上は取らない」という説明の通りにせよと求めたのである。区画整理部長は「上限9％」を口頭で確認し，まち協側もそれを了承した。行政とまち協役員により，確認書締結，事業計画縦覧開始の記者会見が行われたが，それを報じる新聞記事は，地元の取材を丁寧にしていた神戸新聞が「上限9％」「最大9％」，それ以外は，読売新聞が「9％」，朝日新聞が「一律9％」というようにまちまちであった。行政側が口頭約束を巧妙に隠蔽していこうとしたことが分かる。このことが，その後の大混乱を生み出すことになった。

　⑤まち協は，事業計画決定後の12月より，「上限9％」においても，「表地の（公道に面した）人と，裏地の（私道に面した）人とが同じ9％で減歩されれば，（私道の2分の1の宅地への繰り込みとも関連して）大きな不公平が生じる」ということに気づき，勉強会を開いていった。「比例評価方式」を学習し，また減歩面積と事業費金額などを研究し，「減歩の公平化と緩和」を市に要求していった。2か月の交渉の過程で「上限9％ではなく，標準9％と考えている」と主張し続ける担当課長に対して，役員の一部には「約束違反だ。事業日程の凍結で対抗すべきである」との声も出始めていた。今から思うと，課長が必死に，しかし説得力なく行う弁明の姿が印象的であり，上層部から「標準9％でもちこたえよ」と厳命を受けていたのであったと思う。しかし，96年1月30

日，課長ではもちこたえられないと判断したのであろう，区画整理部長が役員会を訪れ，深夜にいたる交渉の結果，「減歩の公平化と緩和」を前向きに検討することを約束し，まち協は大きな喜びに包まれた。しかし，その喜びも一瞬であった。行政首脳部は翌々日，まち協会長，副会長を呼び「担当部長の表明は撤回する。1週間以内にもとの状態に復してほしい。そうでないと選挙公告を取り消し，事業日程を凍結する」という趣旨の表明を行ったのである。

まさに，「一律9％」を死守しようとする市側と，「上限9％」（実質平均5～6％になるであろう）を確保しようとする住民側の，「天下分け目の関ケ原」であったのである。

⑥まち協は，これに対して，再度要求を整理し市に提出したが，市はその直後，1月5日付けで行っていた選挙公告を取り消し，事業を凍結した。これに対して，まち協役員は1か月余りのあいだ，市長宛，そして都市計画局長宛に要求書を出したがゼロ回答であり，しだいに役員は真っ二つに分裂し，住民間の対立へと発展していった。しかも，それを見て市は「8町全部ではなく，合意できる町から分割施工もありうる」と外部で表明したのである。

市は，当初から，公共減歩率24％のところを9％に大幅に割り引いているので，比例評価的な公平化は行う必要がない，と考えていた。なぜなら，年末からの長い交渉の結果出てきた最初の答えが「表地で道路拡幅がない場合に限り8％に（1％緩和）する」であったからである。

⑦結局，市は，凍結に入って1か月半たった96年3月中旬，「一律の減歩ではなく，比例評価方式をベースにして行う」などの約束をし，住民も了承し，凍結の解除が行われた。後日，土地区画整理審議会発足の7月に，「私道に面した土地を9％，板宿線，国道2号線に面した土地を4％，この両端の間で，公道8～10mで拡幅がない場合5％，公道8mが拡幅される場合6％，公道3～4mが4.5～6mに拡幅される場合7％」「戦災復興区画整理事業が行われた地区は，上記よりすべて4％を減じる」という詳細がまち協に示され，合意されたのである。なお，この過程で，戦災復興区画整理事業が行われた2町は，道路幅を4mないし4.5mに限定することを自己決定し，減歩率を「4％減じる」という条件を獲得したのである。

市があのまま「標準9％」で減歩を行っていれば，常軌を逸した区画整理事

業になったであろう。すなわち，私道では震災前の有効敷地がほとんど保持されるのに，公道に面した宅地は9％そのまま減歩されることになり，その不公平さは歴然となり，住民のあいだで紛争が起こるのみならず，換地指定後に裁判闘争になりかねなかった。

⑧ともあれ，まちは真っ二つに分裂させられた。「早く事業を進めて戻りたい」「共同化で集合住宅を建てていけば，減歩率はこのままでも大した問題ではない」「減歩緩和要求は地主のエゴだ」などとする流れと，「親の代から生活をかけて手にした土地だ。納得できない減歩には反対だ」「個々人のぎりぎりの要求のつきつめがあって，まちがあり，共同化があるんだ」「彼らは，借家人が家がなくて困っているのに妨害するのか，と言っているが，土地をもっている者の権利を無視してよいのか」などという流れとの対立であった。私から見れば，どちらの基本要求も正当なものであり，締結された「確認書」も両方の要求が盛り込まれていたはずである。

市が，都市計画決定の3月以降の勉強会で，減歩率の意味と手法を正確に説明しておけば，こうした「まち壊し」をしなくても済んだはずである。一番難しい問題を隠して先送りすることによって，まちは致命的な被害を受けたのである。もちろん，しかしながら，この責任をすべて市に負わせることはできない。「平均9％」という説明をして，9％以上の減歩を負担するところもあるのだという説明など，被災直後の住民にできようはずもなかったからである。「9％台」ということで了解を取るのが精一杯のことであったからである。震災復興の事業を，減歩が中心的な問題になるような形で計画決定する国の制度自体に問題があったのである。

⑨この分裂は傷となって残り，1998年3月にわれわれが行ったアンケート調査では，「鷹取東に住みやすく人情のあるまちが再建できると思いますか」という問いに，「思う」が43％に対して「思えない」が39％もあるのである。とくに，鷹取東地区内の既居住者に限定すれば「思う」36％に対して「思えない」が50％にも上っているのである（徳田1999）。

まち協への参加は，二つの流れが対立し，相互に牽制し合うことから，しだいに消極的になり，運営も半身不随的になったが，まち協を守ろうとする十数名の役員の努力でまち協そのものの解体は避けられた。また，二つの流れに分

かれたとはいえ、両方とも、それぞれの活動領域での意欲は高く、また、「確認書」を否定するものは誰もいなかった。

98年秋に、幾人かのリーダーが音頭をとってまちづくり協議会と再建された自治会の連携を回復するという場を作ったのであるが、そうした形を作りながらこの分裂の修復が始まっているのである。しかし、深い傷が癒されるにはかなりの年月が流れなければならないであろう。

以上から分かることは、神戸市が、現行の国の基準によって制約されている区画整理事業を、住民に納得させながら進めていく自信が、本当のところ、なかったことである。それゆえ、どうするかというと、事業ができそうな町域からともかく進めて既成事実を広げていく、そして、事業への消極対応者をできるだけ早く少数にして「大勢は賛同しているから」と説得していく、という手法である。そのために、自治会役職者など住民のなかの協力者、事業賛成者を中心に組織してまちづくり協議会をともかく立ち上げようとする。その場合、当然ながら反対者、疑問をもっている者は除かれる。それゆえ、反対者らは別組織を作って活動を進めることになり、まちのなかの対立は進行する。別組織の活動にまでいたらない場合も、消極対応者は私的にゴネルという形で不満を表明することになり、仮換地、移転補償が難航して事業が遅れ、まちの雰囲気もすさんでいくのである（鷹取東の場合、対立は厳しかったが、減歩率の公平化が達成された後は、これ以上文句を言っても始まらない、という割り切りがあり、仮換地は比較的スムースに進んだ）。

3 空き地を点々と残す区画整理事業後のまち

仮換地指定が終わりに近づいている段階で、もとの住民のどれだけが戻れたのか、また、事業後に点々と残る空き地がどこまで埋まっていくのか、は「まちの復興」の成否を左右する問題である。共同研究者の徳田剛氏が、鷹取東地区の8町のうち、比較的復興が進んでいる2町を、99年7月時点で精細に調査分析した。その結果、計285世帯の従前居住者に対して「地区内に戻っている、あるいは、戻る」世帯は145世帯、51％にすぎないことが分かった（徳田

1999参照)。

　そのうち土地所有者155件のなかで「戻る」は94件(61%)である。「戻らない」あるいは「不明」61件のうち売却者は37件(24%)という多さである。ほとんどが神戸市による区画整理事業の減価補償買収に応じた人であり，このように多くの住民が町を去ることは，今回の区画整理事業の重大な問題点の一つを形成している(2町において受皿住宅への帰還者は持地持家者3件，借家者3件にすぎない)。

　さて，土地所有者のうち住宅未再建は24件(15%)余りである。売却者を除く117件のうちでは21%となり，少なくともそれだけの割合の宅地区画が空き地となって残っているのである。ほぼ5件に1件の空き地発生率であり，町並みに及ぼす影響も無視できないものである。加えて，二つの町で10余りの小区画が仮換地指定予定地とされて空き地となっているのも大きな問題である。今後，他の事業地区からの飛び換地対象地に使用されるのかもしれないが，家並みの壊れをもたらすもう一つの大きな原因となっている。二つ合わせると空き地率は3割に上る。

　借地持家者は24件のうち「戻る」が11件(46%)，借家者は74件のうち24件(32%)である。借家者の復帰率が極端に悪くなっている。区画整理事業そのものに借家者の位置づけが弱いという問題があるが，行政による地元への受皿的復興公営住宅の建設あるいは調達がほとんど行われなかったことが影響している。

4　「まち壊し」克服へ──「減歩ゼロ」の区画整理事業

　それでは，今回のような「まち壊し」ではないやり方で，いかにして早く復興できるかを考えてみよう。
　区画整理事業において，まず何よりも難しい減歩の問題から検討しよう。
　事業によって，たしかに道路，公園が整備され，宅地の区画形質が改善される。宅地の利用価値は「増進」するといえるし，それに伴って資産価値も上がるかもしれない。それゆえ，利益に対する代償(減歩，清算金など)が求めら

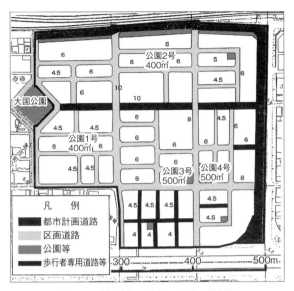

図7-1 鷹取東第一地区の道路・公園図
出所：神戸市都市計画局「安全で快適なまちづくりをめざして 神戸の震災復興区画整理事業」平成9年度。

れる。

 しかし，事業の網をかけなければならない地域は，80㎡以下の狭小宅地が多い地域である。それらを減歩してまで道路や公園を作って「利用増進」を図るということが，意味のあることであろうか。鷹取東では，東西の区画幹線道路一本が，8m幅を10m幅に拡幅された。それを軸に6m幅と一部4.5m幅の区画道路と公園の整備が全域で行われ，公共減歩率は24%に及ぶ（図7-1参照）。

 鷹取東事業地の総地籍は8万4700㎡。施行前宅地6万7262㎡，施行後宅地5万1106㎡，差引減歩地籍1万6156㎡。施行前宅地の24%，すなわち公共減歩率24%。施行前道路地籍1万7438㎡（総地籍の20%），施行後3万3595㎡（総地籍の40%）。施行前公園0㎡，施行後3288㎡（総地籍の4%）。

 施行前の道路，公園面積は総地籍の20%であったが，それが施行後は2倍以上の45%になるのである。そのために宅地が24%も減歩されるのである。このような多大な犠牲を払って道路を広くしても，自動車の交通量が増し事故が増えるだけである。公園を作っても「風紀がかえって悪くなる。ポケット

パークで十分だ」という住民の意見も多い。

そして，事業を行ったとしても，都市部ではたとえば24%の増進率（地価の上昇）は見込まれないから，公的財政から多額の減価補償金を調達することによって，減歩率を下げることになる。農村における耕地整理の手法として開発された区画整理の方式が，都市部の密集地の改善に使われることに，大きな矛盾があるのである。

あえて区画整理事業を復興の手法とするならば，どのように進めるべきであるか。ここでは，それを検証してみたい。

(1)まず，減歩率が最も少ない方法を考えるべきである。そのために，基準設定をする。①道路の拡幅は，私道を4m幅の公道に作りかえる。4m以上の現公道は従来通りとする。私道の公道化は私道の100%供出により行う（現状は，私道の50%が宅地に繰り込まれている。これをなくす）。②公園にこだわらずにポケットパークを多く作り，あるいは総合設計制度を使った集合住宅化による「公開空地」の確保に努める。

このような基準で「減歩ゼロ」のミニ区画整理事業を成功させたのが神戸市湊川1，2丁目の事業である。「大半の建物が全焼した湊川1，2丁目（約200世帯）を北と南に分け，それぞれ共同住宅区（4～10階）と一戸建て住宅区（38～62戸）を整備。住民は希望するブロックを選択できる。大規模な道路拡幅は避け，地区面積の約9%を占めていた私道を幅5m以上の公道にまとめることで，減歩率をゼロにできる」（神戸新聞1995年9月4日）というものである。その後，「4m幅員の3本の生活道路が計画され，行き止まりになっている部分について密集事業の買収によって4m道路が整備される。（中略）共同再建に密集事業が使用される」と説明されている（阪神・淡路まちづくり支援機構付属研究会編 1999: 21）。

鷹取東に即して考えると，①私道（幅員3m未満）面積は5717㎡（宅地の8.5%）である。これを事業計画の道路図についてすべて4m幅で整備したとすれば，私道分に加えて約3400㎡が必要となる。②公園については，3288㎡（事業地の3.9%）が割かれているが，ポケットパーク中心に1600㎡で整備する。これらを公共減歩するとすれば，公共減歩率は（5717 + 3400 + 1600㎡）÷ 6万7262㎡ = 16%である。

(2)私道部分は公道化のために100％供出（減歩）とするので，一般の減歩は (3400 ＋ 1600㎡) ÷ 6万7262㎡ ＝ 7.4％である（なお，私道部分の50％住宅地繰り込みを行った場合は，(2859 ＋ 3400 ＋ 1600㎡) ÷ 6万7262㎡ ＝ 11.6％となる）。

(3)今回，震災復興という観点から，多額の減価補償金が投入され，減歩の緩和が行われた。減価補償金は，区画整理法109条に根拠があり，それによる土地の先行買収は「単に都道府県主務部長宛の建設省の通達で認められているにすぎない制度」であるが（村尾 1997: 78），その観点は悪いものではない。しかし，多額であればよいというものでもない。鷹取東では46億円余りが投入され，減歩率を24％から「上限9％」（実質平均6％弱）に緩和するために，1万2000㎡余りが先行買収されたはずである。機械的に割り算をして1㎡あたり38万円である。この単価を(2)で示した5000㎡（7.4％）の減歩を全面緩和するために適用すれば，19億円が投入されるだけで十分である。約4割分の減価補償金で減歩ゼロが可能となる（私道50％の住宅地繰り込みの場合は29億円となる）。

減価補償金が多額すぎるのは，一般的に税金の無駄遣いであるのみならず，被災地で事業地区の限定化をもたらし，白・灰地域（復興事業の対象になっていない地域，あるいは部分的にしか事業が行われない地域）への事業費の支出を妨げている。

のみならず，1万2000㎡も先行買収することによって，地権者百数十世帯（不在地権者も若干含む）がこの地区を離れる，という大問題も生じたのである（まち協は，これらの人のために受皿住宅〔従前居住者用住宅〕建設を「確認書」でうたい，地元に25戸を実現したが，当初予定数がしだいに絞り込まれ，居住できるようになったのは20世帯にすぎない）。

(4)減歩面積の極小化(1)と減価補償金の投入(3)によって，「減歩ゼロ」の区画整理事業を基礎基準とし，これを第一段階＝都市計画決定の内容とする。

(5)この基礎基準を越えて事業を行う場合，行政側が都市計画道路，都市計画公園を事業化しようとするならば，その内容に対する地元の合意を得ることは当然として，その財源は100％行政体が負うべきものであり，減歩とは関係ないことを明示すべきである。

(6)ところで，「減歩ゼロ」は一定額の減価補償金によって実現可能なのであるが，公共的観点からの正統性はどう考えられるべきか。①まず，被災者の

「みんなが早く」復興することは災害復興の国家社会的責務の第一義であり，何よりも「早く」行われなければならない。「減歩ゼロ」の事業は被災者の納得を得やすいものであり，また復興意欲を促進する。②公共減歩率を抑えることによって，事業費総額も少なくて済み（鷹取東における100億円は70億円ほど〔工事費32億円はやや減少，減価補償金は47億円から19億円へ，移転補償金は19億円のまま〕に削減できるであろう），また早く復興することによって復興経費のロスを抑え，社会全体への復興波及効果も大きい。③今回の事業では減歩をめぐる行政対住民，さらに住民対住民の対立・抗争が重大であり，これはいわば官民一体となって復興エネルギーを浪費させているようなものである。また「まち壊し」はコミュニティ形成の観点からも致命的な社会的損失である[注1]。

5　被災者が希望と自己決定力をもって取り組めるように

　鷹取東まちづくり協議会とともに歩んできた4年半を，「まち壊し」区画整理事業はもう今回で終わりにしてほしい，という願いをこめて総括し，提言を試みた。私は，行政法についても都市計画についてもいわば素人である。しかし，住民の目線で捉える社会学者の論理はある意味で，事態の本質に近いところにあると思っている。
　そういう意味で，おわりにあたって，若干の補足をしておきたい。
　一つは，復興まちづくり事業は早く進めなくてはならない，ということである。遅れることによってあまりに多くの悲劇が生じている。災害を都市再開発の絶好のチャンスとする発想は捨てて，いかに早く復興させるかを考えなければならない。そのためには，被災者が希望と意欲と自己決定力をもって復興に取り組めるシステムをいかに作るか，が決め手になるであろう。
　二つは，事業費の無駄と，格差的な使い方を避けるべきである。「概算ではあるが市街地再開発事業の事業費はヘクタール当たり100～200億円，土地区

注1　「『まち壊し』克服の可能性（その2）——第2段階の計画（事業計画）でまちづくりビジョンを自己決定する」ならびに「『まち壊し』克服の可能性（その3）——住宅復興の諸事業と結合した区画整理事業を」は紙幅の都合で省略した。

画整理事業の事業費は同じく 10〜20 億円であるのに対して，密集事業の公共投資額はヘクタール当たり 1〜2 億円と言われる」(阪神・淡路まちづくり支援機構付属研究会編 1999: 92)。『阪神大震災研究 4 大震災 5 年の歳月』(本稿の初出書) でも，塩崎賢明氏らが「復興市街地再開発事業の問題の大きさ」で明らかにしているように，市街地再開発事業の成否の問題は今後最も深刻なものになっていくであろう (塩崎他 1999)。

　三つは，被災者の努力をサポートし，行政の力を有効に発揮させる非営利のまちづくりコンサルタント組織を平時から作っていかねばならないことである。鷹取東では，事業凍結から市との妥結，再開にいたる厳しい状況のなかで，減歩緩和・公平化を求める地権者住民のなかに，コンサルタントに対して「減歩緩和要求を押さえ込み，共同化で早く事業を進めようとする」「市の意向を受けている」というような強い批判と不信感が発生してしまった。そして，以後，コンサルタントはまちづくり協議会には参加できなくなってしまった。これは双方にとって大きな損失であった。しかし，市もコンサルタントをいわば先兵として活用しようとする意図をもっているので，また，コンサルタント自身も単独では営利事業者であるというありようを払拭できないから，今のような仕組みでは，コンサルタントがまじめに地元のために活動しても，住民の不信感が発生する危険があるのである。私の提案による区画整理事業では，住宅再建の内容まで踏み込んでいかなければならないので，サポートの集団化，非営利組織化は必須である。

参考文献

岩崎信彦　1997「長田区鷹取東 (第 1) 地区における区画整理事業の歩み」神戸大学〈震災研究会〉編『阪神大震災研究 3 神戸の復興を求めて』神戸新聞総合出版センター。

岩崎信彦・児玉善郎　1995「復興まちづくりに向けての住民のとりくみ」神戸大学〈震災研究会〉編『阪神大震災研究 1 大震災 100 日の軌跡』神戸新聞総合出版センター。

岩崎信彦・塩崎賢明　1997「区画整理事業 16 地区における住民の苦闘と前進」神戸大学〈震災研究会〉編『阪神大震災研究 3 神戸の復興を求めて』神戸新聞総合出版センター。

塩崎賢明他　1999「復興市街地再開発事業の問題の大きさ」神戸大学〈震災研究会〉編『阪神大震災研究4　大震災5年の歳月』神戸新聞総合出版センター。

徳田剛　1999「被災住民の生活再建は進んでいるか」神戸大学〈震災研究会〉編，前掲書。

阪神・淡路まちづくり支援機構付属研究会編　1999『提言――大震災に学ぶ住宅とまちづくり』東方出版。

村尾龍雄　1997「土地区画整理法について」日本土地法学会編『震災と法』有斐閣。

第8章

阪神大震災における慰霊と災害文化

悲しみは伝えることができるか

初出:「悲しみは伝えることができるか」岩崎信彦他編『災害と共に生きる文化と教育——〈大震災〉からの伝言』昭和堂, 2008 年, I [1]。

1 喪の作業——災害文化が生まれるところ

(1) 大切な人を突然失う

私たちは, ふつう,「阪神淡路大震災では 6430 人もの方が犠牲になった」ということからこの大震災を語り始める。しかし, 肉親を突然に亡くした人たちにとって,「阪神淡路大震災」という地震の名前も,「犠牲者」と呼ばれることも, リアリティのないことなのかもしれない。そして, 肉親が本当に亡くなったのだということさえ受け止めきれないのかもしれない。

> あの 1 月 17 日, 激震のなか, 声をかぎりに娘の名前を呼んだ。応答がなかった……。言葉では語れない思いが体中に襲いかかった。
>
> (朝日新聞大阪版 1997 年 2 月 4 日。山住他 1999: 8)

I・F さんは, 激震でわけがわからないままに起こされてすべてが「終わった」と述べた。2 階が落ちてきたとき, 彼女の夫は梁で頭を打ちその温かい手は脈がとれなかった。「あの瞬間のことは一生消えないわね, ずっと。いくら呼んでも返事してくれんかったあの瞬間は, 揺れたりすると, すぐにパッとよぎるで

しょうね。震災の突然死というのは，病気と違ってなにも感じる余地がない。病気だったら，自分の家があるから，そこに帰ってきて，なくなった主人だけがいない生活が続くでしょ。私たちなんかなにもないから（後略）」。　（樽川 2007: 6）

その人にとって「大切な人」の突然の喪失は，その人自身の生存の根拠の突然の喪失でもある。その喪失は深い空虚であり，「言葉では語れない思い」である。あたかも光がブラックホールに吸い込まれていき，そこから出てこられないような状態であろう。しかし，亡くなったけれども，固有名詞をもった「大切な人」とのつながりを回復していく作業が始められなければならない。

徐々に自分に言い聞かせて，「いよいよ，さよならやなぁ。成仏してね」ということで別れたのであれば，辛さ，痛みもだんだん風化していくと思うのですよ。それがないぶん，母の死の断面というものが，いつまでも新しいままなんです。いつまでも亡くなった時のことが剥き出しになっている，そんな感じです［女(69) 神戸市長田区北町　話：息子］。　　　　　　　　　　　（蘇理 2003: 36）

2007 年のカンヌ映画祭で河瀬直美監督の『殯の森（もがり）』が審査員特別大賞を受賞したが，そのテーマになっている「殯＝喪」が，ここで問題となる。「剥き出しになっている」死をどのように遺された生者が受け止め，死者との関係性を回復するかというテーマである[注1]。

(2) 墓標とモニュメント

私も数年間鷹取東地区で復興のお手伝いをし，何人かの遺族の方のお話を聞いた。火災のひどかった地域だけに，これらのインタビュー記事を読むと，その人たちの顔が浮かんでくる。そして，同時に，被災の瓦礫跡に小さな手作り

注1　殯とは，日本の古代に行われていた葬儀儀礼で，死者を本葬するまでのかなり長い期間，棺に遺体を仮安置し，別れを惜しみ，死者の霊魂を畏れ，かつ慰め，死者の復活を願いつつも遺体の腐敗・白骨化などの物理的変化を確認することにより，死者の最終的な「死」を確認すること。

の，花が添えられた墓標がここかしこにあったことも思い出される[注2]。

> 実家の焼け跡に机でほこらみたいなものを作って花を供えていたら，（中略）いつ行っても花や食べ物が供えてありました。僕らがおらんときに供えてくれるんやけども，誰が供えてくれるんかね……。本当に嬉しかったです［男（67）女（62）神戸市長田区菅原通　話：息子］。
>
> （蘇理 2003: 26）

　このような被災地の人びとの思いは，「震災モニュメント」の活動となって展開していく。その活動の担い手の一人，新聞人の山崎一夫は次のように書いている。

> 焼け跡に手向けられた花を写しただけの写真。大手メディアのカメラマンが撮った約200枚のうちの1枚。カメラマンは，毎日のように被災地でこうした写真を撮りつづけ，紙面に掲載しようとしたが，上司の理解を得ることはできなかった。人をたどってボランティアネットワーク「がんばろう神戸」で運動を切り回していた堀内に託したのだ。「こんな写真を撮っておきたかった。手向けた人に返してあげたいんだ」と堀内は思った。
>
> （山崎 2002: 21）

　その堀内正美が2度目に衝撃を受けたのが，自らも被災したアマチュア写真家・徳永竜二郎が写した震災慰霊碑33か所の写真を見たときだった。「震災の慰霊碑がこんなにできているのか」と。そしてどこからともなく「これを地図にしましょう」という声が上がり，初版マップ（55か所）が作成されていった。

　初めてこのマップが世に出たのは震災4年直前の99年1月14日，灘区の神戸大キャンパスであった。そこに私もいた。朝のラジオを聞いて駆けつけた遺族の白木利周さん夫婦もいた。白木さんは「これまで自分の息子の（死の）ことしか考えることができなかった。こんなに見ず知らずの人たちが，息子たちの死

注2　たとえば，神戸大学の学生報道サークル「ニュースネット」HP「震災特集ページ」にかかげられている，アパートで亡くなった学生の墓標を参照してほしい（https://kobe-u-newsnet.com/newsnet/sinsai/sindoc_3.htm）。

を悼んでくださるなんて。これから私たちもみなさんと一緒に慰霊碑を巡っていきたい」と話した。白木さんの妻も震災４年の第１回交流ウオークに参加した後、こう書いた。「なにか心が開けてきて、今まで人に話したこともないようなことまでお話しすることができました。いつもどんな楽しい場にいましても、半分は悲しんでいるもうひとりの自分がいるのですが、その自分も、この日はすっかりまわりの空気に溶けこんでおりました」。　　　　　　　　　（同書：22-23）

　息子さんが神戸大学の学生であった白木さんのお話を、10周年の2005年１月に私も聞いた。本当に深い悲しみを乗り越えてこられたのだなと思った。そして、それを助けたモニュメント・マップとウオークの活動は、ある意味で現代の「巡礼」でもあるが、焼け跡に誰からか手向けられた花によって始まったのである。「見ず知らずの人たち」が行う喪の作業が、遺族の気持ちと重なり、共同の「喪の作業」に発展したのだ。災害を受け止める人びとの作業の心の起点に「喪の作業」があり、災害文化の一つの源流をなしているということが分かる。[注3]

2　過去の体験の〈分有〉ということ

(1)　震災の「痕跡」を追想すること

　「喪の作業」を、教育学的に位置づけようという山住勝弘らの研究（1999）がある。震災から３年が過ぎると、中学校の現場でも、「思い出すことをいやがる子どももいるために安易に授業で取り上げるべきではない」という教師の声、「なんで今さら、そうやって震災のこと掘り起こしていちいちすんの？」という生徒の声が聞かれ始める。それは「喪の作業」を断ち切ろうとする力、「時間の論理」が働いていることを示している。「思い出すことは大切だ、でも思い出したくない」というダブルバインドの葛藤のなかで妥協していくことでもある。

　　注3　「NPO法人阪神淡路大震災1.17希望の灯り」が管理する「震災慰霊碑モニュメントマップ」の2024年現在のものは次を検索してほしい（117kibounoakari.jp）。

このような問題を抱える学級担任のA先生に，復興担当教師のB先生は言う。

> 生々しいとこを，体験したこと以外と言うてもいいと思う。だから最初に前置きしたうえで，僕はこれを話してあげることによって，その死んだ人が浮ばれると思うから話しするんやというやり方でいいと思うし，というかたちで，けっこうつっこんでいって，でも淡々とね。　　　　　　　　　　　（山住他 1999: 18）

また，小学３年生への震災体験学習について次のような上野たかねの考察が紹介されている。

> １月17日を境になにか大変なことが起こったのだということは理解できても，大人に守られてその隙間から垣間見る断片的な事実しか知らないという子どもが意外に多い。体験したことが「見えていない」のである。子どもたちは写真集のページをめくるたびに息を飲み，調べるというよりはなにが自分のまわりに起こったのかを今一度再確認しようとしているかのようにみえた。
> 　　　　　　　　　　　　　　　　　　　　　　　　　　　　　　　（同書：20）

被害の事実というよりも，写真集の人の表情に視点を当て，その表情からその人の思いに寄り添うことを大切にした。

> 彼ら彼女らが「追想」したのは，できごとの無意識に隠され消された「痕跡」の数々であろう。子どもの震災体験学習は，「不条理」な死に遭遇した人びとの「生の痕跡」に声を賦与しようとしている。そのような物語は，（中略）震災がもたらした喪失と不在の「痕跡」からその存在の意味を回復しようとするポジションを作り出すだろう。そのポジションとは，ほかならぬ歴史の「証言者」（witness）というものだ。　　　　　　　　　　　　　　　　（同書：20）

子どもたちのダブルバインドの葛藤やバラバラになって見え隠れしている記憶に，被災者の苦闘する姿を，また亡くなった人の人となりを見つめさせることを通じて，震災という深い経験を追想できる統合的でダイナミックな心を子

どもたちに賦活させていくこと，そして，そのことが逆に，死者たちの「生の痕跡」に生きた声を賦与することにもなるということ，が語られている。これを「拡張的な学習」（エンゲストローム 1999）と位置づけているのである。

(2) 語り部の苦悩

ところで，復興担当教師のB先生は，「生々しいとこを，体験したこと以外と言うてもいい」「けっこうつっこんでいって，でも淡々とね」と言っている。このことに関わって，少しふれておきたいと思う。

私は『災害と共に生きる文化と教育』（本稿の初出書）の序章で，被災当事者の語り伝え，いわば「語り部」の方々の「伝えたい」という思いとそこから発せられる言葉の感動的な力についてふれた。しかしそこには，一方で「語り部」の苦悩がある。

> 「語り部」という証言者の「語りの実践」は，彼ら彼女らの経験を聞き手に伝達することの不可能性によっていつも力を失わされている。「むなしさ」とは，生存者が言葉を通じて原爆の経験を表象＝再表現しようとするとき，彼ら彼女らが共通して口にする感情だという。それが，「オリジナルで本質的な経験への忠誠」(loyalty to the original and essential experience) という問題を孕んでいることにある。それ（力を失わされること：引用者）に対して，彼ら彼女らの深いところで和解できない怒りや異議が「語りの実践」への関与を呼び起こす。
>
> （山住他 1999: 12）

つまり，伝えにくい「オリジナルで本質的な経験」を，被災者が「深い怒りや異議」に強く押されて語ろうとするけれども，その難しさが「むなしさ」にもつながっている，というようにいわれているのである。

(3) 過去の体験を〈分有〉すること

他方，新しいミュージアム活動の可能性を探究する人たちがいて，「語りの

実践」に一定の限界があるのではないかという問いかけをしている。

> 「語り」は，できごとの当事者の証言であるかぎり，聴衆に対して，できごとの当事者による「真実」の声として響いてしまう。聴衆は，迫真に迫るその真実の声を自由な創造を加える余地なくただ受身的に聴くしかない。それゆえ「語り」は，「真実」のリアリティをもたらすものの，当事者と非当事者という二つの大きな共同体を生み出してしまう危険性がある。　　　　　　　（笠原 2005: 50）

そして，この限界を乗り越えていくいくつかの実践的試みが行われる。一つは，朗読である。

> 「朗読」は，他者によって文字として書かれた記憶の痕跡を，声によって表現するものである。痕跡としての文字は，声とは異なり決して人間に内面化しえない，外にあるモノとして存在する。「朗読」する者は，決して受身にならずに痕跡としての文字に主体的に関わり，その他者性と格闘しつつ，そこに新たな声を自由に重ねる。また「朗読」による記憶表現は，「語り」と異なり，できごとの当事者や非当事者に関わりなく，誰にでも可能なものである。すべてのいつかのだれかに対して「朗読」する可能性が与えられている。　　　　（同書：50）

そして，実際，展示室の奥に，スピーカーとマイクを備えた譜面台が置かれ，いくつかの手記や詩が備えられて，誰でもが朗読できるようにされているのである。

　もう一つの試みは，「慶ちゃんのこと」と名づけられた展示である。本稿でも引用させてもらった蘇理剛志は，弟の慶治郎さんを震災で亡くされている。蘇理は，当時小学校 6 年生だった「慶ちゃん」の遺品をカメラに収め，その写真に家族や友人たちの証言を添えて展示したのである。そこには，「過去は再現できない」という強い認識がある。

> それぞれの人が語る彼の思い出は，それぞれ重なり合いながらも微妙に異なった彼の一側面をみせる。一人ひとりは彼の一面を記憶しているにすぎないが，

それらの記憶が結び合うとき「慶ちゃん」という人間像がより豊かに浮かび上がってくる。いいかえれば，実際にはそれぞれの人が「慶ちゃん」の記憶を，少しずつ〈分有〉しているということになろう。 (蘇理 2005: 47)

　B先生は，「生々しいとこを，体験したこと以外と言うてもいい」「けっこうつっこんでいって，でも淡々とね」と言っているが，「オリジナルで本質的な経験」つまり「真実」にとらわれすぎずに，「現在のわたしたちと過去のできごととの埋めがたい距離」を自覚しながら，過去の痕跡にそれぞれがさまざまな思いを重ねていき，未来へとつながる過去の姿を創造することの大切さを言っているように思われる。朗読にせよ，遺品写真の展示にせよ，そもそも被災者の悲しみや苦しみを丸ごと共有することは無理なのだから，それぞれに〈分有〉していこう，その方が自然で豊かな伝え合いができるのではないか，と言っているのである。

　現代社会では，自然災害の多発だけではなく，交通事故，犯罪被害，さらに失業や倒産による自殺など社会的な災害が増大し，多くの人が人間らしく生きることを妨げられ，さまざまな悲しみと苦しみに見舞われている。多くの人が今「被災者」の仲間入りをしているともいえる。お互いに丸ごとその悲しみと苦しみを共有することはできないが，少しずつ〈分有〉することはできるし，実際その可能性は広がっている。水俣病未認定患者の認定を求める活動，「障害者自立支援法」の改善を求める人たち，アスベスト被害の救済を求める人びと，長い闘いのなかで前進を勝ち取りつつある中国残留孤児帰国者の人びと，JR福知山線事故の遺族と重症を負った人びととの4・25ネットワークをはじめ数えあげるときりがない。それぞれに多くの人びとの支え合いが進んでいる。
　災害文化は，このように悲しみと苦しみを〈分有〉し合い，それを広げつないでいくネットワークの思想を基礎においているといってもいいだろう。そして，それが大きく発展する契機となったのが，阪神淡路大震災だったのである。

参考文献
　エンゲストローム，Y. 1999『拡張による学習』山住勝弘他訳，新曜社．

笠原一人　2005「声と文字のあいだ（インスタレーション）」（記憶・歴史・表現）フォーラム編『いつかの，だれかに　阪神大震災・記憶の〈分有〉のためのミュージアム構想／展　2005冬　神戸』。
蘇理剛志　2003「阪神・淡路大震災と慰霊——震災モニュメント以前」岩本通弥編『現代民俗誌の地平3　記憶』朝倉書店。
蘇理剛志　2005「慶ちゃんのこと（写真＋テキスト）」（記憶・歴史・表現）フォーラム編，前掲書。
樽川典子編　2007『喪失と生存の社会学』有信堂。
山崎一夫　2002「震災モニュメントのマップとウオークの活動を通して」神戸大学〈震災研究会〉編『阪神大震災研究5　大震災を語り継ぐ』神戸新聞総合出版センター。
山住勝弘・山住勝利　1999「哀悼する記憶——阪神大震災の死者の名を呼ぶために」『大阪教育大学紀要　第Ⅴ部門』48（1）。

第 9 章

阪神大震災の意味するもの
市民社会とリスク認識

初出:「市民社会とリスク認識——阪神大震災の意味するもの」日本社会学会『社会学評論』第 52 巻 4 号,2002 年。なお,一定部分の省略と若干の補正が行われた。

1 還帰しない曲線

　兵庫県南部地震は,1995 年,厳冬の 1 月 17 日未明に発生した。それから 6 年後の夏,復興なった鷹取東で幾人かの主婦に話を聞いた。彼女らは今日までの話をしながら涙する。「公団による共同建替えの話が持ち上がったので参加した。最初は,床面積の交換率は土地面積の 1.4 倍と言われていた。しかし,どんどん長引いていく。そのつど比率は下がっていき,最後は 0.8 になってしまった。思案しているとき,申請していた町内の民間借り上げ公営住宅の入居が幸い当たったので,そこに入ることにした。もとの土地を公団に売ることになったが,二束三文だった」ということである。被災地のなかで見れば,我慢の範囲内のことである。しかし,もとのところに住まいを再建しようとして数年にわたって行ってきた一つ一つの努力がそのつど裏切られ,結局実らなかった。それを一つ一つ人に訴えたいと思うが言ってみても愚痴になるだけである。ただただ悔しい涙がこぼれるのである。
　ジンメルは,人間の人間たるゆえんは目的行動をとることにあると次のようにいう。

世界に対する我々の関係はいわば曲線として，すなわち主体から客体へと向かい，客体を自己に引き入れ，そして再び主体へと還帰する曲線としてあらわれる。　　　　　　　　　　　　　　　(Simmel 1977: 199 = 1981: 289)

　しかし，災害というものは，あらゆるところで人びとのこの曲線を押し歪め，断ち切っていく。
　避難所は瓦解した生活世界のなかに島のようにおかれたシステムからの救難の場所である。そのなかで人びとは救援を受けるのであるが，そこには「形式的平等」という公共の論理が支配している。すべての人に平等に行き渡ることにいたらなければ何事も意味をもたない。そうした空間のなかで人びとの小さな営為が結び合って一つの共同的営為となることは妨げられている。人びとは還帰する曲線を描くことを止め，受動的な避難民となっていく。
　あるいは，市外，県外に避難した人は，小さな仮の住まいを被災地外に作る。その僅かなサイドステップが，被災地における避難所から仮設住宅に，さらに復興公営住宅へという救援対策のメインストリームに乗り遅れさせる。しだいにそこから疎隔され「戻りたくても戻れない」状況へと流されていく。
　災害とは，まさに人びとが世界に対する関係を「還帰しない曲線」へと変形していく自然的，社会的外力である，ということができる。そして，家屋の下敷きになり，あるいは生き埋めのまま火にまかれて亡くなった人たち，避難所や仮設住宅で命を落とした人たち，彼らの曲線は二度と還帰することがない。

2　震災被害の甚大さと顕著な偏り

　この阪神・淡路大震災の被害は，地震の規模に比して甚大であった。そして，ある偏りをもって発生した。兵庫県下の倒壊家屋は19万余棟，40万余世帯であり，焼失家屋は7456棟，9322世帯であった（塩崎 1998）。これによって5520人の命が奪われた。その66％が圧死・窒息死，12％が焼死であった（上野 1995）。住宅の倒壊こそが最も大きな被害だったのであり，神戸市における抽出調査によれば「木造個別住宅の40％が戦前に建築されたものであり，木

造長屋の65.7％が戦前の建物であった」（碓井 1999）。

　災害発生から連続する，救助，救急医療，避難という一連の応急行動がある。もし，これが不十分であれば，被害はさらに増える。死亡被害について見れば，910人の震災関連死があった。「1995年の死亡統計から推定される非公認の震災関連死は2000名余りにのぼる」という指摘もある（兵庫県震災復興研究センター 1996: 143）。

　被害が甚大であった「震災の帯」は，比較的低所得の労働者，自営業者の多く住むインナーシティであり，高齢者が多く犠牲となった。神戸市の場合，被災死亡者3658人の53％が60歳以上であった。とくに長田区では65％に達した。

　この地帯は沖積層であり，かつて田圃であったところが住宅地に変わっていったのであり，川崎重工，三菱造船やその他の企業に働く労働者の町，また住商工混合の下町であった。1970年代以降，しだいに企業が転出し，若者たちもそれに連れて，あるいは，郊外の住宅地にマイホームを築いて引っ越していった。高齢者は住み慣れた町に残ったのである。しかし，持ち家にしろ借家にしろ，住まいは狭い老朽木造住宅であった。仮設住宅でのアンケート調査によると「76％の被災者が2万5000円から3万円の範囲の家賃である」という厳しい貧困の問題が横たわっていたのである（額田 1998: 89-96）。

　この問題性をさらに鋭く捉えたのは，地元の病院長・額田勲である。「通常，この種の災害では，重傷者数が死者数を上回るのが常識なのに，今回は死者より重傷者数がずっと少ないという『逆転現象』が見られる」（額田 1999: 151-152）というのである。通常，災害における死者数対負傷者数の比の指標は0.1であり，それを超える場合，死者数は異常な水準ということになる。1994年にロサンゼルスで発生したノースリッジ地震は0.06であったという。それに比して，東灘区（死者1210人）は0.37，須磨区（313人）は0.53，長田区（723人）にいたっては1.35という異様な数字を示すのである（同書：151-152）。高齢者や低所得者がいかに，老朽住宅の密集する「危険地帯」に，島のように寄り集まって住んでいたかということである。これらの被害が古典的な貧困に由来する，階層的に偏りのある被害であったとすれば，ベックの次の言葉が妥当する。

危険（risk）は階級社会を解体させずに強化させているのである。下層階級では，生活が困窮しているだけでなく，その安全性が脅かされている。

(Beck 1992: 35 = 1998: 48-49)

しかし，もちろんリスクのリスクたるゆえんはここにはない。「貧困は階級的で，スモッグは民主的である。（中略）この意味では危険社会は決して階級社会などではな」い（同書：36 = 51）。それでは，現代的なリスクとしての「都市波及災害」はどうであったろうか。阪神高速道路の倒壊，JRの在来線や新幹線，私鉄の高架・駅舎の損壊，中高層ビルの倒壊・崩壊，備蓄タンクのLPガス漏れなど，都市の意外な脆弱性が明らかになった。しかし，発生時刻が未明であったので，交通関係の大惨事，高層ビル・地下街での被害とパニック，通勤難民の発生を回避できたということであった。これは今次震災の隠れた特徴であった。阪神大震災がもし昼間に起きていたらどうなるか，というシミュレーションは十分行われていないが，発生時間の偏りがあったということがしっかり認識されなければならない。

3 都市経営とリスク認識

阪神大震災は，自然外力（hazard）を原因とする災害である。そういう意味では，ベックが提起する「リスク社会」の範疇には入らないかもしれない。しかし，

> 自然は産業システムの内部に組み込まれた。（中略）産業システムの内部に組み込まれた第二の自然がもたらす脅威に対しては，われわれはほとんど無防備である。（中略）自然を社会の一部にすることは裏からみれば，自然破壊を社会の一部とすることである。そして，自然をして，高度に産業化された国際社会，経済，政治という体制にとっての脅威へと変貌させてしまうことである。
>
> (Beck 1992: 3 = 1998: 5)

このような視点から，阪神大震災をリスクと捉え，そのリスク認識のありようを捉えてみよう。

兵庫県や神戸市における地震の予測調査については，すでに明白な事実がある。神戸市の委託により大阪市立大学，京都大学の研究報告書『神戸と地震』が1974年に，兵庫県の委託により神戸大学の『兵庫県震災対策調査報告書』が1979年に出された。いずれも，活断層による都市直下型の大地震が遠くない時期に発生することを予測した。地震後に読んでみてということではあるが，実証に裏打ちされた真実性に驚かされる。しかし，これらは神戸市，兵庫県によってまともに受け止められなかった（市民がつくる神戸市白書委員会1996）。

1970年代，神戸市は都市開発の真っ只中にあった。人工島ポートアイランドの造成と西部のニュータウン開発が大規模に進められていた。そして，それによって1975年度には市財政を黒字に転じさせ，ポートアイランド造成による200億円という莫大な利益と1981年のポートピア博覧会の成功（剰余金94億円）に結実させていった。「都市経営」のお手本として，他都市の羨望するところとなった。しかし「地価上昇分をいかにして都市財政に還元させるか」を至上命題にするこの都市経営は，地震到来の危険を告げる報告書を軽視するという大きな過誤（リスク）を犯したのである。

水道システムが損壊し消防機能が十分に機能しなかった，避難所に食料・毛布の備蓄がなかったなど，神戸市の防災体制は欠落に近い状態であった。神戸市の都市経営が大震災後に批判の的になったのは，周知のことである。さらに，インナーシティの老朽住宅に対する施策をおろそかにして，郊外ニュータウンやアイランド建設に重点をおいてきた「山を削り海を埋める」方式も問われたのである。

こうした批判に対して，神戸市の都市経営のブレーンであった高寄昇三氏は次のように述べている。

> 「天災を人災とした」基本的要因は，悪い住宅水準にあった。このような視点からみるとき，都市開発によって西北神開発は，都市密集による被害の拡大を回避することとなった。
>
> （高寄 1996: 9-10）

> 非戦災・密集住宅街区は自治体も居住者も危険なことは知っていた。しかし，再開発となるとコミュニティの破壊，家賃の高騰，権利関係の顕在化など収拾のつかない事態に陥る恐れがある。　　　　　　　　　　　　　　　（同書：11）

　区画整理方式，住宅環境整備事業，耐震工事費補助などを採用するにしても費用や住民の対応能力の面で非常に困難であったという。ここには，市のブレーンとしてのリスク認識が確かに存在している。

　1980年代，神戸市はニュータウン造成との関連で，他都市に比して深刻化してくるインナーシティ問題に気づき，委員会を結成して取り組みを始め，89年には「インナーシティ総合整備基本計画」を策定した。これに基づいて，ハーバーランドをはじめとする，拠点プロジェクト波及方式の再開発を推進していった。神戸市は，他方で，1982年に真野地区と「まちづくり協定」を結び，公園や工場跡地を種地として「ころがし方式」で密集住宅街を改善してきた。しかし，市は，この住民全体の修復型の再開発を他の地域に積極的に広げていこうとはしなかった。時間とコストがかかりすぎると判断したのである。

　神戸市の都市経営とインナーシティ再開発のあり方を分析するためには，ハーヴェイの都市−資本論を参照するのが有効である。商品の産業的生産の過程（第一次循環）から溢れ出た資本は，都市の建造環境の生産に向けて流れ込み，資本の第二次循環を形成する。道路，鉄道，湾岸，住宅など生産あるいは消費のための公共財の建設である。民間資本＝ディベロッパーがこれを行うが，金融機関や国家がこれを媒介するのである。さらに，資本の流通総体を完成させるために資本の第三次循環が形成されなければならない。第三次循環では，国家が租税を使って，科学技術，教育，健康，福祉，警察などの諸機構を整備していくのである（Harvey 1985: 3-11 = 1991: 18-26）。

　神戸市は，まさに，この第二次と第三次の資本循環を，公共資本＝ディベロッパーとして自らのなかに取り込んでいったのである。第二次循環では，土地の買収，山の切り崩し，海の埋め立て，インフラの整備を行い，住宅地，港湾施設，工場用地として販売していった。そして，地方自治法の第2条13項の「最小の経費で最大の行政の効果を」をスローガンに，この利益を第三次循環の教育，文化，福祉の整備へ還元していこうというのである。「土地経営」

としての都市経営は，原口忠次郎市長20年（1961〜80年），宮崎辰雄市長10年（1980〜89年），笹山幸俊市長12年（1989〜2001年）の長きにわたって続いてきたのである。まさに「山を削り海を埋める」都市経営によって，真新しい土地商品が続々と生産され，右肩上がりの成長経済のなかで販売されていった。宮崎市長の退任時には，6000億円に及ぶ基金が残されたといわれ，また，売却され開発された土地から納付される市税は，市税決算額の15％に及ぶという（『週刊ダイヤモンド』特別取材班 2001: 86；大森 2001: 131）。

　ここには，産業資本とは生産形態が異なるとはいえ，資本の同じ循環論理に規定されて行動する地方公共団体の姿が認められる。このような論理からすれば，インナーシティの再開発も，広大な跡地・用地を購入し，中高層ビル群からなる都心を形成し，その波及効果で周辺を活性化していこうとする「ハーバーランド」方式こそが，正当な道であったのである。それに対して，「真野」方式は，その地に根差した内発的な再開発であり，都市資本の循環論理の外に展開されていくものになった。

　しかしながら，ここで特筆しておくべきは，この真野地区が「震災の帯」の地域に属しながら被害が小さかったという事実である。小学校区（40ha，人口5500人）で「全壊家屋が約3割，半壊が3〜4割，倒壊建物の下敷きになった者が多く，死者19人という犠牲が出ている」（今野 1999: 204）。一方，鷹取東（8ha，人口900人）において90人の死者が出ているのと比べれば，その少なさが分かる。長年にわたる住宅の更新が効果を発揮し，火災も住民と地元企業の消防隊で消し止めるというコミュニティ力を発揮したからであり，避難所運営においても，真野小学校区全体の協力システムを作り被害の増大を防いだのである。

　前記の高寄氏の主張は，神戸市の3658人の死者数に対して，「市のニュータウン開発の結果この程度で済んだのだ」という認識であり，これら多数の死者がなぜ生まれたかについては不問に付している。そして，真野地区の長年のまちづくりがリスクに強いコミュニティを作り，被害を最小限に食い止めたことについての認識もない。氏のリスク認識は，それゆえ，都市経営のリスクの次元のものであり，災害リスクに対する独自の認識は欠落させていたということである。そういう意味で，神戸市都市経営における「資本の論理」を明瞭に代

弁したものとなっている。

　一方，多くの市民も「関西に地震は来ない」と思っていた。1995年の神戸市消防局の市民調査では94％の市民が「神戸に地震が来るとは思っていなかった」のである（震災復興総括検証研究会 2000: 18）。いったい「関西に地震は来ない」という「神話」はどのように形成されたのだろうか。いくつかの要因が考えられる。国が「大規模地震対策特別措置法」を1974年に策定し東海地震の到来のみを強調したこと，地震予知に過大な期待が寄せられその他の対策が軽視されたこと，世の中全体が「現在志向」「快適志向」になり長期的な視野で災害に備えるということが嫌われたこと，など。

　今次の被災者は「地震が来たらひとたまりもない」ということは意識のどこかで半ば知っていたであろう。だからといって，家屋の補強修復をしようという行動にはつながらなかった。これは，震災後に立法化された「密集市街地における防災街区の整備の促進に関する法律」の普及が，各大都市において遅々として進まないことの問題でもある。すなわち，震災による家屋倒壊のリスクはそれなりに認識しながら，「老後の生活費がなくなるから改築費は出せない」「地震で死ぬならしょうがない」という状況におかれているからであろう。ベックがいうように，「『危険 hazards』に曝されても，必ずしも危険の意識が成立するとは限らない。その反対に，不安にかられて危険を否定することになるかもしれない」のである（Beck 1992: 75 = 1998: 119）。インナーシティの老朽木造住宅群は，「リスク社会」としての大都市の死重だったのである。

4　リスク再生産的な震災復興と都市の危機

　瓦解した生活世界とシステムを復旧し再結合して社会を復興する作業は，震災直後から始まった。今回の震災復興の特徴は，震災前の都市開発計画を「震災復興」という錦の御旗のもとに一気に進めようとするものであった。それは，大きな批判を浴びたが，その焦点になったものが，一つは，甚大な被害を受けたインナーシティ地域にある新長田と六甲の2拠点に副都心形成を行う都市計画事業であり，二つは神戸空港の建設であった。

第9章　阪神大震災の意味するもの

　まず，震災復興都市計画事業を見てみよう。兵庫県と神戸市は，震災後1か月で復興都市計画事業を提示し，2か月後の3月17日に「都市計画決定」を行った。今回の地震に対して国会が立法した「被災市街地復興特別措置法」は，事業決定までの建築制限を2年としているが，県と市はこれを適用せずに2か月で計画決定したのである。

　「事業が完成して安心して住めるようになるまで，5年，いや10年はかかる」という住民の不安は的中した。7年目の現在（2001年＝本稿執筆時），完成しているのは市街地再開発事業のほんの一部，区画整理事業18地区のうち3地区のみである。新長田地区の広大な地域に30棟の高層ビル（3地区，延べ床面積60万㎡）を建てるという市街地再開発事業は，1地区を除いて破綻に近い状況である。

　また，区画整理事業では，鷹取東地区での経験をふまえて筆者が本書の第7章において示しているように，その問題は次の点にあった。①被災者を励ますような提案ではなく，行政に怒りと不信感を抱くような事業内容であったこと，②道路と公園ばかりを整備する事業で，住宅再建と町並み改善の事業が結合していないこと，③土地所有権の違い，一戸建再建か共同再建かの違いなど，要求の多様なあり方を，調整する方向ではなく対立させる方向で事業が進められ，「復興まちづくり」ではなく「まち壊し」になったこと，である。その結果，事業の進捗も非常に遅れているのである（岩崎1999）。

　このような，震災関連事業費の66％を投入してなされた再開発と区画整理事業（大森2001）による復興事業は，被災住民の「住んでいた町に戻りたい」という願いを無視するものとなった。この矛盾は，仮設住宅における「孤独死」すなわち独居者の単独死に集中的に表現された。上野易弘（1999）の分析によれば，震災後4年半のあいだに発生した仮設住宅における孤独死は，死者数253人，性別は男性179人，女性74人，病死212人，自殺31人，事故死10人である。とくに男性では，65歳未満の人が65％を占めており，女性が30％であるのと大きな違いを見せている。

　仮設住宅における死は，その居住環境の悪さによるものではなく，働き盛りの男性の死亡が多いことから分かるように「先行き生きる希望を失っての死」という要素を強くもっている。「アルコール性疾患」と推定される肝疾患によ

る死者50人のうち47人が男性64歳未満に生じていることも，その裏づけとなる（上野 1999）。「孤独死」は，ディアスポラ状態で生きる見通しをもてない「孤独な生」の問題なのである。ある被災者が，新聞記事を拾い集めて集計した震災関連死は，1996年1月から2000年11月までに1200人に達し（公式数字910人），そのうち自殺者は103人（震災関連死の約9％）に上るという（牧 2001）。このことも震災復興の過程の厳しさを示している。

　次に，神戸空港の建設問題である。震災後，市民に対して直接語ることのなかった神戸市長が地震後9日目の記者会見で初めて口を開いて語った言葉が「神戸空港は建設します」であった。神戸市は，1996年11月，運輸大臣への設置許可申請にこぎつけた。そして，その4か月後に早々と設置許可が下りた。震災以来の政府への働きかけの強さをうかがわせる早さである。工事は着々と進められ，現在（2001年秋＝本稿執筆時），周囲7kmの空港島の輪郭が浮かび上がろうとしている。

　しかし，この空港建設には多くの問題が指摘されている。航空安全会議は，民間航空の安全を確保するためにパイロットや整備士などが組織した団体であるが，すでに震災の後，1995年12月に神戸市長に意見書を出している。そこで指摘されている最も大きな問題は，経路や管制の安全性の問題である。狭い大阪湾上の空域に，関西空港，伊丹空港の経路が錯綜している。そのために，神戸空港からの離陸は低空（300m）での水平飛行が求められる。北は六甲山地，西には明石大橋（283m），海上には大型船舶が航行している。きわめて危険な飛行となる。加えて，冬期は「六甲おろし」が吹き付け，強い横風を受けながらの離発着になる。

　神戸市は，なぜ，無謀な副都心形成を行うのであろうか。なぜ，建造的欠陥をもつ空港の建設に固執するのであろうか。

　すでに神戸市の市財政は1989年度から毎年実質赤字決算であり，地震前に危機的状態を迎えていた。「総事業費5200億円をかけたポートアイランド第二期（1997年度完成）の土地売却可能面積194万㎡が，1996年度から外国債（総額2000億円）の償還が始まるにもかかわらず未売却地が多数残っている」という事態である（池田 1997: 191）。まさに建造環境の過剰生産である。ここに地震が来たのである。「幸か不幸か」という思わず出た助役の言葉が語っている

ように，震災復興と防災を口実に「エンタープライズ・ゾーン（経済特区）」と「神戸空港」のセットで国の認可を獲得するというのが戦略であった。ポートアイランド第二期をどう売却するかが生命線だったからである。

「エンタープライズ・ゾーン（経済特区）」はさすがに認可にいたらなかったが，その後1997年に神戸空港が認可されたのである。そして，それをてこに必死の事業所誘致が行われてきたが，「処分できたのは約3割の約87ha。2000年度以降は全く買い手がない」（毎日新聞2001年10月19日夕刊）状態である。

震災前の1993年度は，基金から223億円を一般会計赤字へ補填し，94年度の起債制限比率（一般財源から借金にあてられる額の比率）は17％に上っていた。現在（2001年＝本稿執筆時），毎年600億円の財源不足があり，宮崎市長の引退時（1989年）に6000億円あったといわれる基金は，97年度には1822億円となり，土地で保有していたりして取り崩すことができないものが多く，今や底をついてきており，2003年度にも財政再建団体に転落しかねない。起債制限比率は，2000年度に23.4％になり，全国670市・23特別区のなかで最悪である（『週刊ダイヤモンド』特別取材班 2001；大森 2001）。ここに，資本の第二次，第三次循環にとらわれてしまった都市が，どうしようもなく構造的危機に陥っている姿があるのである。

5 「市民社会 bürgerliche Gesellschaft」の展開

これまで，神戸を対象に震災と都市経営の交差状況を解明してきたのであるが，ここで「市民社会」の概念を考察することによってテーマを深めてみたい。

「市民社会」は多義的な概念の一つであるが，今日あらためて議論が行われている。1990年代の，東西統一後のドイツにおける論争を考察している中村健吾によれば，従来の bürgerliche Gesellschaft に対して，Zivilgesellschaft の固有の意義を問おうというものである。論争に深入りすることはできないので，中村による定式化を引用してみよう。

敢えて，この語を用いている理論家たちによる定義の共通項を抽出して定式化

するならば，Zivilgesellschaft とは，国家官僚機構と市場経済からは相対的に独立した（あるいは独立性を保持するべき），公論ないし知的・倫理的ヘゲモニーによって国家政策や経済システムに影響力を行使していく自発的な結社や集団から成る，政治的意思形成ないしヘゲモニー獲得の領域のことである。

(中村 1996: 14)

　筆者もこの定式化を共有しながら，市民社会をめぐる布置連関を考えていきたい。そもそも，市民社会はその bürgerliche Gesellschaft という原語からして「都市民の社会」すなわち「都市」を意味しており，ギリシャの都市国家 (polis) に始まり，中世ヨーロッパの自治都市に連なっている。マルクスらが『ドイツ・イデオロギー』で言っているように，「この市民社会があらゆる歴史の真のかまどであり舞台である」(Marx 1958: 36 = 1971: 56-57) というとき，それはまさにこのような「都市」のことを言っているのである。

　近代は，「都市民の社会」が，近代の市民革命を経ながら，都市民の自由と平等を実現させるためにその「都市」の枠を超えて国民国家としての「政治的国家」を外化させたのである。そして「都市」はより経済的に純化した「市民社会 bürgerliche Gesellschaft」に変容するのであるが，それはアダム・スミスの「商業社会 commercial society」がその初発の姿を伝えている。しかし，商業社会としての市民社会の発展は，必然的に「資本主義市場経済」の成長をもたらし，市民の暮らしの経済 (livelihood) を資本主義経済 (economy) として，自立し外化させるにいたるのである。こうして「都市民の社会 bürgerliche Gesellschaft」は「ブルジョワ社会」へと，すなわち資本主義的生産関係を土台とした国民国家である「資本主義的経済社会構成体」（マルクス）へと転変するのであるが，おのれの本来のあり方を「市民社会 civil society」において純化させながら保持するのである。

　「市民社会 civil society」において，人びとは公民としてではなく，人間として向き合う。理念的には自由で人格平等の同市民でありながら，あるものは資本家として贅沢と自由のなかに身をおき，あるものは賃金労働者として，あるいは女性として，あるいは民族的マイノリティとして，窮乏と抑圧を経験する生身の人間として向き合うのである。

ところで，19世紀末から20世紀にかけて，資本主義経済（「土台」）は国家（「上部構造」）と手に手をとって，「帝国主義」「ケインズ主義」「福祉国家」を構成していくのである。近代日本において，国家と資本主義経済の結合は生成の当初より緊密なものであり，戦前には「富国強兵」の，戦後は「日本株式会社」の国家＝資本主義を形成してきた。「欧米先進国に追いつけ，追い越せ」という国民的課題は，1980年にGNPが世界一になることによって達成された。そしてそれ以降，バブル経済の昂進とその崩壊を通じて，官庁の無能と腐敗，金融界の堕落，産業の停滞のなかで日本＝「ブルジョワ社会」における国家と資本主義経済の幸福な結合は危機に瀕していった。

神戸の都市経営も「日本株式会社」の繁栄と歩調をともにしながら今日まで展開してきた。そして，そのことによって日本＝「ブルジョワ社会」と危機の運命をともにしようとしている。しかし，日本社会と都市神戸を同列視することはできない。都市を国家社会のなかに解消することはできないからである。ここでは，都市神戸を一つの「都市民の社会」として捉えようと思う。すでに前述の論理展開では「都市民の社会 bürgerliche Gesellschaft」は「ブルジョワ社会」に転変し，「国家」「資本主義経済」と「市民社会 civil society」に分離したのであるが，歴史的実在としての「都市民の社会」は命脈を絶ったわけではない。東京，大阪，神戸という大都市をはじめ，あまたの都市は強い自立への志向を抱きながら国家社会のなかに棲息しているのである。

神戸が都市として近代を生き延びてきた過程には，国家港湾都市としての規定，大阪との都市間競争，海と山に挟まれた狭隘な市域の町村合併による拡大，海浜部の埋め立て，そして，戦災復興，産業構造の転換，そしてディベロッパー型都市開発があった。

震災後，幾人かの人が考察しているように，神戸市の都市経営の淵源が，戦後すぐの神戸市長となった原口忠次郎とその満州における土地経営の経験にあったことも明らかになった。満州で行われていたのは「都市計画用地の一括買収」とその地価上昇分による開発費の捻出，すなわち「土地経営に基づく都市経営」であった（外岡 1997: 第5章）。

そして，それは「神戸型コーポラティズム」としても完成されていった。神戸市は，商工会議所をはじめとする経済団体，婦人団体協議会，地域婦人会，

消費者団体，労働団体，学者グループなどを巻き込み，議会をオール与党化して「神戸型コーポラティズム」を完成させたのである（池田 1997: 第 8 章）。

このように都市は「履歴」をもち，個性をもっている。神戸市の都市経営が拍手喝采を浴びたのは，たんに多額の収益を上げたということではなかった。中央政府からの派遣人事を受けずに，生え抜きの人事で「三割自治」の限界を乗り越えていった点が羨望の的になったのである。

6 「市民社会 civil society」の再生

「危険社会においては，破局的事件のもつ政治の潜在的可能性が少しずつ，そして一挙に出現する」（Beck 1992: 24 = 1998: 30）。阪神大震災は，確かに自然外力（hazard）による災害であったが，それを震源として社会の構造的問題性が一挙に露頭を現わす破局的事件であった。「ブルジョワ社会」としての日本社会の構造的危機，「都市民の社会」＝「都市」としての神戸の経営破綻が明らかになるなかで，civil society としての「市民社会」はどのように位置づけられるのであろうか。

震災の起こった 1995 年は，若者を中心に多くの救援ボランティアが参集し，「ボランティア元年」と呼ばれるようになった。そして「ボランティア 7 年」を迎える現在（2001 年＝本稿執筆時），多くのボランティア，NGO，NPO の活動が発展している。それら 30 の団体が「震災復興市民検証研究会」を結成し『市民社会をつくる震後 KOBE 発アクションプラン』を上梓している。そこでは「市民社会」は次のように規定されている。

> アクションプランの目標を新しい市民社会づくりと定めた。震災経験から被災者と支援者が学んできたように，緊急時はもちろん日常生活でも，市民が互いに支えあい，助けあっていのちとくらしを守ってきた体験が，私たちに「正気」を取り戻させた。私たちが知らず知らずのうちにだれかに依存したり，行政任せにしていたくらしの基盤は，肝心なときには有効に働かなかったり虚構だったりした。その苦い記憶を基盤に，うらみがましく対抗案を作るのではなく，

命がけで発見したことの本質を掘り下げて「自分のことは自分で責任を持つ」方向へ転換しなければなるまい。　　　　　（震災復興市民検証研究会 2001: 249）

　「新しい市民社会」の規定としてすばらしい表現である。そして，これを実践している事例に触れようと思うが，その前に，この規定が暗に含んでいる，震災前の神戸の「市民社会」のありように言及しておかなければならない。神戸市では婦人団協議会や消費者団体などコーポラティズムを形成している団体は活発であったが，草の根の町内会・自治会は活動力が弱く，他方で市民活動は陰に陽に抑圧されていた。「満州」型の，また「資本循環」型の都市経営がそれをもたらしたのではないかといわれているが，神戸市政に対するチェック勢力が弱かったことは明らかである（岩崎 2001: 255-256）。
　しかし，地震発生後，市民の市政に対する意思表示は，一部で急速に高まっていった。まず，3月17日の都市計画事業決定に対する反対運動であった。
　神戸市森南地区（16.7ha）は，都市計画の提示直後の2月24日に「森南町・本山中町まちづくり協議会」を結成し，反対運動を展開した。住民の過半数の2080名の署名を添えた陳情書を提出するなど，被災地域のなかで最も大きな反対運動となった。その結果，審議会では「住民と積極的に協議する」という付帯条件がつけられ，協議会に対する市長の約束書も勝ち取られた。この地区は，住民によって地区協定が結ばれ，町内会も結成しないという，いわゆる「市民型」の地域であった。その後，勉強会，住民意識調査などを重ねていき，12月には市から17mの都市計画道路の修正案を勝ち取った。被災地で初の見直しであった。年が明けて1996年の5月には，市から「減歩最大2.5％」という画期的な修正案が出されたのである（他地区9％）。
　長田区鷹取東地区（8.5ha）は，商店街を中心に住商工の混在する下町であり，地震でほとんどの家屋が倒壊，焼失した。3月の都市計画決定の前から有志の呼びかけで勉強会が始められ，決定後は市の担当課長の出席を求めて，事業がいかに不当なものか，厳しい追及が行われた。7月に「鷹取東復興まちづくり協議会」の設立総会が約300名の参加のもとに開かれた。その後，事業に対しては行政に付帯条件を取り付けて8町一緒にスタートするという，基本方針が確認された。9月に市と確認書を締結して縦覧に入っていった。しかし，

12月から翌年の1996年1月にかけて，公道に面した土地と私道に面した土地の減歩率が上限9％のなかでどのように比例評価されるのか，を焦点に厳しい交渉が続けられた。市は2月上旬，土地審議会委員選挙公告の取り消しを断行し，「事業凍結」の状態に入った。3月中旬に再度の交渉が行われ，減歩に比例評価方式を適用するなどについて都市計画局首脳部の約束がなされた。7月に審議会が成立し，協議会の合意のもとに，被災地で最も早く仮換地が始められた（岩崎1997，本書第7章参照）。

　森南，鷹取東の住民の活動には，いくつかの特徴がある。一つは，議会を通じない直接の対市活動であることである。区画整理の事業主体である市に対する直接民主主義のエネルギーの発露が，芦屋市など阪神間の諸都市の事業地区にも見られた。二つは，住民間の対立は非常に大きなものがあったが，それが復興まちづくりのエネルギーを調達したということである。森南は，まちづくりの市民的な運動論を開拓し，厳しい意見の交錯のなかで道路や減歩率で大きな成果を勝ち取った。鷹取東では，減歩問題を中心におく一戸建て住民と共同建替えを中心におく借家人住民の対立を軸に，町内同士のライバル意識が重なり，競争のエネルギーが生み出され，2001年7月，被災地で最初の事業完成式典を迎えた。

　ここでクラークの言葉が思い出される。「国家と市民社会の区分というのは虚構であり，市民社会は実際に政治的な場所である」。人間は「政治的動物 zoon politikon」であり，代表制ではなく直接制の，手続き（実定）主義ではなくアゴン主義の政治をほんらいの人間的行為としているのである。アゴンとはギリシャ喜劇の一手法であり，登場人物がさまざまな論戦を重ねながらストーリーが進行するのである（Clarke 1996: 23, 113）。

　筆者は，鷹取東における復興過程にアドバイザーの役割を与えられながら参与観察を行ってきたが，協議会の場での対立する住民間のやりとりは，相手を持ち上げたうえで批判したり，なだめたり，すごんでみせたり，多様な言説パフォーマンスで彩られていた。市の幹部，担当者に対しても同じであり，対抗しながら擦り寄り，擦り寄りながら実を取るというものでもあった。当時その調整にあたることは苦労の多いものであったが，今から思えば興味深いドラマでもあった。

大震災とその復興の過程は，まさにベックのいう「サブ政治」の舞台となったということができるかもしれない。二つの事例はこのような新たな可能性を示すものであったが，しかしながら，被災地の市民社会はこれを伸びやかに発展させる余裕をもっていなかった。森南の協議会は町内ごとに分裂し，鷹取東は事業完成後，対立のしこりと役員の疲労によってやはり各町内単位の活動に縮小していった。

被災地の市民活動にもう一つの展開をもたらしたのは，「神戸空港・住民投票の会」の運動であった。1998年の秋，多くのグループと市民のネットワーク型の活動によって展開された住民投票条例制定の直接請求は，97年度の市長選で笹山市長が獲得した27万票を超える31万票を達成した。市議会によって12対50という大差で否決されたが，市長，議会と市民のあいだの乖離を明確に示すものとなった。

このような市民活動の展開に対して，ボランティア団体のその後の展開はトーンを異にしている。ここでは，コミュニティ・サポートセンター神戸（CS神戸）の活動を見てみよう。CS神戸は，震災後，被災生活を営む高齢者の支援活動をしていた「東灘助け合いネット」から1996年10月に独立してできた組織である。2000年4月には兵庫県内で初のNPO法人として認証を受けた。

CS神戸の特徴は，行っている事業が多様であることである。主なものをまとめてみると，一つは，高齢者に対する「生きがい対応型ミニデイサービス」の活動拠点の形成・連携・支援である。介護保険の2000年からの導入によって，「自立」と判定された高齢者がどのように助け合って生きていくかをテーマに，生活圏でデイサービスをする団体を立ち上げ，連携させようという活動である。現在（2001年＝本稿執筆時）18団体を組織化し，共同のオリジナルイベント（温泉デイケアなど）も行っている。この活動が影響を与え，神戸市が委託事業として利用者一人当たり2700円の補助を出すようになり，また，2003年度計画で172小学校区の全部にサービスを展開するようになったことは意義深い。二つは，地域における雇用の創出である。被災者就労事業，「生きがいしごとサポートセンター」（求職，求人のマッチング），障害者作業所の製品販売所（「ふれあい工房」）の運営，NPO起業研修生の育成などがあげられる。三つは，地域社会に新しい力を生み出す活動である。「地域くるくるプロ

ジェクト」は，自律循環型の地域社会をつくろうという活動である。最初の試みは，東灘区において，太陽光発電を普及させ，その電力で電気自動車を走らせて交通事情の悪い地域を結ぼうというものであり，すでに第1号車がテストランを始めた（「くるくるエコカー」）。また，地域通貨「らく」「かもん」の発行による地域福祉活動を進め，さらに，地元商店街とタイアップして「ハローワークセンター」「デイサービス」を立ち上げ，商店街の活性化を図っている。また，地元中学校の「トライやるウィーク」の受け入れを行い，学校と地域の交流を進めている。

これらの活動のそれぞれは，現在（2001年＝本稿執筆時），全国で展開し始めている。その事例も多く紹介されている。しかし，CS神戸の活動がおもしろいのは，多様な活動を，直轄事業と支援事業を組み合わせながら，縦横に連結させていっていること，自治会，商店街，校区，活動団体など地域にずっと存在してきた主体と相互支援的な関係を作っていっていること，実績作りをしながら広域的な展開を図り，行政に積極的に働きかけている点である。まるで「地下茎（リゾーム）」のように市民社会の苗床のなかに活動の網の目を広げているのである。

このように見てくると，「市民社会」が，先に引用した中村の定式化の内容に重なっていることが分かるのであるが，ここではさらに一つの規定を付け加えておきたい。「市民社会 civil society」は「都市民社会 bürgerliche Gesellschaft」ならびに「ブルジョワ社会」の自己意識態であり自己生成態である，と。すなわち，ベックらがいうような「再帰的／自己内省的 reflexive」な主体をそこに見出そうというのである。「還帰する曲線」の社会的主体をそこに見ようというのである。おのれが外化させた国家と資本主義経済と対峙しながら，さらにおのれの「リスク社会」と対抗することが，21世紀初盤の日本における「市民社会」の主要なイッシューとなってくることであろう。阪神大震災の被災地の市民活動はまさにその先端を切り開いているのである。

阪神大震災は，大地の底からの鳴動によって，システムとしての「行政」と「資本主義経済」を損壊させ，それぞれの危機状態を白日のもとに曝したのである。そして，「市民社会 civil society」はまさに甲羅のない蟹のように生活

世界のなかに存在したのである。「市民社会」は自らの裸の姿を自覚せざるをえない。行政に頼っていても安全は守れない，資本主義市場経済も空しいものである，という思いは痛切なものであった。生活世界が「市民社会」として自立できる道はないのか。それが，多くの被災地ボランティア団体，NGO，NPO の担い手たちの問題関心となった。

そして，資本の第二次，第三次循環の下方スパイラルに巻き込まれた神戸の都市経営が，逃れ難い経済的リスク（損失）を生み出して市の財政的存立を危機に曝しているのを見た。また，海を埋め立てる神戸空港建設によって大きな科学技術的リスクを生もうとしている。

阪神大震災は，かくして都市のリスクのありようをドラスティックに表わした。日本における地震活動期の端緒が，日本の都市経営の典型を示す都市神戸において現われたというのは，偶然を越えたものがある。地球的自然のサイクルと日本社会の歴史的展開の交差は必然といってよい。そして，30 年以内に東海地震，東南海地震，南海地震が発生する確率は50％であると予測されている（2001年時点）。太平洋岸メガロポリスは強力な地震動を受け，阪神大震災が経験した何倍もの被害をもたらすことであろう。日本の「リスク社会」が問われるとすれば，その所在の一つはここにある。

参考文献

池田清　1997『神戸都市財政の研究』学文社。
岩崎信彦　1997「区画整理事業 16 地区における住民の苦闘と前進」「長田区鷹取東地区における区画整理事業の歩み」神戸大学〈震災研究会〉編『阪神大震災研究 3 神戸の復興を求めて』神戸新聞総合出版センター。
──　1998「『国家都市』神戸の悲劇と『市民社会』の苦闘」『シティズンシップと再生する地域社会』（地域社会学会年報 10）。
──　1999「復興『まち壊し』土地区画整理事業は今回で終わりに」神戸大学〈震災研究会〉編『阪神大震災研究 4 大震災 5 年の歳月』神戸新聞総合出版センター。
──　2001「阪神大震災は天災だったのか，人災だったのか」神戸大学〈震災研究会〉編『阪神大震災研究 5 大震災を語り継ぐ』神戸新聞総合出版センター。
上野易弘　1995「地震と人身被害」神戸大学〈震災研究会〉編『阪神大震災研究 1 大震災 100 日の軌跡』神戸新聞総合出版センター。

―― 1999「震災死と『孤独死』の総括的研究」神戸大学〈震災研究会〉編『阪神大震災研究 4 大震災 5 年の歳月』神戸新聞総合出版センター。
碓井照子　1999「震災直後における死者の分布と地域特性」岩崎信彦他編『阪神・淡路大震災の社会学 1 被災と救援の社会学』昭和堂。
大森光則　2001『神戸市都市経営はまちがっていたのか』神戸新聞総合出版センター。
今野裕昭　1999「震災対応とコミュニティの変容」岩崎信彦他編『阪神・淡路大震災の社会学 1 被災と救援の社会学』昭和堂。
市民がつくる神戸市白書委員会　1996『復刻「神戸と地震」「兵庫県下震災対策調査報告書」』。
震災復興市民検証研究会　2001『市民社会をつくる震後 KOBE 発アクションプラン』市民社会推進機構。
震災復興総括検証研究会　2000『神戸市震災復興総括・検証　安全都市分野　報告書』。
塩崎賢明　1998「阪神大震災から来るべき大震災へ」『科学』編集部『大震災以後』岩波書店。
外岡秀俊　1997『地震と社会　上』みすず書房。
『週刊ダイヤモンド』特別取材班　2001『神戸・都市経営の崩壊』ダイヤモンド社。
高寄昇三　1996「復興事業と基本戦略」神戸都市問題研究所編『震災復興の理論と実践』勁草書房。
中村健吾　1996「現代ドイツの『市民社会』論争」『経済学雑誌』97 (1)。
額田勲　1998「神戸仮設療所の 850 日」『世界』2 月号。
―― 1999『孤独死』岩波書店。
兵庫県震災復興研究センター編　1996『大震災と人間復興』青木書店。
牧秀一　2001『被災地・神戸に生きる人びと』岩波ブックレット。
Beck, U. 1992 *Risk Society*. Translated by M. Ritter, London: Sage Publications（東廉他訳　1998『危険社会』法政大学出版局）
Clarke, P. B. 1996 *Deep Citizenship*. London: Pluto Press.
Harvey, D. 1985 *The Urbanization of Capital*. Baltimore: The Johns Hopkins University Press（水岡不二雄訳　1991『都市の資本論』青木書店）
Marx, K. 1958（1845-1846）*Deutche Ideologie, Marx Engels Werke Band 3*, Dietz Verlag（久留間鮫造編　1971『マルクス経済学レキシコン 4』大月書店）
Simmel, G. 1977（1900）*Philosophie des Geldes*. 7 Aufl., Dunker & Humblot（居安正訳　1981『貨幣の哲学（分析篇）』白水社）

【コラム】その後の被災地

　震災後10年を迎えた2005年，市民検証研究会から『阪神・淡路大震災10年』が出された。そこでは，5年検証を継承しながらも，日本全体の景気停滞，神戸市財政の震災前からの悪化などを考察し，被災地を「被災地特別論」から脱却して捉え返そうという提起が行われている。「分権社会を求めて」「効率優先から共生と納得優先の社会システムへ」というように「もう一つの」社会のあり方を明示しようとしている。また，「自治体独自のNPO支援税制」の提起など行政との真の協働を「補完性の原理」を踏まえて推進しようともしている。

　震災と向き合う10年余のあいだに，神戸大学震災研究会から『阪神大震災研究』第1〜5集を1995年から2001年にかけて，また1999年には地域社会学会をベースに『阪神・淡路大震災の社会学』第1〜3巻を，そして，2008年に『災害と共に生きる文化と教育――〈大震災〉からの伝言』をいずれも編集，刊行した。

　また震災10年を迎えようとしていたとき，読売新聞社からアンケート調査の依頼があった。そこで一つの発見があった。それは「家族が震災で重傷を負った」人たちは「震災直後より現在の方がつらい」という他に類例を見ない回答を見出したことだった。そのことをシンポジウムで報告すると，一人の婦人から「あらゆるシンポジウムに出てきたが，初めてこの問題を取り上げてくれた」と発言があった。後日，私の研究室でお会いしたが，中学生の娘がピアノの下敷きになり，その何年か後，ようやく病名が「高次脳機能障害」と分かったのである。行政からの置き去り，世間からは「命があっただけよかったではないか」などといわれる悔しさについて10年間の思いを4時間にわたって語ってくれた。

　2006年震災11年に向けて記者会見し，震災で重傷を負った人たちに集まることを呼びかけた。数人の方が集まり，その後「よろず相談室」がその集まりを受け止め支えていった。神戸市・兵庫県への働きかけは進み，2010年「県内に震災障害者は少なくとも349人いる」との調査結果が，神戸市長との会談で明らかにされた。「震災障害者」というテーマは，次の大災害に向けて今なお重

要な課題となっている。

阪神大震災をきっかけに立ち上がった市民団体の最近（2024年）の活動を見てみよう。

CS神戸は「地域共生拠点・あすパーク」を設立し，「生き活・大人の部活」などの活動を広げている。被災地NGO協働センターは「最後の一人まで」を合言葉に「足湯ボランティア」，被災者仕事づくり「まけないぞう」などを各地の地震，水害に即応して行ってきた。その姉妹団体のCODE海外災害援助市民センターも「困った時はお互い様」を合言葉に「現地の内発性を尊重」した活動を展開している。たとえば2007年の能登地震の支援では「お熊甲祭り」の復興に協力し，その縁も生かしながら2024年1月の能登半島地震の支援活動に取り組んでいる。

東日本大震災の支援にはこれら2団体は大きな力を発揮したが，まちコミュニケーションも石巻市雄勝町において転出者と地域に残った人をつなぐ支援など，地域コミュニティ再建の支援を持続的に行っている。また2004年の台風による出石川決壊被害地域に市民農園をつくり地域活性化と都市＝農村交流に尽力している。現在，能登半島の支援にも注力している。

神戸定住外国人支援センター（KFC）は，地域に暮らす多様な文化背景を持つ人々が「ともに生きる」社会に向けて活動している。多文化子ども共育センター，定住外国人子ども奨学金，多様な交流イベント，デイサービスセンター・ハナの会などを運営し，ウクライナ避難民支援の活動も行っている。

たかとりコミュニティセンターは，多文化・多言語コミュニティ放送局（FMわいわい），28言語対応の翻訳・通訳コーディネート（FACIL），アジア女性自立プロジェクトなど10の団体活動を行っている。

参考文献
 震災10年市民検証研究会編　2005『阪神・淡路大震災10年——市民社会への発信』文理閣．

第Ⅱ部

社会の混迷のなかで繰り広げられる
イデアの交流

解　題

　阪神大震災の復興支援と震災研究の成果のまとめを2008年頃まで続けながら，2000年という年をはさんで理論社会学の授業を滞りなく行わなければならなかった。講義ではやはり，デュルケームとジンメルが不可欠であった。

　デュルケームは，『自殺論』が社会学らしい社会学として屈指のものであった。当時の日本では自殺が多様な形で生じ報じられていた。それを何とか『自殺論』に即して分析できないかと思い，学生諸君の助けを借りながら書き上げたものが「現代日本における自殺の諸相」（本書第11章）であった。

　一方，ジンメルの基本概念は「心的相互作用の形式」である。彼の『社会学』には支配，闘争，競争，模倣など多様な形式が捉えられている。私は，しかしながら，マルクスの『資本論』にコミットしていたために『貨幣の哲学』に強い関心をもち，それを題材にした。貨幣は米や牛など，そして金銀という実体貨幣を経て，社会の「信頼」を基盤とする象徴貨幣にいたる。そして，それは「貨幣はこの世において世俗の神である（ハンス・ザックス）」（Simmel 1989: 307 = 1999: 245）まで上りつめる。その展開の機微をジンメルに即して捉えたものが「堕落する『世俗の神』＝貨幣」（本書第12章）である。

　私は以前より深層意識に関心があり，神戸大学に来た1983年からしばらくの間ユングのいくつかの論文，ノイマン『意識の起源史』，河合隼雄『昔話と日本人の心』，内沼幸雄『羞恥の構造』などの著作に親しんでいた。第10章「『日本的なもの』への視角」は「両面的心性」「羞恥の構造」をキーワードとして日本的な精神性を考察したものである。時あたかも「ジャパン・アズ・ナンバーワン」で国民がときめいていた時代であった。

第10章　「日本的なもの」への視角

　日本経済は，1973年のオイルショックにより高度成長が終りを告げ，鉄鋼など重厚長大の産業から「軽小短薄」の電機，自動車などへの転換に成功し，「安

定成長」を続けた。1979年にはエズラ・ボーゲル著の『ジャパン・アズ・ナンバーワン』が発刊されブームとなった。明治以来,「欧米に追いつき追い越せ」を国民的スローガンとしてきた日本はようやくその目標を達成したのである。同じ年に村上泰亮他著の『文明としてのイエ社会』が出され,今度は日本人が自身の社会の素晴らしさ,固有の特質,長所を考察するようになった。この「『日本的なもの』への視角」もそういう時代の思潮に棹さした,1986年執筆の一文である。

　唯物論研究協会の定期誌に投稿することになり,一定の緊張感をもったが,「(〔意識-無意識〕-内界)-外界」という内的意識世界の考察が唯物論哲学にとっても重要であることを問題提起したものである。一定の好感をもって受け入れられた。そういう意味で懐かしい論文である。

第11章　現代日本における自殺の諸相

　デュルケームの基本概念は「集合表象」であり,『自殺論』では自殺を個人的なものとしてではなく社会的な事実と捉え,それを四つの類型に分類したのである。自己本位的,他者本位的,アノミー的,宿命的な自殺は,それぞれの「集合表象」の特質において生じるものであった。

　私は戦後日本の自殺の諸事例を収集しながら,四つの類型を概念的に理解する方法を考えた。『自殺論』の邦訳者宮島喬氏は「統合」「規範」「規制」という三つの分析軸で4類型を説明していたが,私にとって明解なものではなかった。「統合」と「規範」は同じカテゴリーに属するものではないか,と考えて「統合」と「規制」の二つの分析軸で四つの象限を作り,そこに4類型をあてはめた。

　その成否は,デュルケームの諸事例と日本の戦後の諸事例を4象限と突き合わせながら,分類の有効性を論証していくというものになった。それがいわば必要条件であるとするならば,「複合的事例」の配置がうまくいくかどうかは十分条件であった。ここでは自殺当事者の言葉と当事者に近しい人の言葉を援用したが,それはデュルケームの事例解析ともうまくかみあい論証は成功したように思う。

第12章　堕落する「世俗の神」＝貨幣

　貨幣の歴史は米，家畜という実物から始まり，衣食には役に立たない金銀という金属へ移り，さらに紙幣，銀行券という象徴に変遷し，今日にいたっている。このいわば"紙切れ"にすぎない象徴貨幣の価値はどのようなところにその存立根拠をもっているのであろうか。それはまず，金銀をはじめとする装身具に対する人びとの心理的作動としての「羨望」に見出すことができる。輝きを放つ装身具を身につけている人は他者に対して「魅力」を発散し，他者はそれに魅入られて自分も装身具を身につけたいものだと「羨望」するのである。多くの人が羨望を抱けば，ますますその装身具の価値は不動のものとなっていく。象徴貨幣（紙幣）にも同じような心理的機制が作動する。紙幣の「交換万能性（何とでも交換できる）」はたとえようのない魅力である。それは皆が欲する（羨望する）ものであり，それゆえ希少性をもつものとなる。そういう形で人びとは紙幣を価値づけるために「流通性」を確かなものにし，「交換万能性」を根拠づけるのである。

　貨幣はさらに私立銀行の「債務証書」という形の信用貨幣（銀行券）にまで成長する。そして，国家がその貨幣の有利子借り上げや国債売り渡しを通じて銀行に国家信用を与える。国家と銀行が社会の流通経済の成立（プラス価値）のために「負債（マイナス価値）」を負うという，「信用創造」システムができあがるのである。国民は，知と無知のあいだを往来する「信頼」関係を飛び越えて，このシステムを神への信仰のように「信用」するのである。

　ここに紹介したリアルな挿話「通貨が堕落するとき」は，流通経済に生じる困難，すなわち都市銀行の破綻（不良債権）を公的資金の大量注入によって乗り越えることが仕組まれるのである。ここにモラルハザードとインフレが生じる。そのインフレで国民は物価高に悩まされる一方，政府の財政再建は放漫財政を通じて改善されるのである。それが政権担当者によって意図的に仕組まれるという，「信用創造」の私物化によって，通貨の堕落が一つの完成した姿を見せるのである。

　ところで，第12章の後半はジンメルの「貨幣の哲学」を援用して，貨幣を

「人間の自由」と「文化の悲劇」という二重性をもたらした究極のもの，「絶対的手段」であるとしている。18世紀の量的（抽象的）個人主義はそれらが生み出したものにほかならないが，19世紀はそれを克服して質的個人主義を実現しなければならないと言っている。そして，「たんなる概念の世界，実際的な性質と規定の世界には存在と価値という二つのカテゴリーが対立し，このカテゴリーはすべてを包括」する。そして「価値と現実との上には両者に共通のもの，すなわち内容，プラトンが結局は『イデア』によって意味したもの（中略）がある。しかし，この両者の下にも共通なものすなわち心（魂）があり，これは現実と価値とをその神秘的な統一のなかに受け入れ，あるいはその統一から生み出す」（Simmel 1989: 26 = 1999: 18-19）と論じている。

これは，ジンメルの哲学的考察であるが，当時の私は貨幣による存在と価値の分離という「悲劇」は，「イデア」と「魂（心）」の回復によって乗り越えられなければならない，というメッセージとしてその考察を重く受け止めたようである。4象限図（図12-1）まで描いて強調している。

そして，およそ20年後の今，本書の終章において「イデア」論を正面から論じることになったのであるが，すでにこの時点でそれが萌芽していたことに気づいていささか驚くのである。

第13章　新しい貨幣は可能か

さて今日，普通国債残高は2023年度末で1068兆円と見込まれている。GDPの2.5倍であり，先進国のなかでとびぬけて高い。マルクスは，国債をはじめとする利子生み資本について次のように言っている。

> 国債という資本ではマイナスが資本として現われる——ちょうど利子生み資本一般がすべての狂った形態の母であってたとえば債務が銀行業者の観念では商品として現われることができるように——のである。
> 　　　　　　　　　　　　　　　　　　（Marx 1969: 483 = 1967: 596）

現代の貨幣と資本の世界は，債務という「マイナス」価値が支配している。そのマイナスは，国と銀行とによる「リスクテイク」と国民のそれに対する「信用」から成っている。すなわち，ステークホルダー（当事者）たちの「思惑」，つまり負債担保力を負債決済力に転換して利用しようとする思惑によって成り立ち，動いている世界である。株価の変動極まりない動きはそれを表わしている。時にはブラックホールのような力をもって，ポジティブな実体経済を飲み込んでしまうこともあるのである。

それでは，マイナスの価値に根拠をもつ貨幣ではなく，プラスの価値を基礎におく貨幣は存在できるのであろうか。

この章では，交換されるものが商品ではなく，「喜びの労働」であるような，札幌の地元アーチストとアート愛好家の交流活動をまず捉える。創造的な自己表出活動を交流し合い，相互に鑑賞・評価する，それを媒介するのが通貨「アートピア」である。ギフトを贈り贈られるいわばアナーキーな流れが広がっていくのである。

次には，これを「信用のコモンズ」として捉え，日本の頼母子講を想起しながら，個人の「信用決済アソシエーション」のネットワークWATの登場を見る。また戦前にスイスで展開した「ヴィア経済リング」のクレジットの発行量が現金通貨（スイスフラン）に対して3％弱にまで展開した様子が述べられる。さらに，これらの「信用のコモンズ」が地域通貨として発展するには，貨幣が「減価」するという仕組みをしっかり装填しなければならないことが，シルビオ・ゲゼルの「自由貨幣」論によって明らかとなる。やはり戦前，オーストリアの小さな町ヴェルグルで展開した「ヴェルグル労働証明書」は町の法貨として不況を救った。

地域通貨はシステムとして1万人以上の規模にはならない傾向があるが，1万人から100万人のあいだのレベルにまで拡大させる，日本でいえば九州の大きさで実現させるならば，さまざまなメリットがあることが取り上げられる。そもそも，貨幣が銀行券ではなく国家紙幣として発行されれば，銀行に払う利子もなく公共的使用の幅が広がる。そこにベーシックインカム（基礎収入）の政策

を結合させることによって国民の「経済的市民権」を保証すべきという提案もなされている。

第14章 「里山資本主義」の意味と連帯経済の可能性

　私のライフワークである『21世紀の「資本論」——マルクスは甦る』は2015年に刊行されたが，この本ではマルクスの定説に対する批判を前段で行い，後段では「新しい未来社会」の構想を展開した。

　マルクス批判の一つは，貨幣はあらゆるものを購買できるという，価値形態の第5形態にまで到達できず，第4形態の実体貨幣すなわち金にとどまっていること，二つは，生産過程において原材料，機械は価値を移転するだけで価値を増殖しない，というマルクスの「不変資本」論は，資本が自然を搾取しないことになり，現実に行われている資本による自然・生態系の破壊を免罪していること，三つは，それに連動して『資本論』が「転形論争」という不毛な価値論争を生み出しているのは，『資本論』の「不変資本」という論理自体が自己矛盾におちいっていることを表わしているということ，である。

　ここでは，後段のポジティブな提案である「最終考察　新しい未来社会を構想する」から二つの節を再録した。資本主義の体制的崩壊が想定される現在，人類が生き延びていくためには，歴史を貫いて存続する「小経営生産様式」を維持・発展させることの重要性を，「里山資本主義」という提起に呼応させながら説いている。「地域内で完結できるもの（くらしの経済）は完結させる」「楽しいからする物々交換」がキーワードである。また「連帯経済」は「市場的な資源，非市場的な資源，非貨幣的な資源の三つを組み合わせていること」を特徴としている。世界には協同組合を中心に非営利組織が蜘蛛の巣のようにネットワークを作り，地域のコミュニティ経済を形成している事例がある。日本でも「半農半X」や「いい！移住」など地方への還流が進んでいる。「里山資本主義」と連帯経済の基盤が広まっているのである。

第15章　北海道十勝における生産イデアの交流

　私は，人びとが苦難を負いながらも新しい何かを創造していく事例を掘り起こさなくてはならないと強く思うようになっていた。2014年，西村雄郎氏を代表とする科研プロジェクト「地方社会の危機に抗する〈地域生活文化圏〉の形成」が提案され，私はちょうど70歳になったときであったが，健康であったのでそれに積極的に参加することができた。このテーマは，いささか武骨なところがあるが，〈地域生活文化圏〉には「新しい〈地域生活文化圏〉」というニュアンスがすでに込められており，「里山資本主義」の「里山」という牧歌的な言葉をいささか無味な学術用語におきかえているのである。

　調査対象地は，大規模畑作の北海道十勝地方，中規模稲作兼業の宮城県大崎市，小規模稲作兼業の京都府綾部市，福井県鯖江市，そして中山間地農業の大分県大山町（日田市）と下郷町（中津市）であり，その比較研究である。

　地方は，農業の行き詰まり，そして人口減少と高齢化で疲弊の度合いを強めている。その危機的状況を正面から受け止め，それを乗り越えようとする農民や住民の営みを，その相互交流のリアルな姿において捉え，その方向に新しい〈地域生活文化圏〉の形成を見出そうとしている。そのキーワードは「イデア」（人びとの思いのなかにあるよきもの）であり，人びとの「生活イデア」が交流・交錯するなかで一つの「地域イデア」にまで広まり高まる過程を追求している。

　十勝では，戦前からの長い開拓の歴史のなかで，50haという大規模な畑作4品生産が広汎に確立するにいたっている。しかし，これとても政府補助金がなければ赤字であるし，家族経営を補完する労働力の調達困難，後継者確保の不安などの「壁」に直面している。

　そのなかにあって，面接した二人の青年農業者は，消費者と直接つながる農業，自家ブランド作りをベースに，一人は産品の加工，一人は有機大農法の研究をテーマに奮闘している。また，十勝では有機大農法がある一人の農業者の20年来の努力によって一つの確立を見るにいたっている。これを普及させるべく商系（卸売）業者のAgシステムがそれを自社農場で実験し始めている。新しい「有機大農法」の生産イデアをめぐって多くの人びとの交流が始まっている。

第16章 「兼業稲作」の行き詰まりと生活イデアの探求

　宮城県大崎市は米どころの一つである。しかし，1ha未満の米作は採算が合わず，農外就労の収入で補填して田を維持している。「先祖伝来の田を守る」という観念の強いこの地方であるが，若い後継者にとっては不採算の水田営農を継承することは「恨みの農業」以外の何ものでもない。農業で生きていこうとする農業者は，自家産品のブランド化，消費者との結びつき，技能的な技術の工夫，同業種・異業種との交流と協働など営農の自立をめざして努力している。

　そして，これらの交流と協働を促進するのが都市への他出経験であり，また都市からの移入者の活動である。彼らは「境界を生きる」人たちとして地元に新しいイデアをもたらし，生産の意欲を促している。自分の好きな蕎麦を栽培し，地元に蕎麦屋を開店して地元の観光に寄与しながら，しかも離農に傾斜する地元の農家から耕作委託を受けて農業の荒廃から地域を守っている農家，多様な手作り産品を「あ・ら・伊達な道の駅」に出し合っている農家群，東日本大震災の被災者の仕事作り（新聞バッグ）を支援している「海の手山の手」ネットワーク，トマトや山ぶどうの産品を高品質ジュースに仕上げ都市や外国に販売している地元農産品のセラーなど多様な動きが生まれている。

第17章 「平成の大合併」と新しいまちづくりイデア

　2006年，古川市を中心市として1市6町が合併し，広大な大崎市が誕生した。合併を前にして6町の住民と町職員は「これから町はどうなるのだろうか」という大きな不安に襲われていた。勉強会が各町各地でもたれ，それに呼応して「おおさき地域創造研究会」のKd氏たちと社会教育学研究者のKs氏が力を発揮していった。何度となく開かれた勉強会はワークショップという方法で大きな広がりを作っていった。後から分かったことであるが，後に新市長となる県議のIt氏がたびたびSk氏の講話を聴きに来て質問もしていた。これらの力でSk氏は合併協議会の，そしてさらに新市のアドバイザーに就任し，市係長Sz氏とともに数百回にわたって各地元に入り政策作りをサポートしていった。

　そして8年にわたる各まちづくり協議会と市担当者のパートナーシップの活

動を踏まえて,「まちはみんなでつくるもの。私たちは,より住みよい暮らしを実現するため,話し合いを大切にした協働のまちづくりを進めます」という"市民語"で始まる「まちづくり条例」を策定したのである。そして,旧市旧町のまちづくりは"大崎市流"の自治「話し合う協働のまちづくり」として発展しているのである。

第18章　研究方法論2　イデアの交流からロゴスの形成へ

　私の半世紀にわたる研究方法論の探索は「ゲゼルシャフトリヒとゾチアール」(第4章)に始まった。現場の人びとが「その社会的存在は意識を規定する」という状態にあることを基本において,調査・研究する道を開いてきた。そして今,意識の固有のダイナミズムを捉えるために「イデア」論を展開することになった。

　「イデア」は,とりあえず「思いのなかで追い求められるよきもの」と規定しておいた。プラトン自身の言葉でいえば,「恋(エロース)はすべてのあの,よきものと幸福であることへの欲望なのです」(プラトン 1959: 128)ということになる。私がいう「思い」は「エロース」と,そして「よきもの」は「すべてのあの,よきものと幸福であること」と表現されている。

　この第18章には,二つのテーマが盛り込まれている。一つは,生活者に抱かれている「生活イデア」が現場で表明され交流されて,一つの「地域イデア」へと成長していき新しい社会場(地域生活文化圏)を形成するというテーマである。これはその科研プロジェクトの直接のテーマである。本書に再録された三つの調査研究でも,次のように探求されている。

　北海道十勝(第15章)でいえば,50haの標準慣行栽培の限界を,有機大農法を確立し普及させることによって乗り越えていこうとするテーマであり,宮城県大崎市(第16章)では,「よそ者」「境界人」が「兼業稲作」の限界を越えて新しい生活イデアを提起し,それを地域に広げようというテーマであり,平成の大合併にあたって旧町の住民がそれぞれの自治を新しい大崎市の場で再生,発展させようとするテーマ(第17章)である。

二つは，生活者のイデアが，学的ロゴス（論理）へとどのように形成されていくか，その過程や意味を考察するテーマである。こちらは本書が探求してきた「経糸」と「緯糸」の織り合わせ，生活者の論理と研究者の論理の統合いかんというテーマと共振している。

生活者は，他者との交流，対話のなかで自分のイデアをおのずと論理化して表わそうとする。それが「私語的ロゴス」であるが，それが対話，交流を通じて「ホモロゲーマ（一致できる論点）をすべてヒュポテシス（仮定）と見做すべきであろう」（田中 1947: 167-168）というようにロゴスの論点化，論理化が進んでいく。そして，「ヒュポテシスのロゴスは実に冒険のロゴスなのである。そして吾々はこれを，かの事件を後から合理化する事後（post factum）のロゴスに対して，事前（ante factum）のロゴスと呼ぶことが出来るのである」（同書：167-168）。

生活者のロゴスは「冒険のロゴス」「事前のロゴス」であり，学者らが行う「後から合理化する事後のロゴス」とは大きく異なると言っている。生活者のロゴスは「冒険の」創造性に富んでいるのである。

このロゴスが花開く場が「ポリス」であり，「市民する」場であった。

大崎市の「話し合う協働のまちづくり」（第17章）に登場する多くの市民はまさに「市民する」人たちであり，それを体制的に生かすまちづくり条例が定められていったのである。

これらの過程をジンメルは，学的ロゴス形成への道として独自に解き明かしていく。

> 実践的な，生から要求されて生に織りこまれた知識は，（中略）学から見るならば，学の前形式のひとつである。　　(Simmel 1999: 264 = 1994: 81)

ここでは，「純粋で知性的な諸形式」である「学」的ロゴスは，「実在性と織り交ぜられているような生の動態」である「学の前形式」によって支えられて初めて有意義に存立できる，というのである。まさに，プラトンのイデア論を

評した田中美知太郎の「事前の論理」「冒険の論理」と「事後の論理」の対比と関連に共鳴している。

このように見てくると，生活者のイデアが交流，表明されて生活者のロゴス（経糸）となり，それを研究者が学的ロゴス（緯糸）へと織り込んでいくという方法テーマは，本書のすべての章において，それぞれの意味合いをもちながら活用されていることが分かる。本書のタイトル「現場の言葉が織りなす社会学」は，その意味で本書の性格をよく表わしているのかもしれない。

参考文献

関曠野　1982『プラトンと資本主義』北斗出版。

田中美知太郎　1947『ロゴスとイデア』岩波書店。

プラトン　1959（紀元前 387-367）「饗宴」『世界文学大系 3 プラトン』筑摩書房。

Marx, K. 1969（1894）*Das Kapital Band 3*, Dietz Verlag（大内兵衛他監訳　1967『資本論』第 3 巻〔『マルクス＝エンゲルス全集』第 25 巻〕，大月書店）

Simmel, G. 1989（1900）*Philosophie des Geldes, Gesamtausgabe Band 6*, Suhrkamp（居安正訳　1999『貨幣の哲学』新訳版，白水社）

―― 1999（1918）*Lebensanshauung, Gesamtausgabe Band 16*, Suhrkamp（茅野良男訳　1994「生の哲学」『ジンメル著作集』第 9 巻，新装復刊，白水社）

第 10 章

「日本的なもの」への視角
両面的心性と羞恥の構造

初出:「日本的なものへの視角」現代唯物論協会編『思想と現代』第7号, 白石書店, 1986年。なお, 一定部分の省略と若干の補正が行われた。

1 日本の先進国化で問われる「日本的なもの」

　いま (1986年＝本稿執筆時), 世界資本主義の構造矛盾のあつれきが日本資本主義に加えられている。この「国際化」という名の試練を前に, 日本国民の多くは先の1986年7月の衆参同日選挙で「安心・安定・安全」の自民党と中曽根政権を選択し, 現状肯定的, 保守回帰的志向を明瞭に示した。外圧と時代の転機を前に示すナショナルな凝集的心理, そしてそこに潜められている「日本的なもの」への洞察はいっそう重要になっている。

　最近では, 日本経済の高度成長メカニズムを分析した, 1984年刊行の村上泰亮『新中間大衆の時代』など新しい展開がある。これらが捉え出してきたものは, 一般に政治・経済的事実としての「日本的なもの」といってよい。そこには, 後発資本主義が先進水準に到達する過程における経済構造や国家機能の特質に対する問題関心があったといえる。

　もう一つの研究の流れは, 社会的事実(ゾチアール)として「日本的なもの」を捉えようとするものである。この間, 「日本的経営」論の称揚とともに語られた「タテ社会」「日本的集団主義」「間人主義」など日本社会の社会関係の特質に関するものである。これらの議論の背後には概してイエ論, ムラ論といわれるテーマが

共有されてきた。

　これと深く関わるもう一つの流れは，心理的事実としての「日本的なもの」の研究である。「甘えの構造」（土居健郎）をはじめとする，小此木啓吾，河合隼雄，内沼幸雄などの最近の成果がそれである。

　ところで，この三つのレベルの「日本的なもの」は統合されて初めて一つの現実を構成するわけであるが，これまでの唯物論的な研究は第一の政治・経済学的研究に中心をおき，第二の社会学的研究に言及することはあっても，第二から第三の研究へ射程を伸ばすことがほとんどなかった。1970年代中盤において管理国家による民衆の内面支配が進んでいることを「自発的服従」という言葉で批判的にとらえようとしている政治学者は次のように言う。

　　自発的服従の構図が作動するということは，半主体（である民衆：引用者注）の無意識と欲求の層にまで〈政治的文法〉が浸透することを意味する。（中略）この段階では，ハード・セールではなくソフト・セールですらなく，ディープ・セール（深層への売り込み）（T. Schwartz, 1974）である。　　　　（栗原 1982: 78）

　本稿は，それゆえ，第一の研究成果を前提としながら，第二から第三の研究への射程をどのように伸ばしていけばいいのか，その視角について考えることを課題としている。

2　日本の近代化と「日本的なもの」

　日本の近代化がどのように欧米的「普遍性」と日本的「特殊性」をないあわせて達成されたか。これは戦後の社会科学に共通するテーマの一つである。
　明治維新を対象に，アジアにおいてなぜ日本だけが近代化に成功したのかを問うたベラーは，欧米におけるプロテスタンティズムの役割を，朱子学をはじめとする「徳川宗教」が果たしたのだとする（ベラー 1966）。
　ベラーのこうした「合理主義的」説明に対しては，たとえば丸山真男が「それだけでは日本の近代化と蹉跌を統一的に理解する途は閉ざされてしまう」

（丸山 1966: 353）と批判している。徳川期の思想については，「自然」と「作為」，合理と非合理の交錯的展開を分析した丸山真男『日本政治思想史研究』，源了圓『徳川合理思想の系譜』などがあり，また近代の天皇制社会については神島二郎『近代日本の精神構造』がある。

神島は，「私は近代日本における天皇制の正統的根拠は基本的には自然的秩序におかれ，しかも，その自然的実体の崩壊過程がこの秩序形態に逆作用してくるところに，日本ファシズムの特質があると考える」（神島 1961: 22）とし，自然村の解体と都市への人口流出，都市における「第二のムラ」の形成と群化社会による大衆の励起，欲望自然主義の成立とアニミズムによる国民の再統合という論理展開をしている。

このような精神史的退行は，丸山による軍国支配者の精神構造の分析によっても明瞭に検証された（丸山 1964）。公私の混同，倫理と権力の相互移入，既成事実への屈服，地位への逃避，抑圧委譲などの特質が捉え出されたのである。

さて，それでは戦後日本はどのように展開していったのか。そこでは，新しい価値形成の可能性とその頓挫が基本モチーフとなる。

作田啓一はベラーの分析の延長線上に，普遍主義的な価値（業績，充足）の優越とそれに即した個別主義的な価値（貢献，和合）の組替えの可能性を見た（作田 1972）。たとえば，戦前の中心価値であった貢献は「支配機構」のなかでのそれから「特定の目標をめぐるギブ・アンド・テイクの協力機構のなかでの貢献」へと再生されるべきものであった。しかしながら，大衆社会状況の早期の成熟と消費感覚への癒着によって，充足価値の肥大と価値の分散状況——業績は企業において，充足は婚姻家族において，和合は旧態たる世間において実現していくという——がもたらされたのである。こうした無規範状態（アノミー）のなかで欲望の昂進はいっそう進んでいくのである。

そして，これらを体制的に吸収していったのが1955年以降の高度経済成長であった。神島が戦前に捉えた「第一のムラ」から「第二のムラ」への再編過程が，形をかえて徹底的に進められたのである。戦後における「第二のムラ」は「企業共同体」であった。企業は，ブルーカラーまで含めて終身雇用と年功序列を軸とする日本的労使関係を完成させ，企業間競争勝利を至上命令として「ムラビト」たる従業員の勤労競争を組織していったのである。このように，

国民の欲望は出世競争と消費感覚に向けて開かれ，さらにオリンピック，万博などの国家的イベントに支えられて「経済大国ナショナリズム」へと誘導されていったのである。

　たとえ貧しくとも家族が平和に暮らせる生活という敗戦後の庶民的な願いは，欧米なみの豊かな生活というスローガンにとってかわられ，教育の民主化は大衆的規模の出世競争への門戸開放となり，安保は「戦争に巻き込まれる危険」から「核の傘のもとでの平和」の手段となったのである。

　戦前と比して民主主義の水準に隔絶したものを有しながら，その基本モチーフは戦前の天皇主義と欲望自然主義からそれほど遠く隔たっていないのではないかという疑問がわいてくるのである。

3　両面的心性と欲望自然主義

　戦後，日本文化論の端緒を与えたベネディクトの『菊と刀』は，日本人の心性の両面的な性格や西欧の罪の文化に対する日本の恥の文化について述べている。

　まず，心性の両面性について見てみよう。ベネディクトは言っている。

> 刀も菊も共に一幅の絵の部分である。日本人は最高度に喧嘩好きであると共におとなしく，軍国主義的であると共に耽美的であり，傲慢であると共に礼儀正しく，頑固であると共に順応性があり，従順であると共にうるさくこづき廻されることを憤り，忠実であると共に不忠実であり，勇敢であると共に臆病であり，保守的であると共に新しい生活様式を喜んで歓迎する。
>
> 　　　　　　　　　　　　　　　　　　　　　　　（ベネディクト 1951: 上 12）

みごとな描写である。和辻哲郎の『風土』も次のように言っている。

> 日本の人間の特殊な存在の仕方は，豊かに流露する感情が変化においてひそかに持久しつつその持久的変化の各瞬間に突発性を含むこと，及びこの活発なる感情が反抗においてあきらめに沈み，突発的な昂揚の裏に俄然たるあきらめの

静かさを蔵すること，において規定される。それはしめやかな激情，戦闘的な恬淡である。これが日本の国民的な性格にほかならない。　　　（和辻 1935: 138）

　これはまた鋭く含蓄のある描写である。和辻はこのような二重性格の根拠を風土に求める。すなわち，モンスーン的風土の受容的であり忍従的である二重性，加えてその日本的特殊形態における熱帯的・寒帯的，季節的・突発的の二重性に求めるのである。
　それでは，ベネディクトはこうした性格の基盤をどこに見るのであろうか。それは「人情の世界」章において次のように示唆されている。

日本の道徳律のようにあれほど極端な義務の返済と，徹底した自己放棄とを要求する道徳律は，当然首尾一貫して個人的欲望に，人間の胸中から除去すべき罪悪という烙印をおしていそうに思われる。（中略）（しかしにもかかわらず：引用者注）日本人は自己の欲望の満足を罪悪とは考えない。（中略）かれらは肉体的快楽をよいもの，涵養に値するものと考えている。　　（ベネディクト 1951: 下45）

そしてさらに続けて言う。

彼らは人間は二通りの魂があると信じているが，それは互いに争い合う善の衝動と悪の衝動ではない。それは柔和な魂（和魂(にぎたま)）と荒々しい魂（荒魂(あらたま)）であって，すべての人間の又すべての国民の生涯の中には，柔和であるべき場合と，荒々しくあるべき場合とがある。一方の魂が地獄に，他方の魂が天国に行くと定まっているのではない。この二つの魂はともに，それぞれ異なった場合に必要であり，善となる。（中略）かれらの神がみでさえ，右と同様に顕著に善悪両方の性質を兼ね備えている。　　　　　　　　　　　　　　（同書：下60）

　そしてさらにアマテラスとスサノオのタカマガハラにおける対決の経緯に言及している。
　日本人の心性の探求にあたって日本神話への遡及はよく行われてきた。日本神話の構造をユング心理学の発展上で分析しているのは河合隼雄である。

> 日本の神話は一見したところ，中心にアマテラスが存在しているようにも思える。アマテラスは太陽であり，天皇の先祖であることなどから考えても，それは当然のように思われる。しかしながらアマテラスとスサノオの関係をみると，アマテラスを中心に置き，スサノオをそれに対する敵対者として簡単に規定できないことがわかる。(中略) 既に見てきたように，例の誓約の場面においては，スサノオの方がアマテラスに勝っているのである。その後スサノオは乱暴を働き天界を追われるが，そのうち彼は文化英雄として出雲国で活躍さえしている。このように日本神話は，単純に何かを中心として持つのではなく，むしろここに示したように（アマテラス，スサノオの二神の真中にツクヨミという無為の神をおくように）中空的な構造を持つととらえるほうが妥当であると考えられる。
>
> (河合 1983: 110-111)

いうところの「中空構造」論である。河合は日本の昔話にも題材をとってこの論を敷衍しているが，同じく深層心理学者の内沼幸雄はこれを論評して次のように言っている。

> この中空構造における論理は，西欧的な正・反・合の弁証法的な論理というよりは，正と反の巡回を通じて中心の空性を体得するような円環的な均衡の論理ともいうべきものである。(中略) それは対立するものの共存を許すモデルである。むろん中心が空であることは一面きわめて不安であり，何かを中心におきたくなるものである。そのために日本人特有の中心に対する強いアンビバレンツが生まれる。
>
> (内沼 1983: 187)

ある中心への強い執着と一時が立って訪れる飽き，そしてまた新しい中心への関心という揺れ動きを示すことによって「かえって中心の空性を浮かびあがらせる働きをする」(同書: 188)。

中空論における「正と反の巡回」の論理はベネディクトや和辻の示す両面性，二重性格をうまく説明している。それでは，この正・反・空の存在論を天皇主義と欲望自然主義という戦前日本のモチーフに適用するとどうなるであろうか。

献身道徳と本然欲求，公と私，倫理と権力，ケとハレ，拝外と排外という正と反の巡回のなかに，均衡と不安定から生じる緊張のエネルギーが，中心に位置する「万世一系」の聖性を体現する天皇に向けて吸引される構図が描かれる。しかし，献身道徳から本然欲求への重点移動によって正と反の巡回は「暗転」する。権威者としての天皇は「素の根本に戻す」ことを通じて，永遠無窮の存在＝現人神へと神人合一・主客未分・自他同一のアニミズム的還元を遂げ，それによって新たな中空に座るのである。献身，公，倫理はもちろん否定・止揚されることなく，欲望，私，権力の主動因のなかに織り込まれ，その巡回のなかから「桃太郎」の「天真らんまん」のエネルギーが中空のなかに溢れ出るのである。それは「閉じた『小宇宙』そのままの膨張」（神島 1961: 204）となって天皇制ファシズムを形作っていったのである。

それでは戦後のモチーフはどうであろうか。権利と義務，自由と平等，打算と拝金，競争と人並み，マイホーム主義と会社人間。ここでも正と反は多様に中空の周りを経めぐっている。そして，それらを統合するのは，やはり内的原理ではなくアモルフに流露する実体，本然欲求であるのだ。中空に生じ中空を満たす欲望自然主義に一つの中心を与えているのは，こんどはもはや天皇＝神ではなく物＝神，無規定にして無限なる貨幣物神なのである。

4　羞恥の構造と日本人の主体性

それではベネディクトのもう一つの論点，恥の文化に目を移そう。ベネディクトは恥の文化の特質を外面性において捉え，内面の良心に基づく罪の文化より劣るものと考えた。こうした把握の一面性は，作田啓一，井上忠司の羞恥論によって克服されたが，それを深層心理学の次元でさらに発展させたのが内沼幸雄である。

内沼は，精神病理学的，臨床的考察を皮切りに，ニーチェ，マックス・シェラー，作田，井上，サルトル，和辻，夏目漱石と論じるのであるが，結局「我執と没我のあいだを漂う間の意識としての羞恥」が語られるのである。ここでは和辻の日本神話の構造論に言及している部分を取り上げよう。

和辻は日本神話において「祀るとともに祀られる神」が重要な役割を果たしているとして、「後に一定の神社において祀られる神であるにもかかわらず、不定の神に対する媒介者、すなわち神命の通路、としての性格を持っている」ところの祀る神に注目し、「祀る神であることは尊貴性を担うゆえんであり、従ってまた祀られるゆえんともなるのである」。そして、「その尊貴性は常に背後から与えられる。しかもその背後には究極的な神があるわけではない。ただ背後にある無限に深い者の媒介者としてのみ神々は神々となるのである」と（内沼 1983: 183）。

　内沼はこの論理を図 10-1 と図 10-2 のように明快に図式化し、また羞恥の構造との同型性を説くのである。と同時に和辻の論理に対する危惧をも表明する。

> 和辻の記述は、つぎのようなタテの軸に傾斜した図式化を示唆しているようにも見える。不定の神←……（祀る神←祀られる神）［＝祀るとともに祀られる神］←（祀る神←祀られる神）［＝祀るとともに祀られる神］←…… 事実、和辻は「祀られる神より祀る神の方が強い存在を持つ」と述べている。(中略) 祀られる神の唯我独尊性よりも祀る神の畏怖性に優位がおかれるとすれば、そこからおのずと導かれるのは、神々のタテ社会構造論であり、（祀られる神→祀る神）→（祀られる神→祀る神）の系列は、一種の血族的な関係を形成しながら無限の連続性を成して不定の神へとつらなってゆくことになろう。そうなれば、神聖なる「無」のもつ自由寛容な受容性は失われ、集団的な閉鎖性にとって代わられるはずである。　　　　　　　　　　　　　　　　　　　　　　　（同書：188-189）

　「祀る神」の優位によって「個の尊厳性よりも他を祀り上げる没我的な集団帰属性が重視されれば、神聖なる『無』のもつ自由寛容な受容性は失われ、タテ社会的なセクショナリズムが横行せざるをえない」として、内沼は丸山の「抑圧委譲による精神的均衡の保持」「無責任の体系」「自己を究極的実体に合一化しようとする衝動」のもたらす「始末の悪い独善意識とセクショナリズム」という考察を援用するのである（同書：193-194）。

　「正と反の巡回」が有する均衡と不安定のアンビバレンスは、垂直的、タテ社会的な組み換えによって安定を得るという把握は説得的である。そして、そ

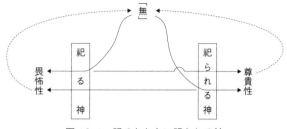

図 10-1　祀るとともに祀られる神
出所：内沼 1983: 185。

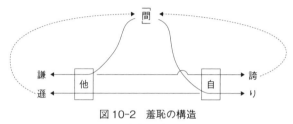

図 10-2　羞恥の構造
出所：同前。

こに発生するマイナス現象の指摘は，近代の，そして今日も持ち出されている天皇主義に対して有効な批判となるであろう。ただ，歴史的に見た場合，このタテ社会が日本人の主体性を前進させたのではないかという点，たとえば前述のベラーの，徳川期における貢献価値＝政治的合理主義の成熟という解釈，また村上泰亮らの現代日本の「組織資本主義」「日本的経営」を支えているのは 11 世紀の東国武士のイエに起源をもつイエ原則であるとする考察（村上 1979）は，日本人の歴史的主体形成を考えるうえで重要なテーマになるであろう。

　内沼は，武士階級の出現とその倫理をめぐって没我性を強調する和辻と我執性を強調する家永三郎の論争にもふれており，精神発達段階に関するエリクソンのシェーマを敷衍して「口唇期においては『与え与えられる相互性対羞恥』，ついで肛門期における『自律性対罪悪感』，さらに男根期における『自発性対罪悪感』」の 3 段階を設定したうえで，武士階級の倫理を肛門期のそれと関連づけている。それはともあれ，内沼の結論は次のこと，すなわち「日本の文化は重層的であるが，その重層性の基底層（口唇期段階）を今なお根づよく生かしつづけているのを特徴とする」ということである。同じことであるが，「羞

恥の構造のなかに日本文化の型を探る手がかりを見出すことができる」ということである（内沼 1983: 211-215）。

それでは，現代の人間の主体性の方向を内沼はどのように考えているのか。「今や世界は，巨大な科学技術を産み出した西欧的理性とそれに立ち遅れた後進諸国の非合理的情念のあいだの大きな亀裂と緊張の前に立たされている」（同書：217）から，「死と再生」のテーマを含む「口唇期における倫理性の問題は，将来を予見するための重要な課題となりうるのであろう」（同書：218）とし，「羞恥とは，正に中空構造的な体験である。（中略）両義性の存立の境ともいうべき羞恥における『間』の，その共有こそが，真の相互的世界を，相互の固有性を生かすとともに，相互のなれ合いにも堕しない真の『和』の世界を，形造るものであろう」（同書：218-220）とする。そして，そのためにも「欧米の個人主義とは異なるとはいえ，日本人の強烈な個の主張を見てとること」の重要性を指摘している（同書：228）。

たしかに，自我＝意識の確固とした保持による，自己＝存在の空＝無＝間の体得・共有は，自我＝意識の不在としての欲望自然主義を超克するにとどまらず，新しい主体性の方向を指示するものとなるであろう。

5　「日本的なもの」への方法課題

唯物論の基本カテゴリーが「存在－意識（存在が意識を規定する）」であり，「主体－客体（主体が客体に実践的に働きかける）」であること，その研究成果が『資本論』であることは周知のことである。唯物論におけるこうしたすぐれた成果に比して，しかしながら，文化論の領域が手薄なことは否めない。それはなぜかと問うとき，「存在－意識」「主体－客体」が人間と外的世界，意識と外的世界の次元を中心に展開され，おおむねそこに限定されてきたからではないかと考えるのである。また，別の言い方をすれば，「土台－上部構造」の社会的関係構造（ゲゼルシャフトリヒ）に対する社会的過程（ゾチアール）の相対的自立性がマルクス社会学者・田中清助によって提起されたが，それを補完し活性化させる哲学的究明が進んでいない，ということであるかもしれない。

こうした方法論的空洞を埋めるものとして、筆者は近年邦訳されたユング派の心理学者ノイマンの『意識の起源史』を興味深く読んでいる。そこには、（〔意識－無意識〕－内界）－外界の弁証法的、唯物論的な過程が意識の形成史として描かれているのである。

> 自我と意識は意識と無意識の間の対立－緊張を前提にしており、意識は両者のエネルギーの落差によって生きているのである。　　　（ノイマン 1984-85: 439）

> 自我意識は世界と無意識をイメージで捉える知覚器官であるが、しかしこのイメージ性そのものは心の産物であって世界の性質ではない。（中略）心的内容のイメージ世界は、どのシンボルを見ても明らかなように、内界と外界の体験を総合したものである。
> （同書：460）

　内界と外界が共に存在をなしているという統合性、内界と外界の相互作用による無意識－意識の形成、意識の能動的性格と中心志向性、自我＝意識の自己止揚と自己＝（無意識－意識）の人格への総合などの命題は、きわめて弁証法的、唯物論的である。

　唯物論が（〔意識－無意識〕－内界）－外界の方法視角を開発、整序していくならば、和辻をはじめとして蓄積された「日本的なもの」の研究成果はゆがみなく豊かに発展させることができるであろうし、また、「そもそも解釈学的方法だけが他の方法による補完をまたずに歴史の方法として独走するときに生じる避けがたい方法的陥穽」（坂部 1986: 230-231）を正当に克服することができるであろう。

参考文献

井上忠司　1977『「世間体」の構造——社会心理史への試み』日本放送出版協会。
内沼幸雄　1983『羞恥の構造』紀伊國屋書店。
神島二郎　1961『近代日本の精神構造』岩波書店。
河合隼雄　1983『NHK 市民大学　日本人のこころ』日本放送出版協会。
栗原彬　1982『管理社会と民衆理性——日常意識の政治社会学』新曜社。
坂部恵　1986『和辻哲郎』岩波書店。

作田啓一　1972『価値の社会学』岩波書店．
田中清助他　1973「シンポジウム　史的唯物論の現代的課題」『現代思想』14．
ノイマン，E．1984-85（1971）『意識の起源史』上下，林道義訳，紀伊國屋書店．
ベネディクト，R．1951（1946）『菊と刀』上下，文庫版，長谷川松治訳，社会思想社．
ベラー，R.N.　1966（1962）『日本近代化と宗教倫理』堀一郎他訳，未來社．
丸山真男　1964『現代政治の思想と行動』未來社．
　──　1966「『徳川時代の宗教』について」ベラー著，前掲書．
　──　1983『日本政治思想史研究』新装版，東京大学出版会．
源了圓　1972『徳川合理思想の系譜』中央公論社．
村上泰亮　1979『文明としてのイエ社会』中央公論社．
　──　1984『新中間大衆の時代──戦後日本の解剖学』中央公論新社．
和辻哲郎　1935『風土』第38刷，岩波書店．

【コラム】その後の「日本的なもの」

　2020年代の今，欧米をはじめ世界に日本ブームが広がっている。1990年代後半からの漫画，アニメーションのブーム。「かっこいい」「かわいい」と若者たちは歓声をあげる。つまり「クール（cool）」である。アニメにとどまらず，武道，生け花，寿司，和食にまでブームは広がっている。

　それはなぜなのか。日本は大陸に近い島国であり自然豊かで，また母音の言語をもつなどから，精神の基層である「口唇期」における「与え与えられる相互性対羞恥」が豊かに保持されてきた。それは「キヨキ心，清明心」（すなわちクール）を基調とする「はつらつとした日本文化の幼児性」であるとすることができる（内沼 1983：220-221）。一方，欧米先進国は「男根期」における「自発性対罪悪感」に根差しており，今日「父性という理性への信頼が崩壊し」，「欧米人のアイデンティティの危機」が到来している（同前：216）。

　近代合理主義のなかで干からびつつある欧米的アイデンティティが，生気を回復しようと求めているのが，「クール」であり「はつらつとした幼児性」ではないだろうか。「日本的なもの」があらためて見直されている。40年前に内沼はそれを予見して言っている。「島国日本で育った知恵が役立つ時が来るのではないかという，誇りと希望をもっていいのではなかろうか」（同前：220）と。

第 11 章

現代日本における自殺の諸相
デュルケーム『自殺論』の射程

初出：「現代日本における自殺の諸相――デュルケーム『自殺論』の射程」神戸大学文学部『50 周年記念論集』2000 年。

1 戦後第三のピークを迎えた自殺

　厚生省がまとめた「1998 年人口動態統計（概況）」によると，1998 年の 1 年間に自殺した人は 3 万 1734 人となり，統計を取り始めた 1899 年以降初めて 3 万人を超えた。自殺率（10 万人当たり）も 25.3 人と前年の 18.8 人から急上昇を見せている。とくに男性の 50～54 歳は前年より 55％も増加して 3044 人となり，不況の深まりとリストラの厳しさをうかがわせる。92 年から男性の自殺率は徐々に上昇しており，戦後第三のピークを迎えたことが分かる。第一のピークは 1956～59 年であり，第二のピークは 83～87 年である。前者は「なべ底不況（57～58 年）」，後者は「世界同時不況（80～84 年）」「円高不況（86～87 年）」であり，景気との強い関連を示している（図 11-1 参照）。
　しかしながら，自殺の増減は経済不況のみで説明しうるものではない。第一のピークに関説してモーリス・パンゲは『自死の日本史』のなかで次のように言っている。

　　1955 年に 35 歳以上の成人の自殺は 1920 年より減少しているのに対して，15 歳から 30 歳の間の年齢層では大きな増加が認められる。これを見れば，どうして

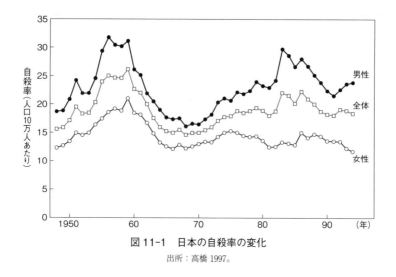

図11-1　日本の自殺率の変化
出所：高橋 1997。

も太宰や，あるいは当時まだほんの若者であったもうひとりの小説家，石原慎太郎の小説の主人公たちの精神的混乱を思わずにはいられない。彼らのシニシズムも内面の絶望を隠す仮面にすぎなかったのではないだろうか。

(パンゲ 1986: 26-27)

　たしかに，1950年，60年の若者の自殺率は顕著に高い（図11-2参照）。
　パンゲはそこに「太平洋戦争という叙事詩的世界」から「小さな利益を求めてあくせくと働く新生日本の始まったばかりの繁栄」へと急速にその世界を変えていく日本社会に対する若者たちの「嫌悪感」と「悲しくも過去を忘れ得なかったがゆえに死んでいく」心情を推し量っている（同書：26-27）。
　こうした当時の自殺を網羅的に見てみると，そこにさまざまな形の自殺があることをあらためて知らされる。1970年のあの壮烈な三島由紀夫の自決。そして，その2年後，三島が最も私淑した文学者である川端康成の自殺があった。90年代の終わりには伊丹十三，桂枝雀の自殺があった。それぞれ映画界，落語界の鬼才と呼ばれた人たちである。石原，三島の世代に連なる彼らは，年々新しい作品をマスメディア世界に問いかけていったが，時代の急速な展開のなかで行き詰まり，その末に挫折していったように見える。また，青年のタ

第11章　現代日本における自殺の諸相

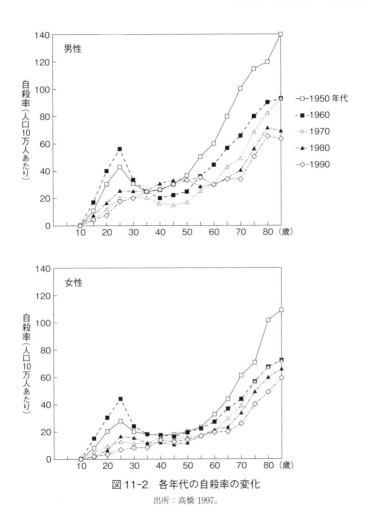

図11-2　各年代の自殺率の変化
出所：高橋 1997。

レントたちの自殺も相次いだ。岡田有希子，尾崎豊，そしてXジャパンのhide。岡田の死は，全国に後追い自殺者の群れを生み出した。尾崎の死は，青年たちのやり場のない怒りを身体ごと歌い続けたスーパースターの憤死的自死であった。ビジュアル系といわれるロック歌手hideの死は，「なぜ死んでしまったの」と問う若者たちが炎天下に長い葬列をなした。

若者といえば，少年たちのいじめ自殺が深刻な問題となった。1986年，東京都の中学校での「葬式ごっこ」によって引き起こされた鹿川裕史君の自殺が

195

世間に衝撃を与えたが,94年の大河内清輝君,95年の伊藤準君の相次ぐ自殺は,その遺書から生々しいいじめの実情が浮かび上がった。

　1990年代，バブルの崩壊とそれに続く深い不況のなかで，金融界を中心とする腐敗の構造が露呈し，財界，官界の幹部の引責自殺が相次いだ。そして，不況期にはいつも増大する中小企業の経営者の倒産自殺。さらに，リストラ合理化の厳しさによって，現場の一線のサラリーマン，労働者の過労自殺を引き起こしていっていることは，第三のピークの新しい事象となっている。

2　デュルケームにおける自殺の4タイプ

　このような多種多様な姿をとって展開している自殺をどのように把握し整理していけばよいのであろうか。100年前に刊行されたデュルケームの『自殺論』はその題材と推論において社会学の最も優れた作品の一つであるが，アノミー的自殺をはじめとする自殺の4つのタイプの解明はきわめて精彩に富んでおり，現代の自殺の分析にも大きな示唆を与えてくれる。[注1]

　しばらく，四つのタイプを追ってみよう。

　まず，「利己的（自己本位的）égoïste 自殺」が取り上げられる。カトリック教徒よりもプロテスタントの方が，教育水準の低い者より高い者の方が，既婚者よりも未婚者の方が，そして女より男の方が，また，戦時よりも平時の方が自殺率が高い。これらが多くの統計を通して論証され，後者の方に自殺が多い理由は次のように規定される。

> 社会の統合が弱まると，それに応じて，個人も社会生活から引き離されざるをえないし，（中略）個人の個性が集合体の個性以上のものとならざるをえない。（中略）そこで，社会的自我にさからい，それを犠牲にして個人的自我が過度に

注1　訳は全面的に宮島訳に依拠させていただいた。なお，「利己的自殺」「愛他的自殺」は，それぞれégoïste, altruisteの原義的訳として使い，「自己本位的自殺」「他者本位的自殺」は分析的，中立的な訳語として使うことにする。なお，「集団本位的自殺」は「他者本位的自殺」の主要な一形態という位置づけを行いたい。

主張されるようなこの状態を，自己本位主義とよんでよければ，常軌を逸した個人化から生じるこの特殊なタイプの自殺は自己本位的とよぶことができよう。
（デュルケーム 1985: 248）

そして，「種々の自殺タイプの個人的形態」の章で自殺にいたる人びとの内面の考察が行われる。

意識は，周囲のものをすべて遠ざけ，みずからについて反省をめぐらし，自己をその固有の唯一の対象とし，これを観察し，分析することをもっぱらのつとめとする。しかし，極端な自己集中の結果，意識はみずからと自余の宇宙のあいだを隔てているみぞをいっそう深くうがつばかりである。
（同書：348）

このような意識は，周囲を空洞化することによって，みずからの内部にも空洞をうがち，すでに自己のみじめさ以外には反省の対象をのこしていない。
（同書：349）

「自己本位的自殺」の事例を日本に求めるとすると，やはり芥川龍之介の自殺が想起される。「少なくとも僕の場合は唯ぼんやりした不安である」「僕の今住んでゐるのは氷のやうに透み渡った，病的な神経の世界である」と言い残して自殺した芥川（芥川 1970: 433-435）。それは，「漱石の魂を病んだ苦悩」「鴎外の多くの作品の底に潜んでいる寂寞と悲哀」を底流とする，日本近代の個別精神の苦闘の表われにほかならなかったのであろう（臼井 1970: 500-501）。

次に示される「愛他的（他者本位的）altruiste 自殺」は「自己本位的自殺」の対立型であり，カトリック教徒らに表現されるところの「強固に統合された」社会的状態と関連するものであるが，それはある閾値を超えるとき，次のようなサブ・タイプにおける自殺を生み出すのである。すなわち，首長が自らの老化，病気による氏族の生命力の衰退を避けるためにする自殺，主君や夫の死を追う家来，妻の死（義務的他者本位的自殺），信じてジャガルナートのシヴァ神像の車輪に身を投げるヒンドゥー教徒の死や「阿弥陀の宗徒たちは岩穴に閉じこもり，壁を塗り込めてもらう」（デュルケーム 1985: 269-270）宗教的自

殺（激情的他者本位的自殺），一種の没個人的な軍隊精神による軍人の自殺（慢性的他者本位的自殺），をあげている。

　パンゲもまた「集団切腹」の項で『太平記』に描かれた，足利軍に追い詰められた北条軍の敗北，自刃の模様を見据えている。

　　しかし事態はますます切迫し，否でも応でも大勢に従わざるをえない。血を見て熱狂は広がってゆき，やがてすべてを押し流す自殺の狂乱が始まる。
　　　　　　　　　　　　　　　　　　　　　　　　（パンゲ 1986: 144-145）

　ここには「他者本位的自殺」のこれらのサブカテゴリーすべてが包み込まれているように思える。

　さて，3番目に示される「アノミー的（無規範的）anomique 自殺」は，まさしくデュルケームが示した最もオリジナルなタイプであり，100年後の今日においてますますその有効性を増している概念である。フランスを襲った1847年, 54年, 61年の危機による企業倒産の増大，1873～74年の金融危機の時期に，自殺率は顕著に増大している。しかし，驚くべきことは，その現象が危機のときにとどまらず急激な好況時にも現われるということである。1875～76年の普仏戦争勝利後に賠償金で商工業が活況を呈するプロシャ，1877年の万国博覧会開催時のパリにおいて自殺ははっきりと増加している。彼はこれを「急性アノミー」と名づける。

　　（社会の急激な変動によって：引用者注）それまで欲求を規制してきた尺度は，もはやそのままではありえなくなる。（中略）いったん弛緩してしまった社会的な力が，もう一度均衡を取り戻さないかぎり，それらの欲求の相互的な価値関係は，未決定のままにおかれることになって，けっきょく，一時すべての規制が欠如するという状態が生まれる。（中略）この無規制あるいはアノミーの状態は，情念に対してより強い規律が必要になっているにもかかわらず，それが弱まっていることによって，ますます度を強める。　　（デュルケーム 1985: 310-311）

　欲望が社会の規律の急速な弱化のなかで「沸騰状況」を呈し，そのなかで

「激しいいらだちと怒り，失望と倦怠」が高進し自殺するというのである。

> 適当な限度をこえて欲求を解放し，幻想への扉をひらき，したがって幻滅への道を用意する。慣れしたしんできた地位から急に没落した者は，自分の意のままになると信じていたその地位が遠のいていくのを感じ，おもわず怒りにとらわれるが，当然その怒りは，真実にせよ思いちがいにせよ，かれが没落の原因だとおもっているものに対して向けられる。かりにその災難の責任が自分自身にあるとみとめれば，かれはみずからを恨むであろう。その場合には，自殺しか起こりえまい。 (同書：357)

欲望の追求と情念が無際限となり，その目的を失い，疲労し倦怠に陥る。多少の苛立ちをまじえた生への嫌悪が生じるのである。それゆえ，その傾向は農業者よりも都市の商工業者に強いのであり，自殺も後者に多いのである（慢性アノミー）。

戦後日本の自殺率の推移について冒頭で見たが，経済危機の到来が自殺率の顕著な上昇をもたらしていた。しかし，それはたんに経済的破綻による窮乏死を意味するのではなく，好況と不況の絶え間ない交替が深めていく「欲望の相互的な価値関係の未決定」がもたらすアノミー的自殺にほかならない。そして，デュルケームは「アノミー」の概念のなかに次のような基本的人間観を潜めているのである。

> 人間の感性は，それを規制している一切の外部的な力を取り去れば，それ自体では，なにものも埋めることのできない底無しの深淵である。 (同書：302)

100年にもわたってこのアノミーという概念が生き生きと保持されてきたのはこの人間観のゆえであったのであろう。

さて，最後に「宿命的 fataliste 自殺」があげられる。

「それは過度の規制から生じる自殺であり，無情にも未来を閉ざされた人々のはかる自殺である。こうした人々の情念は，抑圧的な規律によって，はなはだしく圧迫されている。それには，あまりにも年若い夫や，子どものない妻の

自殺が該当する」としている。歴史的には「奴隷の自殺，すなわち，極端な物質的・精神的独裁の横暴を原因とするような自殺」をあげている。この最後のタイプは注において言及されているのみあり，それはデュルケームが「今日では，このタイプはほとんど重要性をもたない」と考えたからである。しかし，同時に「完璧を期するならば，第四の（この）自殺タイプを構成しなければならないであろう」（同書：530）。

　われわれの関心も，当然のことながら，「完璧を期する」ためにこれら四つのタイプを対象とし，それらがどのような概念的構成をとるのか，に向けられなければならない。

　それぞれのタイプの規定をあらためて整理すると，「自己本位的自殺」は「社会が十分強固には統合されていない」（同書：352）ために「個人をそこから逸脱するにまかせている」（同書：265），そして「もはや自分の生にその存在理由を認めることができないところから発生」（同書：319）するのである。「他者本位的自殺」は「自己本位的自殺とたがいに対立」（同書：530）し「社会が個人をあまりにも強くその従属下においている」（同書：265）から「生の存在理由が生そのものの外部にあるかのように感じられるところから発生する」（同書：319）のである。「アノミー的自殺」は「人の活動が規制されなくなり，それによってかれらが苦悩を負わされているところから生じる」（同書：319）。「宿命的自殺」は「過度の規制から生じる自殺」である。

　以上のように整理すると，「統合 intégration」と「規制 régulation」がこれらの規定のキーワードであることが分かる。社会が「統合」されているということはどういうことであろうか。それは社会成員が共通の「規範 norme」を有しているということである。「規範」は人びとによって一定の自発性のもとに内的に受容されることをその前提としているのに対して，「規制」はそうした受容の有無とは独立に存在する外的な拘束力である。それゆえ，この「統合（共通規範）」の有無と「規制」の強弱を分析軸にとると，図のような4タイプの概念図を描くことができる（図11-3参照）。

　「自己本位的」は，まさしく「人格の尊厳」を共通規範として存立する近代社会の産物であり，「個人の自由」を保証するゆるやかな規制をもつ社会である。「社会が十分強固には統合されていない」という規定からすれば，「統合な

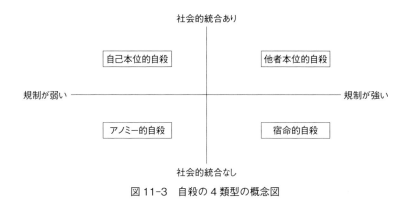

図 11-3　自殺の 4 類型の概念図

し」のもとに配列すべきであるように見える。実際，デュルケームも「両者（自己本位的とアノミー的）とも，社会が個人のなかに十分存在していないという理由から発生している」として，社会の統合性の欠如を示しているが，「しかし，自己本位的自殺においては，社会が欠如しているのはまさしく集合的活動においてであり，したがってその活動には対象と意味が失われている。アノミー的自殺においては，それが欠如しているのはまさしく個人の情念においてである」（同書：319-320）と続けている。これは，アノミー的自殺においては個人の内面において社会（＝規範）が欠如しているが，自己本位的自殺においては個人の内面においてというよりも，集合的活動において欠如しているのである，と主張されているのである。「十分強固には統合されていない」が個人の内面を通して統合（規範）は保持されているのである。

「他者本位的」は，共同体や宗教や組織における強い規範と規制のもとに「社会が十分強固に統合されている」状態のもとにある。

「アノミー的」は，a-nomie の字義通りに「規範 norme の欠如」を意味しており，前述のように「個人の情念において社会が欠如」しており，「さらに欲望をそそりたて，あらゆる規則を耐えがたいものにしてしまう」ところの「無規制 déréglément あるいはアノミーの状態」（同書：311）である。

最後に「宿命的」であるが，それは「アノミー的自殺と対立する」ものであり「過度の規制」「抑圧的な規律」（同書：530）のもとで生じる。では，「規

範」は存在しているといえるであろうか。古典古代において，奴隷は支配者（市民）社会の規範世界からは除外されており，自分たちの「社会」をもつことも許されていない。意識的な反乱集団となったときのみ自らの規範をもつことができたであろう。他方，あまりにも年若い夫や子どものない妻は，重たい社会的家族規範を自らのうちに内面化できないまま，それを「抑圧的な規律」と観じたままに自殺の道をたどったのである。

以上，デュルケームにおける自殺の4タイプを論じることによって，その概念構成にまで到達することができた。これまで，4タイプは「統合」「規範」「規制」の三つの分析軸によって位置づけられることが多かったが，二つの分析軸に単純化して類型論を構成したのである。[注2]

3 現代日本における宿命的自殺と他者本位的自殺

それでは，この概念構成の有効性を反省的に捉え返しながら，現代日本における自殺の諸タイプを考察していこう。

まず，「宿命的自殺」である。現代において，デュルケームのいうように「今日では，このタイプはほとんど重要性をもたない」といってしまえるのであろうか。筆者は「いじめ自殺」をこのタイプの自殺として捉えようと思う。

1994年11月27日，愛知県の中学2年生大河内清輝君が自宅裏庭の木にロープをかけて首を吊った。死後，遺書が発見され世論に衝撃を与えた。これ以前にもいじめ自殺があったが遺書は初めてであった。

> いつも4人（名前が出せなくてスミマセン。）の人にお金をとられていました。そして，今日，もっていくお金がどうしてもみつからなかったし，これから生きていても……。だから……。また，みんなといっしょに幸せに，くらしたいです。しくしく。
> 　　　　　　　　　　　　　　　　　　　　　　　　　　（中日新聞社編 1994: 9）

注2　宮島喬氏は，三つの分析軸によって類型論を示している（宮島 1979: 133）。

自殺理由は今日も，4万とられたからです。そして，お金がなくて「とってこれませんでした」っていっても，いじめられてもう1回とってこいといわれるだけだからです。 (中日新聞社編 1994: 10)

彼の属していたグループは8人，クラスでは「社長」グループと呼ばれていた。「社長」のA君は部活も同じであった。「極悪軍団」「パシリ」「召使」の階級制があり，清輝君は「パシリ」「召使」であった。遺書には，「なぜ，もっと早く死ななかったかというと，家族の人が優しくしてくれたからです」「14年間本当にありがとうございました。僕は，旅立ちます」とあった。

「社長」グループでのどうしようもないいじめ。他のクラス員はグループの絆をそこに見たであろうが，彼にとっては「過度の規制」以外の何物でもなかった。家族旅行や塾の送り迎えをしていた家族であるが，彼は家族に心を開かないままに感謝だけして去っていったのである（毎日新聞社会部編 1995: 64-66）。

その1年後の同じ日，新潟県の中学1年生伊藤準君が首を吊って自殺した。

「生きているのがこわいのです。あいつらは僕の人生そのものをうばっていきました。僕は生きていくのがいやになったので死なせてください。それからお父さん。自転車買ってくれて本当にありがとうございました。まだ一週間も乗ってないけど本当に感謝しています」と遺書には書かれている（新潟日報社編 1995: 24）。

ここにも清輝君と同様の文脈がある。あらためてデュルケームの規定をあげておこう。

それは過度の規制から生じる自殺であり，無情にも未来を閉ざされた人々のはかる自殺である。 (デュルケーム 1985: 530)

さて次に「他者本位的自殺」である。この典型事例は「引責自殺」であろう。1999年5月6日，日本長期信用銀行の上原隆元副頭取が自殺した。長銀の粉飾決算疑惑で東京地検から参考人聴取を受けていたが，元副頭取は当時決算担当の専務で同期決算の最高責任者の一人であった。

第Ⅱ部　社会の混迷のなかで繰り広げられるイデアの交流

> 東京地検特捜部が捜査した大型経済・汚職事件をめぐっては（中略）この2年間で関係者8人が自殺している。
> 　　　　　　　　　　　　　　　　　　　（毎日新聞1999年5月7日）

精神科医の斉藤学氏は新聞連載コラムで次のように言っている。

> 『会長はなぜ自殺したか』（読売新聞社会部）は，去年の夏に読み，まだ私の中に強い印象を留めている。宮崎邦次氏（第一勧業銀行元会長）の自殺（1997年6月29日）について書かれた本である。第一勧銀事件では前会長奥田正司氏以下あわせて11人の銀行幹部が商法違反（利益供与）で起訴された。（中略）宮崎という人は実に「良い人」だったようである。謹厳にして実直，何よりも上司，同僚，部下への気配りが素晴らしい日本のサラリーマンのかがみのような人だったという。（中略）幹部の一人は「起訴された11人のうちだれか一人が『ノー』と言って踏みとどまっていれば，宮崎氏の自殺を含めて第一勧銀の破局は起きなかっただろう」と言っている。しかし，ならなかったのは，かつての上司であり，先輩である人々を守り抜くことを何よりも優先したからのようである。
> 　　　　　　　　　　　　　　　　　　　（毎日新聞1999年4月20日）

　「会社への忠誠」による「集団本位的自殺」というようにわれわれは一括するが，その内実は斉藤氏がいうように「上司，同僚，部下への気配り」というまさしく「愛他的」な人間関係への志向が強くあるのかもしれない。
　以上二つの典型事例をあげたが，自殺の4タイプにはそれぞれ「複合的タイプ」があるとデュルケームは指摘している。「宿命的」と「他者本位的」の複合的タイプは，「宿命的」がたんに注記にとどまっているので説明されていないが，筆者はこの複合的タイプとして，現在大きな問題になっている「過労自殺」あるいは「リストラ自殺」をあげようと思う。新聞には次のように報道されている。

> 過労死弁護団全国連絡会議は19日，「自殺・過労死110番」を全国で展開しました。長引く不況とリストラのもとで肉体的精神的ストレスが増し，自殺に追い込まれるという深刻な相談が相次ぎました。相談件数の総数は300件，うち

自殺にからむ相談は52件を占めました。　　　（しんぶん赤旗1999年6月20日）

　この「110番」の中心にいる弁護士・川人博氏は著書『過労自殺』で詳しく報じている。その冒頭の事例「39歳・技術者の死——東京」は遺書で始まる。

　　私が行方不明になっているとの連絡が会社から有ったかと思います。この10ヶ月間は精神的，肉体的に大変疲れました。気分転換，生活改善の為，引っ越しも行いました。もう何もヤル気の出ない状態です。会社の仕事は放らかしで，会社の人々には大変な心配，迷惑をかけているのですから，会社のことは恨まないで下さい。残っている人に申し訳ありませんが，もう全て放り出してしまえば何も疲れることは有りません。そもそもこのような事態になったのは，やはり不況の影響でワリの合わない，リスクの大きいことも取り込まねばならないとの環境下で，問題を溜め込んでしまうという個人的性格が災いしたのと，仕事の処理判断のミスが精神的肉体的疲労で重なった為でしょう。

（川人 1998: 2-3）

　この技術者が失踪した日は，また，彼のプロジェクトの部下二人のうち一人が「体が壊れる直前だと感じ，これ以上仕事を続けると人間的生活が送れなくなると考えて，退職届を提出しようとした」（同書：10）日でもあった。ノルマ達成のために深夜残業，土日出勤を続けなければならない彼らにとって，この重い仕事と職場環境は「宿命的」ともいえるものになってはいないであろうか。仕事に対して距離をとってようやく決断できるのが退職届の提出ということである。その距離さえとれないままに疲労が蓄積し抑鬱的になり「もう全てを放り出してしまえば何も疲れることは有りません」という事態に陥っているのである。

　もう一つの問題は，彼の「会社のことは恨まないで下さい」という悲痛な願いである。「ほとんどの過労自殺の遺書では，自らを死に追い込んだ会社に対する抗議の言葉，無理難題を強いた上司に対する怒りの言葉は見られず，もっぱら，期待に応えられなかった自分を責める内容になっている」という（同書：86）。抑鬱的になれば過度の自責の念にとらわれるのが特徴であるが，そ

れにしても会社や職場に対するこの自責は尋常ではない。「会社人間」「仕事人間」といわれてきた日本人の「他者本位的」性向がやはり深く根を下ろしているのであろう。

4　現代日本における自己本位的自殺

芥川龍之介の自殺を先端的な事例とする「自己本位的自殺」を戦後の現代に求めるならば、やはり、同じ文学者である川端康成の自殺をあげなければならないであろう。1968年にノーベル賞を受賞した日本文学の第一人者がなぜ自殺したのか。精神科医でありペンクラブ会員の斉藤茂太氏は晩年の川端について次のように述べている。

> とぎすまされた神経の持主だから、普通の人なら笑ってすませることでも、キリキリと胸にこたえる。ノーベル賞受賞者としての重み、秋に迫ったペンクラブ大会の準備など疲労が重なったせいか、一時断っていた睡眠薬を再び使い始めていた。(中略) 72歳という高齢に伴う物の考え方、記憶力の衰えを敏感に感じとっていたと思う。川端先生は"精神"で生きている方だけに、前途に対する不安も強かったと思う。　　　　　　　　　　(毎日新聞1972年4月17日)

川端はノーベル賞受賞の際の講演「美しい日本の私」のなかで、1933年に35歳で書いた随筆『末期の眼』に触れ、芥川の「手記(遺書)」の一節「僕も亦人間獣の一匹である。しかし食色にも倦いた所を見ると、次第に動物力を失ってゐるであろう。僕の今住んでゐるのは氷のように透み渡った、病的な神経の世界である」(芥川 1970: 435) に言及した。川端において、生と死の問題が青年期よりどのように省察されてきたかは、氏の文学を考えるうえで重要なテーマであろう。そして、その最晩年において、三島由紀夫事件や都知事選挙の経緯など雑多なストレスで「動物力(生命力)」を急速に消耗し、一種の鬱状態に陥りながら、そのテーマの延長上に自らの死を位置づけたのであろう。

「動物力(生命力)」は活動、運動である。デュルケームは言っている。

あらゆる運動は，ある意味では集団本位的なものである。なぜなら，運動は遠心的なものであって，存在をその外部に向けてひろげさせていくからである。反対に，反省というものは，なにかしら個人的で自己本位的なものをもっている。
(デュルケーム 1985: 348)

　運動を失っていく人びとは，自らの内へと反省を強めていくことになる。そのような反省の意識には，やはりデュルケームが言っているように，「意識は，周囲を空洞化することによって，みずからの内部にも空洞をうがち，すでに自己のみじめさ以外には反省の対象を残していない」(同書：349) という状況をもたらすことにもなる。自殺を専門領域としている医師・大原健士郎氏は「川端さんの死に方は，老人の自殺としてきわめて平均的な要因があり，消えるように命を断ったという印象を強くする」(毎日新聞 1972年4月17日) と言っている。
　ところで，65歳以上の高齢者の自殺率は各年次においてきわめて高く，また，高齢になるほど高くなっている (自殺率60を超えている)(図11-2参照)。高齢者の自殺について，精神医学的立場から高橋祥友氏は次のように述べている。

　若者と比べて，高齢者では死の決意が確固としていて，既遂自殺に終わる危険が高いことも事実です。全人口の未遂・既遂比はおよそ10対1です。(中略) 青少年の未遂・既遂比は100～200対1なので比べて，高齢者のそれはおよそ4対1という報告があります。
(高橋 1997: 124)

さらに次のように述べている。

　自殺した高齢者は生前にうつ病にかかっていた可能性が高いものの，実際には専門の精神科治療を受けていなかった (中略) 事実が多いことも指摘されています。
(同書：126)。

　生命力の減退に起因すると思われるいくつかの点があげられているが，特徴づけて論じなければならない点は必ずしも多くない。川端の自殺は，先鋭な生

の意識をもった人のものだけに、そこに含まれている高齢者としての自殺の通常性の位置をかえって明らかにしているように思われる。

さて、川端の自殺と並べて考察しなければならないのは、やはり三島由紀夫の自殺である。1970年11月25日、三島は市ヶ谷の自衛隊駐屯地東部方面総監部に楯の会のメンバー4人と押し入り、総監を監禁したうえでアジ演説を行い、その後、メンバーの1人とともに割腹自殺を遂げたのであった。この壮烈な三島由紀夫の自決について、前出のパンゲは、第一のピークの自殺に関説したところで次のように言っている。

> 彼らの子供時代を満たした戦争のざわめき、戦争ゆえに彼らが経験せざるをえなかった精神的挫折、そのために彼らは死ぬのだ。三島も、遅れて、その一人となる。　　　　　　　　　　　　　　　　　　　　　（パンゲ 1986: 27）

たしかに、加藤周一も次のようにいう。

> 名誉の戦死をとげる代わりに、三島は兵役をのがれた。（中略）敗戦は、三島の「生き残り」としての自己同定を、決定的なものにした。　　（加藤他 1977: 134）

> あらゆる日本人の例にもれず、三島は敗戦と占領がもたらした断絶を痛烈に感じていたが、そうした断絶が自分にとってもつ意味を彼が明確に語り出したのは、1960年代になってからだった。　　　　　　　　　　　　　　（同書：135）

それは、天皇を神聖な地位に復権させることによって「真の日本」を打ち立てようとするナショナリズム──「漠然とした、ロマンティックな、発作的なナショナリズム」──復興のヴィジョンであった（同書：181）。

三島はこのように「激しい他者本位的」情動に身を委ねていったのである。

しかし、三島の作家としての本質は一貫して「自己本位的」なものであった。

官能的であれ心理的であれ、彼はみずからの内的世界を探求することによって、青年作家の名乗りをあげていたのである。他の人々が外向的だったとき、彼は

内向的だった。他の人々がまず何よりも社会状況に関わっていたとき，彼は断乎として自己中心的だった。　　　　　　　　　　　　　　　　（同書：178）

　そして，多くの文学作品を通じても，また，ボディービル，ボクシング，劇作，映画，写真モデルなどを通じても，自己の表出に熱心であった。最後に，その死において表現した「文化的な生命力復活のヴィジョン」は，「あまりに唯我論的要求に支配されていた」ものであった（同書：176）。
　デュルケームは自殺の諸タイプの複合的な形態の一つとして，自己本位主義と他者本位主義という，それ自体としては相反する両極であるものが結びつく状況がありうることを，次のように述べている。

　　社会が解体にひんして，もはや個人の活動の目標となりえないような時期になお，この自己本位主義の一般的状態の影響をこうむりながら，なにか他のものを希求するような個人あるいは集団が存在することがある。かれらは，あてどもなく自己本位的な快楽のあいだをあれこれとさまようことは自己から逃避する良い手段でないことをよく知って（中略）いるので，恒常的にむすびつくことができ，また生に意味を与えてくれるような永続的な対象をさがし求める。ただかれらがむすびつくことのできるものはまったく実在しないので，そのような役割を演ずることのできる観念上の実在を，まったく新たに創造することによって満足するほかはない。そこで，思索のなかであるべき空想的な存在をつくりあげ，その奉仕者となり，それに一途に身をささげるだけに，他のすべての存在から，すなわち自分自身からも切り離されるようになる。（中略）こうして，かれらは，二重の矛盾にみちた生活を送ることになる。すなわち，こと現実世界にかんするかぎり個人主義者であり，この理想的な対象にかんするかぎり万事極端な集団本位主義者である。ところがいずれの傾向も自殺に通じているのだ。　　　　　　　　　　　　　　　　　　　（デュルケーム 1985: 363）

　これは，三島の自殺のありようをみごとに言い当てたものになっていないだろうか。
　ところで，有名人の自殺は強く印象に残るものであるが，近年（2000年＝本

稿執筆時）では，映画界の伊丹十三，落語界の桂枝雀の自殺があった。

伊丹は，「お葬式」「マルサの女」など時代のテーマに切り込む社会派娯楽作を連続的に発表してきたが，1997年12月の写真週刊誌による女性関係報道に対し，「死をもって潔白を証明します」という遺書を残して自殺した。自分を取り巻く状況の急激な悪化による急性アノミー的な自殺ということができよう。しかし，この程度の報道で自殺にまでいたるのは，その背景になにか事情があると考えるのが自然である。映画評論家の臼井佳夫氏は「率直に言うと，このところ映画監督伊丹十三は，ちょっと足踏み状態だった。（中略）観客は強欲なもので，もっと彼らしい新鮮な作品を望む。敏感な彼は，それを強く感じ，また，後輩たちの活躍にあせりのようなものがなかったとはいえないだろう」と言っている。マスコミ文化のなかで欲求を肥大化させる「強欲な」観客の需要に応えなくてはならない。そこには人には言えぬ孤独の苦闘があったことであろう。臼井氏は「伊丹監督は実にエネルギッシュな創造者だが，私的にはとても孤独な人だったのではないか」とも言っている（毎日新聞1997年12月22日）。

桂枝雀は，落語界の鬼才として，派手なアクションと独特のイントネーションで固有の芸風を築き，落語理論，英語落語も開拓していった。しかし持病で仕事を休みがちになり，1999年3月に自殺を図り，意識不明のまま1か月後に死去した。

両者に共通な点は，創作意欲旺盛な個性人であり，「マルチ人間」といわれる多才さをもっていたことである。大衆の「受け」を求めて自分のあらゆる可能性を開拓したということがいえよう。それだけに，大衆からの積極的な反応が返ってこなくなると，自分そのものを急速に失う危険性をもっていたのかもしれない。そういう意味で，アノミー的状況のなかでの自己本位的自殺ということができる。

デュルケームは，自己本位的とアノミー的の複合的タイプについて次のように述べている。

> かれは，ひとり二役を同時に演じている。すなわち，みずからの心の内なる空虚を埋めるために，あらたな興奮を追い求め，むろん，いわゆる情熱家ほどに

それに血道をあげはしないが，しかしまた，より早くそれに飽いてしまい，倦怠からふたたび孤独にかえり，はじめのあの憂鬱をいよいよ深めてしまうことがある。
(デュルケーム 1985: 361)

　自殺にいたる過程での二人の心の内には，これと似た状況があったのではないかと推測される。

5　現代日本におけるアノミー的自殺

　このような自殺のありように近いところに，ロックシンガー尾崎豊の26歳の死がある。よく引用される彼の代表作「卒業」は，「行儀よくまじめなんてクソくらえと思った／夜の校舎　窓ガラス壊してまわった／逆らい続け　あがき続け　早く自由になりたかった／信じられぬ大人との争いの中で／（中略）／この支配からの卒業／（中略）／あと何度　自分自身　卒業すれば／本当の自分に　たどりつけるだろう／」と歌っているが，管理教育のなかであえぐ10代の若者たちの悲しさと憤りを体現する「ヒーロー」になっていった。自殺未遂，精神科入院，覚醒剤所持，そして泥酔による急死。
　この尾崎をめぐって，森岡正博氏は「癒しと救済の罠」という題で興味深い考察をしている。

> 前期のメッセージは，誤解を恐れずにいえば，「倫理学」のメッセージである。そこで語られるのは，「正しさ」であり，「自由」であり，「愛」である。後期のメッセージは「宗教」だ。「欲望」「罪」「安らぎ」「いのち」。それらが歌のなかにあふれている。
> (森岡 1996: 141)

　「卒業」は，前期のメッセージの一つの極にあり，「自由への追求は，やがて『死の衝動』へと向かっていく」（同書：145）傾斜をすでに含み始めている。そして，

第Ⅱ部　社会の混迷のなかで繰り広げられるイデアの交流

> 尾崎はドラッグに走った。(中略) ドラッグへの没入と，そこでは何も得られなかったという自己否定を経て，尾崎はしだいに宗教へと自分の進路を向けはじめるのである。
> 　　　　　　　　　　　　　　　　　　　　　　　　　　(同書：148)

そこで，彼が格闘した対手は「欲望」であった。

> 真夜中の街並みに　狂い出した太陽が／欲望の形を変えて　素肌から心を奪ってく／(中略)／欲望の暗闇に　狂い出した太陽が／この狂った街の中で　慰安に身を隠す人々を照らし出している
> 　　　　　　　　　　　　　　　　　　　　　(尾崎豊「LOVE AWAY」)

> 昨晩　一晩中　欲望と戦った／君を包む全てが　僕を壊すから
> 　　　　　　　　　　　　　　　　　　　　　　　(尾崎豊「太陽の破片」)

そして森岡は言う。

> 尾崎は，罪と，超越者からの裁きを切実に感じながらも，自分は「欲望」の側に立とうとしている。「生きる為に汚れていく全てが愛しい」と，欲望にまみれて汚れて生きてしまう生を，肯定する。
> 　　　　　　　　　　　　　　　　　　　　　　　　(森岡 1996: 151)

ここには，「正しさ」「自由」という自己本位主義のタームと「欲望」「狂い」というアノミー的タームがキーとなって，展開されている。

デュルケームは，自己本位的とアノミー的の複合的タイプについて次のように続けている。

> たとえば，たえず充たされない欲望をいだいている者でも，一定の限界につきあたれば，その限界がかれを反省へみちびき，みずからの内面生活に，この裏切られた情念の慰めを求めるようにさせることがある。しかし，[もともと]かれは内面生活のなかに愛着の対象となるものをみいだすことができないので，その心象のうながす悲哀は，ふたたびかれを逃避に追いやり，けっきょく不安と不満をつのらせる。こうして，複合的な自殺が生じるのであるが，ここにお

いては，失望が興奮と，夢想が行動と，欲望の狂奔が憂鬱な瞑想と，交互にかわるがわるあらわれる。　　　　　　　　　　　　　　　　　（デュルケーム 1985: 362)

　この叙述は，尾崎の世界をあまりにもみごとに言い当ててはいないだろうか。
　そして，森岡氏が「尾崎の最高傑作だ」とする「永遠の胸」は「信じたい偽りなき愛を　与えてくれるものがあるなら／この身も心も捧げよう　それが愛それが欲望／それが全てを司るものの真実　なのだから」と歌っている。尾崎の「全てを司るものの真実」へ向けての自己救済――それは他者本位主義の境涯であるといえよう――は道半ばで終わったともいえるし，否，尾崎なりの仕方で達成したのだ，ともいえるであろう。
　尾崎の死から 6 年後の 1992 年 4 月，元 X ジャパンの hide が死んだ。やはりかなり酒に酔った後の，自殺とも事故死ともつかないあいまいな死であった。池田知隆氏はいう。

　　「この私がどう生きるのか」そのように真摯に突き詰めていく尾崎豊のような
　　"重さ" は，hide にはない。より，ビジュアルで，もっぱら飛翔していくような
　　"軽さ" が hide の魅力だった。　　　　　　　　　　　　　　　　　（池田 1998: 32）

そこに，80 年代の尾崎と 90 年代の hide の違いがあるという。

　　「たまっているものを吐き出せ」それに応じて，酸欠になるまで頭を振るファ
　　ン。両手を頭の上でクロスさせて飛ぶ "X ジャンプ" も飛び出す。サイケがかっ
　　た hide のギターは，会場をさらに陶酔の渦に巻き込んだ。　　　　　（同書：24）

　hide は，尾崎よりも，アノミー的に純化しているように見える。大人たちの世界の規範との格闘はもはやない。若者たちだけがお互いに分かりあえる時空を共有できればいいんだという割り切りのなかで，彼らは一時一時の自己回復を図ろうとしているように見える。hide は個人的には難病少女と交流し，骨髄移植のドナー登録をし，ファンにも協力を訴えた。相棒の TOSHI はその後，自己開発セミナーへの参加をきっかけに自己へのこだわりを捨て，自由に

生きたいと思うようになっている。デュルケームは「アノミーは，人をかれ自身の外部に投げだし，自分のなかに閉じこもることをさまたげるからである」（デュルケーム 1985: 361）と言っている。

さて，まだ言及していないデュルケームのタイプとして，アノミー的と他者本位的の複合的形態がある。

> アノミーはまた，集団本位主義とも同じくむすびつくことができる。すなわち，同じ一つの危機が，個人の生活を混乱におとしいれ，個人とその環境のあいだの均衡を破壊し，それとともに個人の集団本位的傾向を刺激して自殺をまねきやすい状態におとしいれることがある。 （同書：362）

彼は，ローマ人によるエルサレムの陥落の際のユダヤ人たちの一団の自殺，将校や下士官が退役をしいられたときの自殺などとともに，破産者の自殺をあげている。

> 破産者が，その名誉や家族を破産の恥辱で汚すことを恐れ，と同時に零落した地位において生きることをいとうために，自殺をすることがすくなくない。 （同書：362）

日本の自殺の第三のピークを形成しつつある主要因は，この間の不況による経済・生活問題である。警察庁のまとめによると，1998年の自殺者総数の18％余の6058人が経済・生活問題による自殺であり（第1位は，病苦の35％である），前年に比べて70％の大幅な増加である。原因の区分は，①借金2977人，②事業不振1165人，③生活苦735人，④失業409人，⑤就職失敗130人，となっている（毎日新聞1999年7月2日）。

1998年2月，東京都国立市のホテルで，自動車用品関連の3人の会社経営者が自殺した。3社の借入金総額は17億円であった。中心のS社は98年の売上は65億円で，経営者は90年に日本ダービーで優勝した馬の馬主であった。遺書には「資金繰りに困った」「会社は弁護士と相談してやってほしい」，家族宛に「自分が死んだら保険金が下りる」とし，その使途が書かれていた。バブ

ルの崩壊による急速な業績の悪化と事業不振による自殺である。しかし，会社と家族への今後に対して心を砕いている（毎日新聞1998年2月27日）。

　倒産自殺にはあたらないが，1999年3月，ブリヂストン社の58歳の元課長が，社長に抗議の末，その面前で割腹自殺した。父親から2代にわたる「創業者石橋家」への忠勤，家族主義経営から合理主義経営へ舵を急旋回させる元同僚の社長，そして，本人の地位の急速な下落とアノミー的な悲憤の心情（中川1999）。すでに分析した過労自殺（集団本位的と宿命的の複合的形態）と，会社という場を同じくしながら，集団本位的と急性アノミー的の深い結合の形態を見るのである。

　さて，最後に，経済・生活問題の原因の1位の「借金」について言及しておきたい。借金は，事業とも生活とも関連しながら独自のカテゴリーを形成している。借金苦による自殺は一般的にすぎるのかその事例を収集することができなかった。借金苦の純粋形態はある意味で保証人になったがゆえの借金であろう。それが巨額で逃れがたいものであれば，家族生活をも巻き込む自己破産か，保証人本人の自殺しか道はないであろう。それは本人にはどうしようもない圧倒的な外部的規制による宿命的な自殺といってよい。しかし，多くの場合は，借金をした本人における自殺であろう。そこにおいては，彼らの欲望の一定の増大と借金の増大が相互に進行している。そして，ある閾値を超えて借金が増えていくとき，そこにはどうしようもない「借金地獄」の世界が広がり，彼らの未来を飲み込んでいく。そこには，アノミー的と結合した宿命的な自殺のタイプが発生するのである。この形態については，デュルケームは言及していないが，付加することが可能であるといえよう。

　以上を総合して，図11-4を作成した。

　組み合わせからいえば，さらに自己本位的と宿命的との複合的形態の自殺タイプが想定されるのであるが，本稿ではこのタイプを論証することができなかった。

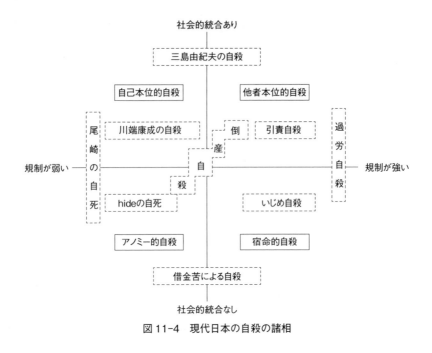

図11-4　現代日本の自殺の諸相

6　生と死が背中合わせになってきた時代

　数も増大し，種類も多様になっている現代の自殺について，以上のように，100年前のデュルケームの『自殺論』の分析を適用してみた。当初の予想を超えて，今日の自殺の多面性を有意義に分析することができたように思う。このことは，デュルケームの分析軸，すなわち，「統合」（あるいは「規範」）と「規制」という概念が社会にとって非常に普遍性をもったものであり，社会のあり方がそれらの概念によって4タイプに分析的に有効に構成されること，また，その展開のなかに前近代，近代，現代の展開の歴史性を含んでいること，を示しているからであろうと思われる。
　しかしながら，同時に，少年たちの軽いノリの自殺さえ出てきている。たとえば，1998年3月，群馬県の中学2年生が学校での喫煙を注意された後に自

殺した。この事例を捉えて池田氏は，「『ちょっと向こうに行ってくる』『先に行って待っている』という言葉は，無意識の内にいまの子供の来世観を示している」と述べて遺書を引用している。

> Aへ／この letter は A あてに書くけど，できれば，みんなでよんで！／まず初めに，"ゴメン"まじで。今回オレのせいでみんなやベーことになっちまって。けどもうオレはぜったいみんなにめいわくかけない！なぜならオレはもうこの世から，いなくなるから!?ってゆーか，，もう A がこの手紙よんでるころはオレは天国or地獄に行っていると思う。ほんとに自分勝手でゴメン。オレが死ぬ理由は，みんなにわるいから＆家でいろ×2あったから＆人生から逃げたくなったから（これから生きていく自信がなくなったから）。どれもオレが悪い＆オレのわがままだけれどまじでそう思ったから。みんなこれからチョー大変なのにオレだけ楽なみちえらんで本当にみんなに悪いと思ってる。ゆるしてください。
>
> （池田 1998: 108-109）

　そのほか，宅配薬物の常時携帯による「自殺克服法」，また，アメリカの中学校における生徒による銃乱射の後の自殺など，きわめて錯綜した事態が増加している。他方，延命治療，臓器移植，安楽死などの諸問題が，自己の死のありように対する自己決定という課題を提起している。このように時代の尖端が，アノミー的状態をさらに突き抜けていこうとしている今日，次の時代に向けての新しい『自殺論』を書くことが社会学者に要請されているといえよう。

参考文献
芥川龍之介　1970「或旧友へ送る手記」『芥川龍之介集　日本文学全集25』筑摩書房。
池田知隆　1998『日本人の死に方・考』実業之日本社。
臼井吉見　1970「人と文学」『芥川龍之介集　日本文学全集25』筑摩書房。
加藤周一／ライシュ，M.／リフトン，R. J.　1977『日本人の死生観』下，岩波新書。
川人博　1998『過労自殺』岩波新書。
高橋祥友　1997『自殺の心理学』講談社現代新書。
中日新聞社編　1994『清輝君がのこしてくれたもの』海越出版社。
デュルケーム，E.　1985『自殺論』宮島喬訳，中公文庫（Durkheim, É. 1897 *Le Suicide:*

第Ⅱ部　社会の混迷のなかで繰り広げられるイデアの交流

　　　étude de sociologie〔deuxiéme édition, Librairie Félix Alcan, 1912〕）。
中川一徳　1999「ブリヂストン元課長リストラ割腹自殺肉親宛四通の遺書」『文藝春秋』
　　6月号。
新潟日報社編　1995『準君事件といじめの深層・凍った叫び』新潟日報事業社。
パンゲ，M.　1986『自死の日本史』竹内信夫訳，筑摩書房。
毎日新聞社会部編　1995『総力取材　「いじめ」事件』毎日新聞社。
宮島喬　1979『古典入門　デュルケーム自殺論』有斐閣新書。
森岡正博　1996『宗教なき時代を生きるために』法蔵館。

第 12 章

堕落する「世俗の神」＝貨幣

初出:「堕落する『世俗の神』＝貨幣」居安正・副田義也・岩崎信彦編『21世紀への橋と扉——展開するジンメル社会学』世界思想社, 2001年。なお, 一定部分の省略と若干の補正が行われた。

1 シンボルとしての貨幣

(1) 浮動するマネーの世界

　テレビニュースの終わりにドルとユーロの円価が表示される。本稿執筆時点 (2001年) で1ドル109円, 1ユーロ96円。地球の回転とともに刻々と変化する為替市場。各国の金融センターのディーリングルームで若い男たちがまるでゲームに興じるようにマネーを売り買いしている。しかし, その背後でどのような集団, ネットワークが動いているのか, なかなか見えてこない。国際的な金融集団が一国の市場に密かに介入して株価, 貨幣価を操作して儲けをさらった後, 経済の荒廃を残して去っていくということも日常茶飯のことである。

　ドル高円安に端を発する1995年のアジアの通貨危機, 政情不安を反映した1998年のロシアの通貨危機が叫ばれたのもついこの前のことである。先物取引をはじめ各種の金融商品が次々に開発され, 為替取引高は年間300兆ドルを超え, 実物取引である貿易額の60倍になるというのであるから, マネー市場の大きさは想像を絶するものがある。浮動するマネーの価格の振幅は, それゆえ, 実際生活における揺れの数十倍なのであり, その動揺が今度は実際生活を

襲うのである。われわれはまさに人類史上稀有の時代に住んでいるということである。

ところで，ジンメルが『貨幣の哲学』を上梓したのはちょうど100年前の1900年である。その時代，ロンドン金融市場を有するイギリスはすでに1821年に金本位制と兌換制度を確立し，世界市場に対する影響力を強めていた。まだ金銀複本位制あるいは銀本位制をとる国が多かったが，1871年にドイツが金本位制を採用すると各国がそれに続き，日本が1897年，アメリカ合衆国が1900年に移行した。世界市場はこうして金本位制の網の目で覆われたが，第一次世界大戦によってそれは停止した。戦後1920年代にふたたび金本位制に復帰していったが，それは長続きせず29年の大恐慌によって崩壊した。第二次世界大戦後は，アメリカのドルが世界の支配通貨となり世界市場を再建したのであるが，ベトナム戦争の後の1973年にドルの金との交換が停止され為替変動相場制の時代に入ったのである（鯖田1999）。

「西側世界の金融システムは急速に巨大なカジノ以外の何物でもなくなりつつある」というセンセーショナルな言葉で始まる，スーザン・ストレンジの1986年の著作『カジノ資本主義』は，次のようにいう。

> 貨幣が提供できる能力は（中略）かつてより弱くなっている。（中略）貨幣の使用が人間関係にとって，社会における人間行動にとってどのような意味をもっているか若干考えてみる必要がある。（中略）この点を最も考えぬいたものの一つに前世紀のまさに終わりに現われたドイツ系のユダヤ人の学問的著作がある。
> （ストレンジ 1988: 146-151）

こう述べて，ジンメルとその著作『貨幣の哲学』に言及している。ジンメルは浮動するマネー市場がもつ「不確実性の悪循環」という今日的状況をまだ知らなかったわけであるが，貨幣を「信頼と信認の源泉」であると捉えることによって，信頼に基づく貨幣の安定性の背後に不断の動揺性を洞察していることを，ストレンジは高く評価しているのである。

(2) マルクスとジンメル

　それではジンメルは貨幣をどのように捉えていたのであろうか。彼はまず「史的唯物論に基礎工事をする」(Simmel 1989: 10 = 1999: 10) と神妙に宣言する。マルクスの唯物論的な経済論に人間論的な「下部構造」を与えようというのである。そして，商品＝貨幣説に立つマルクスの価値形態論を次のような概念で読み直していく。被欲求性と希少性（交換の基礎条件である），積極財と消極財（使用価値と価値の読み直しである），秤量の相互性に基づく等価性（第一形態の読み直しである），価値尺度と数量比例（第三の読み直しである），「通用するもの」と象徴としての貨幣（貨幣の形態的使用価値と貨幣形態の読み直しである）。詳細は別稿に譲るとして，こうしてジンメルは貨幣を商品実体ではなく象徴として捉えるところに到達するのである（岩崎 1988）。

　当時の貨幣は銀行券であり，預金の現金残高（金準備）に基づく手形証書という信用貨幣であった。あくまで銀行券は準備された金といつでも兌換することのできるものであり，多くの銀行がそれぞれの地域経済圏でそれを流通させていた。それを政府が中央銀行の発行する銀行券に統一化して認証することによって一国の法定貨幣が成立したのである。

　この中央銀行券を見る場合，金との兌換性にその本質を見て紙幣をたんに金の章標にほかならないとするならば，マルクスのいうように，貨幣＝金商品という商品貨幣（実体貨幣）説となるであろう。しかし，ジンメルはそうではなく，銀行券のもう一つの側面を本質的なものとして捉えた。銀行券の信用創造の面である。すなわち発行される銀行券は一回一回兌換されるわけでなくそれ自体で流通するのであるから金準備は発行銀行券の額面総計の何分の一かでよい。そこに信用が発生するのであり，政府がそれを認証すればその信用はいっそう大きなものになる。ジンメルは，そうした信用貨幣が一国社会全体の普遍的支持のもとで流通することができるのは，貨幣発行権をもつ政府とそれを核とする「社会圏」に対する「信頼」が存在しているからであると説く。

(3) 信用と信頼

信用と信頼。よく似た言葉にジンメルは彼の『社会学』で次のような区別をしている。

> 完全に知っている者は信頼する必要はないであろうし，完全に知らない者は合理的にはけっして信頼することができない。　　　(Simmel 1992: 393 = 1994: 上 359)

> 信頼にはなおいま一つ別の類型がある。それは知識と無知の彼方にある（中略），それは，他者への信用と呼ばれ，宗教的な信仰のカテゴリーに入る。（中略）ある人間に対するこの内的無条件性は，むしろ他者たちにかんする心の原初的な態度なのである。　　　　　　　　　　　　　　　　（同書：393 = 上 360-361）

知と無知のあいだを漂う信頼（Vertrauen），知と無知の彼方にある信用（Glauben）。貨幣は確かに政府と中央銀行に対する信用に直接基づいている。われわれは，政府と中央銀行について，そのつどの財政収支や貸方借方の信頼度を吟味しながら信頼しているわけではない。そうした知と無知を超えて信頼している。信頼しないわけにはいかないものとして信頼している。それは「宗教的な信仰（Glauben）のカテゴリー」に近い。しかしながら，政府が一国社会の国民的支持によって存立しているように，通貨発行者としての政府に対する信用は，社会（圏）の広範な信頼に根差して初めて成り立っている。それでは「社会圏に対する信頼」とは何であろうか。

シャンドは，ハイエクに拠りながらオーストリア学派の思想のなかに「自由市場の道徳性」を探究している。市場において個人が自らの利己心に基づいて行為することによってユーティリティ（効用）を実現しうるのは，われわれ自身が行為の結果を最もよく知っているからであるとする功利主義の見解に対して，「人間は，特定の行為の結果のすべてがどうなるかを知っているからではなく，知らないからこそ，諸々の行動ルールを発展させてきたのである」「だからこそ，すべての人が自分のできることを自由にやってみることを許される

べきだ」というハイエクの考えを引き，人々の自発性とルール形成の自生性を指摘している（シャンド 1994: 110, 124）。人間の行為は自己と他者の相互作用のなかでなされるのであるから「二重の偶有性」に規定されており，まさしく知と無知の半ばにある。

2 貨幣がもたらす浪費と倦怠

(1) 魅力と羨望

　それではジンメルは，貨幣に対する信頼の内容をどのように把握しているのであろうか。その鍵になる概念として「羨望」に注目してみよう。彼は，金貨幣を，原始的実体貨幣から象徴貨幣への展開を媒介する「きわめて効果的な中間」(Simmel 1989: 170 = 1999: 135) として捉えているが，それは金や銀が「装飾貨幣」であるからである。人は金銀，宝石を身につけることによって，その人の自我の中心点から放射する人格を輝かせ人に「魅力」を与える。「人びとは他者のために身を飾る」。他人はそれに魅力を感じ，自分も欲しいと羨望を覚える。たとえ手に入れることができないにしても，羨望をもつこと自体が彼らの欲求を和らげるのである。そしてその羨望を受けて金銀の装飾はなお輝きを増すことになる。装飾へのこの欲求は，実体貨幣の内容をなしていた家畜，米，魚など生物的な「唯我論的な」欲求とは異なり，「装飾とは社会的な欲求である」のである（同書：212 = 168）。原始貨幣における貝殻貨幣に，あるいはクラ交換における腕輪や首飾りに源を発しているものである。

　紙幣である象徴貨幣に生物学的な欲求を抱くものはいない。装身具として輝きを発することもない。しかし，人は貨幣を多く持っている人に対して羨望を抱く。というのも金持ちはその貨幣によって貴重なものを購入することができる。貨幣の「交換万能性」の魅力とそれへの羨望である。そして，貨幣の交換万能性は，皆が貨幣を欲することによって，すなわちその普遍的な被欲求性（欲しがられること）に基づいて社会圏のいたるところで流通するのである。被欲求性と流通性に支えられた交換万能性，そして，交換万能性に導かれた被欲求性と流通性。そうした相互媒介的な自己生成が貨幣の存立を支えているので

図 12-1　装身具（左）と象徴貨幣（右）への羨望

あり，その基底に人びとの羨望という心的機制があるのである。それを図解したものが図 12-1 である。装身具がもつ固有の輝きは，象徴貨幣においては社会的に形成されているのである。

(2) 利他心と利己心

ジンメルは，『社会学』の「装身具についての補説」で次のように言っている。

> 周囲の人々に気に入られたいという人間の願望のなかには，次のような反対傾向が絡み合っており，それらの相互運動において一般に諸個人のあいだに関係が実現される。すなわちそこには好意，つまり喜びでありたいという願望があるが，しかしまた別な願望，つまり喜びと「親切」とが是認と評価としてわれわれに還流し，価値としてわれわれの人格に帰せられたいという願望である。
> 　　　　　　　　　　　　　　　　　　　　（Simmel 1992: 429 = 1994: 上 379）。

ここには，羨望という心的機制が利他心と利己心の絡み合いにおいて丁寧に解析されている。近代の商業社会において捉えられるこのテーマはアダム・スミス以来おなじみのものであり，スミスは二つのもののあいだに「見えざる手」が働くのを見たのであった。しかし，われわれはそのように楽観するわけにはいかない。ジンメルは，他者のためにすることによってのみ自分のためにする人びとの心を直視している。先に引用したシャンドは哲学者ブロードの「自己関連的利他心 self-referential altruism」に言及し，そこに「自分の家族や同僚に近い人びとを心配する」日常生活の感覚を見ながら，それが「汝自身を愛するごとく隣人を愛せよ」という教えとどう関わるかを述べている（シャンド 1994: 129）。試みにこれに対応させていえば，装身具に関わる願望は「他

者関連的利己心 other-referential egoism」と規定できる利己心であるかもしれない。これもまた，仏教の教えにある「自利利他」(自分の利を追求することが他人を利する，そのような自利のあり方) の深い意味へといたる道を含んでいる。

　われわれは，しかしながら，こうした教えにはまだほど遠く，身内の集団利己心に飲み込まれてしまいそうな「自己関連的愛他心」の世界に生きている。そしてまた，羨望という萌芽がしだいにふくらんで，他者への厚意は「この場合，権力への意志の手段となる」(Simmel 1992: 429 = 1994: 上 379) というように「他者関連的利己心」の世界が形作られていく。羨望は，実際，「猜忌」「嫉妬」(同書: 319 = 上 293) へと屈折していきもする。人間とは所詮そういうものなのである。そういう納得をわれわれは日常生活の共通感覚としており，それによってお互いの知と無知のあいだを架橋し，信頼し合って生きているのではないか。貨幣の信用を支え浸している社会圏の信頼というエーテルは，信頼という言葉が本来もつ美しい響きのなかにあるのではなく，諦めにも似た現実主義の色彩をまとっているといえるのではなかろうか。

(3) 価値剰余から剰余価値へ

　二つのモノが交換されるとき，それぞれの商品の所有者の側で秤量が行われ，双方に積極財 (入手できるもの) ＞消極財 (手放すもの) という不等式が成立して有用性の増大 (積極財) が見込まれることによって，交換が実現するのである。それが「秤量の相互性」(Simmel 1989: 56 = 1999: 41) であり，一方が他方の価格を表現するのであった。二つのモノはここにおいて結果として等価なのであるが，貨幣と商品の交換の場合はどうであろうか。

　事態は基本的に変わるものではないが，貨幣所有者の側に小さいものではあるがアドバンテージが留保されている。商品の販売者は貨幣所有者である顧客に頭を下げ，ときには景品を出す。このアドバンテージが貨幣の交換万能性から生じていることは明らかである。すなわち交換直前の貨幣の価値は，交換される商品の実体的有用性プラス交換可能性 (ポテンシャリティ) から成り立っているのである。また，価値の保蔵にはモノでもつより貨幣の方が適してい

る。こうして，商品世界では「商品から貨幣への命懸けの飛躍」(Marx 1969: 120 = 1965: 141) がいたるところに見られるのであるが，ジンメルは貨幣のこのアドバンテージを「価値剰余 Wertplus」(Simmel 1989: 268 = 1999: 214) と表わしている。

　この言葉は，当然，マルクスの「剰余価値 Mehrwert」を想起させる。二つはどう違うのか，またどう関連するのか。商品交換の過程は，商品 a － 貨幣 － 商品 b － 貨幣 － ……の連鎖であった。このなかの，商品 a － 貨幣 － 商品 b の過程は，貨幣の交換能力である価値剰余によって媒介されている。一方，貨幣 － 商品 b － 貨幣の過程は貨幣が同量の貨幣に変化することであり，それ自体としては無意味である。それゆえ，貨幣は運動のなかでおのれを量的に増加させようとする本性をもたざるをえない。マルクスはそれを「最初に前貸しされた価値は，流通のなかでただ自分を保存するだけでなく，そのなかで自分の価値量を変え，剰余価値をつけ加えるのであり，いいかえれば自分を価値増殖するのである。そして，この運動がこの価値を資本に転化させるのである」(Marx 1969: 165 = 1965: 196) という商品語で表わしている。ジンメルの人間語でいえばこれはどうなるであろうか。「人は交換万能性を価値剰余としてもつ貨幣に殺到する。貨幣を貨幣として保持しさらに貨幣自体を殖やして交換万能性を増大させようとあらゆる努力をするのである」と。そこに価値剰余が剰余価値に発展しないではすまない必然性があるのである。それゆえ，ジンメルのいう価値剰余はマルクスのいう剰余価値の不可欠の萌芽であり，価値剰余が二乗化されたもの，それが剰余価値＝資本なのである。

(4) 吝嗇と浪費，シニシズムと倦怠

　ジンメルは，貨幣の資本への展開，剰余価値の発展をそれ以上に追おうとはしない。彼にとってそれは無用のことなのであろう。価値剰余のなかにすでに剰余価値の本質的な心的成分が含まれていると考えているからである。そして，その成分を現象的に表現したものが「吝嗇」であり「浪費」である。また「シニシズム」であり「倦怠」である。吝嗇とは，ふつうケチと呼ばれ，貨幣の価値剰余の部分を消費せずにポテンシャリティのままで保持し続けようとす

るものであり，浪費とはそのポテンシャリティが現実のモノやサービスに転化する一瞬の緊張と興奮に快感を見出す心的成分である。交換によって得た商品を生活のなかで享受するために貨幣が交換媒体として有効に働いているという初発のあり方から離れ，媒体である貨幣を自己目的にし，その剰余的特質にとどまって真の享受をどうでもよいものにしてしまっているのである。そこから貨幣によってすべてを支配することができるという自己欺瞞が，すなわちシニシズムが生まれるのであり，さらに浪費の末に訪れる倦怠が，人を灰色に沈んだ，明確な差異性のない外界のなかに導き入れるのである（Simmel 1989: K. 3 = 1999: 第3章）。

今日資本家的世界では，資本の飽くなき増殖を追求しようとする吝嗇的資本家企業群と果てしない差異化的消費に追われる浪費的消費者群の暗黙の信頼関係のもとに，貨幣と資本が奔流となって社会を駆け巡っている。あたかも吝嗇と浪費と二つのエンジンをもつ自動機械がエンジンを加速させながら一瞬も止まることなく動いているようである。そして貨幣と資本が渦巻くところが大都市であり，そこでは「より近くにあるものへの距離をいっそう広げるという代償を払ってもっとも遠くにあるものがより近いものとなる」（同書 : 663 = 537）のであり，多様な周期をもつリズムがぶつかりあい，「生活内容の経過の速度」（同書 : 696 = 564）がいやがうえにも早まってくるのである。人びとの自我は，あまりにも早く回転する自動機械の運動にまきこまれて，自我の中心点から発する巨大な遠心力に引っ張られて明確に差異を認めることのできない灰色の外界へ引きずり出されていくのである。こうして個々の人格の放射は外界に吸収されてしまい，シニシズムと倦怠の世界に落ち込んでいくのである。

3 貨幣と人間の生

(1) 世俗の神としての貨幣

ジンメルは，貨幣が何とでも交換できるというその万能性において「絶対的手段」（Simmel 1989: 264 = 1999: 211）であると言っている。象徴貨幣は自ら実体的な属性をまったくもっていない無記中性の「無」であるゆえにあらゆるも

のの中心になり，あらゆるものに取り付くことができる無限の権能者になるのである。貨幣は人間の社会生活の手段にすぎないが，その絶対性に引きずられて「手段の自己目的化」が生じているのである。「貨幣はこの世において世俗の神である（ハンス・ザックス）」（同書：307 = 245）。それは神ならぬ神，物神としての「世俗の神」でしかないのである。それゆえ，世俗の神は人間のあらゆる質的なものを飲み込み，量に還元していく。それはその質における神ではなく，量における神ということができる。庶民が懐にもつ貨幣は家計のあれこれの生活必需品，消費財によってその使用の有限性を刻み込まれている。つまり生活の臭いが貨幣に染み込んでいる。そこには交換万能性によって物的世界に君臨する神の居場所はない。一定量以上の，生活の臭いの染み込んでいない貨幣こそが，すなわち資本（剰余価値）としての貨幣こそが，世俗に君臨する神なのである。

　そして，世俗の神は円，ドル，ポンド，マルクなど一神教ではなく多神教の世界に住んでいる。まさに神々の闘いが，金融センターのディーリングルームを通じて日々繰り広げられているのである。ブラジルの通貨クルゼイロはすでに崩壊してアメリカ・ドルが支配している。日本の円は高利回りのドル債権を求めてアメリカに流れ込んでいる（2001年現在）。貨幣＝神は，一国の経済競争力，政治的・軍事的支配力，社会的安定，文化水準など総合的な「社会の信頼」に支えられて存在するナショナルな神なのである。しかし，すでに見たように，世俗の神の神たるゆえんは剰余価値たる資本にあった。資本こそは多神的貨幣の世界を統治する神の正体なのである。ナショナルな出自をもちながら，商業と工業を固有の土壌として成長し，ナショナルな殻を破ってコスモポリタンな普遍存在へと成り上がった神なのである。ナショナルにしてコスモポリタン，多神教にして一神教なのである。いうまでもなく多神的貨幣を統治するのは一神教の神＝資本である。資本は貨幣そのものを商品として売り買いする。あらゆる金融商品が開発され，貨幣もその商品世界の構成要素に組み込まれていく。先物取引によって本来の貨幣も売買される。時空を超えた神の世界が作られるのである。

(2) 通貨が堕落するとき

　今（2001年＝本稿執筆時），『通貨が堕落するとき』という本が版を重ねている。日本銀行勤務の経験をもつ金融アナリストで金融監督庁や通産省の委員を務めた木村剛氏が著したノンフィクション的なフィクションである。

　バブルの崩壊によって累積された金融機関の不良債権をどのように処理していくのか。これは低迷を続ける日本経済の中心課題である。数十兆円に及ぶ不良債権を金融諸機関は，粉飾決算を続けながら問題を先送りしている。商法に「金融債権ニ付取立不能ノ虞アルトキハ取立ツルコト能ハザル見込額ヲ控除スルコトヲ要ス」と規定されているにもかかわらず，また，証券取引法は「重要な事項について虚偽の記載があり，又は記載すべき重要な事項の記載が欠けている」場合には損害賠償の責があることを明らかにしているにもかかわらずである。しかし，1997年11月，都市銀行「東北拓殖銀行」と四大証券の一つ「山三証券」が相次いで倒産した。預金者，投資家である国民のあいだに大きな動揺が生じた。

> 東北拓殖銀行と山三証券を意図的に倒産させ，公的資金導入への道を開くという，高田（大蔵省銀行局長）と民主自由党の二人三脚の秘密作戦は予想以上のインパクトを世の中に与えた。あれだけ紛糾した1995年の住専国会が嘘のようだ。1998年2月，金融安定化緊急措置法は難なく通過した。総額30兆円という巨額の公的資金の用意が出来た。　　　　　　　　　　　　　　（木村 2000a: 121）

　預金者保護，経済再生の名の下に自己責任をとれない金融機関に公的資金がじゃぶじゃぶと注ぎ込まれていく。経営者にペナルティが科せられないためにモラルハザードが蔓延していく。その背後には大蔵省の隠された意図があった。

> いいかね，ここまで金融危機が深刻化した。そして，公的資金の導入という財政上の要請が高まっている。そんな状況で，財政と金融の分離なんてできると思うかね。　　　　　　　　　　　　　　　　　　　　　　　（同書：119）

金融監督庁が大蔵省から切り離され総理府の外局におかれるという行政改革への必死の抵抗戦略だったのである。物語はなお続く。

> 2003年1月17日，中東地域で大規模戦争が起こった。（中略）円は200円を超えて暴落。1バーレル10ドル程度で低迷していた原油価格は一挙に50ドルを超える急騰を示した。（中略）日本の経済はパニックに陥った。（中略）膨張した通貨はいつか堕落し，インフレーションという形で天罰を下すであろう——これは経済学の基本中の基本であった。
> （同書：349）

そして，この凄まじいインフレーションが進むなか，赤坂の料亭で祝杯を交わしながら，かの二人の会話がはずむ。

> 高田さんの深慮遠謀には参りました。財政再建のためには放漫財政が必要だという逆説的な戦略が当たりましたね。（中略）公的資金をたんまり注入してインフレにしてしまえば，国家財政は好転し，ゼネコンも助かるわけですからな。結果的に公的管理銀行もインフレに乗じて財務内容を好転させることができる。一石二鳥とはまさにこのことですな。
> （同書：356）

この書の扉にはケインズの次の言葉がおかれている。

> 社会の存続基盤を転覆するうえで，通貨を堕落させること以上に巧妙で確実な方法はない。
> （同書：扉）

日本資本主義のモラルハザードはとどまるところを知らず進行している。

> 正直者が馬鹿を見るような社会は，真っ当な資本主義では決してない。
> （木村 2000b）

こうして政府と銀行に対する国民の信用は弱まり，社会圏の信頼は金融機関優遇，粉飾決算，債権放棄，瑕疵担保特約などのモラルハザード，そして最後

には超インフレとともに瓦解していく。資本活動に規律がなくなり，貨幣に公正さが失われていくならば「世俗の神」は地に堕ちるであろう。

(3) 量的個人主義の行き詰まり

個人主義の2類型についてジンメルは『貨幣の哲学』の第5章「人格的価値の貨幣等価物」において次のように述べている。

> キリスト教と18世紀の啓蒙主義と論理的な社会主義（中略）の立場にとっては価値は人間にやどり，たんにそれは彼が人間であるからにほかならず，それゆえ希少価値は，魂でないものに対する人間の魂一般に関係し，決定的な絶対的価値にかんしては，この場合それぞれの人間は他のそれぞれと同じである。それゆえこれは抽象的個人主義である。　　　(Simmel 1989: 493 = 1999: 397)

> これに対して19世紀のロマン主義以来，個人主義の概念はまったく別の内容によってみたされた。(中略)（それは：引用者注）諸個人のあいだの相違，彼らのたがいの質的な特殊化である。　　　(同書：493 = 397)

「（たんに）人間」「人間の尊厳」「人権」という普遍的概念に結びつけられた個人主義すなわち量的個人主義と，「魂」「絶対的価値」「質的な特殊化」として個人を見る質的個人主義である。

すべての質的なものを量的に還元する貨幣，そしてそこから差額を取り出す資本。量的なものが支配する「世俗の神」の世界では，自由は競争と貨殖を生み，羨望は権力をもたらす。社会的信用と信頼は，人間の直接の関係から離れて，競争と貨殖と権力が生み出す錯綜した物象的関係性とシステム関連のなかで危うい均衡をとりながら辛うじて保たれる。マネーゲームの世界はまさにこういう世界であった。人びとはこうした危うい均衡を制御しながら生き抜いていく高度な知性人とならなければならない。しかし，インフレをコントロールすることは至難の業である。ジンメルは貨幣数量説に依拠して，貨幣がいくら増加しようが実体価値との比例関係が保たれれば何の問題もないとするのであ

るが，「貨幣増加がきわめて著しい場合，実際には変化のこの比例は生じない」（同書：185 = 147）のである。あまりにも急速な貨幣価値の変動は，一部のものには富を，一部のものには貧困をもたらし，社会のなかに不満と不信が広がる。多くの人間は，富と貧困に，価値の上昇と下落に翻弄され，シニシズムと倦怠に浸されながら，「世俗の神」を敬いつつあるいは呪いつつ生きているのである。

　生きていることの実感の乏しさ，充足感のなさ，未来への希望の喪失。こうした人びとを捕まえて「人間の尊厳」や「人権」を説いても何の意味もないことになるであろう。量的個人主義の時代はもはや行き詰まりに来ているのである。今日の若者を捉えている「大人への不信」はこの量的個人主義を生きてきた大人への不信なのであり，「自分さがし」はかけがえのない自分を，すなわち質的個人主義を求めての漂流なのである。

(4) ジンメルの生の哲学

　彼は最晩年の1918年に『生の哲学』を著す。そこでは，生と死，理念と超越，魂と個性的法則が語られている。そのような形而上学的な考察は，しかしながら，晩年だけのものではなく彼の生涯を一貫したものであった。『貨幣の哲学』もまさしく「哲学」にほかならず，生についての深い考察に基礎づけられている。

　「たんなる概念の世界，実際的な性質と規定の世界には存在と価値という二つのカテゴリーが対立し，このカテゴリーはすべてを包括」する。そして「価値と現実との上には両者に共通のもの，すなわち内容，プラトンが結局は『イデア』によって意味したもの（中略）がある。しかし，この両者の下にも共通なものすなわち心（魂）があり，これは現実と価値とをその神秘的な統一のなかに受け入れ，あるいはその統一から生み出す」（Simmel 1989: 26 = 1999: 18-19）。この二つの規定から図12-2のような概念図を得ることができる。

　　存在はわれわれの表象作用の根源的な形式であり，（中略）この根源的な形式が初めてひとたび，論理的なものの彼方にある行為によって個々の内容を捕らえ

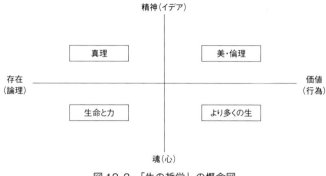

図 12-2 「生の哲学」の概念図

るや，論理的な関連はそれを受け入れ，論理的な関連の及ぶかぎりそれを支持する。　　　　　　　　　　　　　　　　　　　　　　　　（同書：26 = 28）

このような行為と表象のダイナミズムのなかで，精神と魂が生き生きと働く。

> 魂（心）の内部で生き生きとした機能において意識されるものの客観的な内容，これが精神である。思考作用の論理的・概念的な内容，つまりは精神がわれわれの主観性のためにわれわれの主観性として受け取るいわば形式，これが魂（心）なのである。　　　　　　　　　　　　　　　　　　　（同書：647 = 524）

そして，このような布置関連のなかで，ジンメルがいうところのあの「文化の悲劇」が生み出されるのである。精神は，現実の世界に網の目のように広がる分業と専門化と結びついてその文化内容を客観的に発展させるのである。そして，「客観的な精神にはその成立の近代的な分化によってまさに入魂性のこの形式が欠けている」（同書：648 = 525）から，それは自律的，累乗的に展開，蓄積されていくのである。それに対して人間は，魂の形式のもとに生きている。「意識が事物の客観的な精神的意味を集める個人的な統一の形式が，われわれにとっては比類のない価値をもつ。ここではじめて事物は相互の摩擦を得，この摩擦が生命と力とである」（同書：648 = 525）からである。しかし，この主観的精神の発展は魂（心）という容器の「内密性と封鎖性」に規定され

ており，客観的精神のように累乗的に展開するわけにはいかない。客観的精神とのあいだに，しだいに大きなギャップを生み出していく。それが「文化の悲劇」であった。貨幣は，科学技術とともに，この悲劇を演出する立役者であったのである。

にもかかわらず，貨幣は人類の進歩の産物であり，新しい意味づけによる環境創造をもたらして進歩を促すものである。

> 貨幣は人間と事物のあいだに入ることによって，人間にいわば抽象的な存在を，事物への直接の顧慮と直接の関係からの自由な存在を可能にし，この自由な存在がなければわれわれの内面の確実な発展の機会は生じなかったであろう。現代人が好ましい事情のもとで主体の留保，個人的な存在の内密性と封鎖性を努力して獲得し，（そうすることによって：引用者注）事物との直接の接触を省くが，それでも同時に事物の支配とわれわれに気に入るものの選択とをわれわれのために無限に容易にするということなのである。　　　　（同書：652＝528）

事物世界の支配のうえに打ち立てられ，内密性と封鎖性をもった個人的存在，そして，それによって担われる人間の自由。これこそはこれまでの文明が到達した最高点である。そして，この自由な個人こそは，シニシズムと倦怠，空虚と渇望のなかにあって，真の人間を求めて質的個人主義の担い手になっていくほかない存在となるのではないだろうか。「世俗の神」は堕落し，もはや信仰を集めることがなくなっていくならば，真の神を求める声もまた強まっていくだろう。真の人間を求めることが真の神を求めることと交錯しながら進んでいく時代，それが21世紀という時代ではないだろうか。

参考文献

岩崎信彦　1988「貨幣と価値――ジンメル『貨幣の哲学』を読む」『神戸大学文学部紀要』15。
木村剛　2000a『通貨が堕落するとき』講談社。
――　2000b「外資ハイエナ論を考える」朝日新聞2000年9月5日夕刊。
鯖田豊之　1999『金(ゴールド)が語る20世紀』中公新書。
シャンド，A. H.　1994『自由市場の道徳性』中村秀一・池上修訳，勁草書房。

第 12 章　堕落する「世俗の神」＝貨幣

ストレンジ，S.　1988『カジノ資本主義』小林襄治訳，岩波書店。
Marx, K. 1969（1867）*Das Kapital Band 1*, Dietz Verlag（大内兵衛他監訳　1965『資本論』第 1 巻〔『マルクス＝エンゲルス全集』第 23 巻〕，大月書店）
Simmel, G. 1989（1900）*Philosophie des Geldes, Gesamtausgabe Band 6*, Suhrkamp（居安正訳　1999『貨幣の哲学』新訳版，白水社）
―― 1992（1908）*Soziologie, Gesamtausgabe Band 11*, Suhrkamp（居安正訳　1994『社会学』上下，白水社）

第 13 章

新しい貨幣は可能か
新しい未来社会を構想する

初出:「新しい貨幣は可能か」(1)(2)(3),拙著『21世紀の「資本論」——マルクスは甦る』御茶の水書房,2015年,最終考察2(3)(4)(5)。

1 「希少性」から「有用性」へ,そして「喜びの労働」へ

これまでの貨幣は,交換価値に根ざした存在であり,自分の商品が相手の商品の「価値鏡」となるものであった。「価値鏡」は,「皆がそれを欲しがる」ように作られ,そこに「希少性」=交換価値が生じ,それが結晶化されたものであった。貨幣は商品生産者の「利己心」を媒介するのである。マルクスは初期著作「経済学哲学草稿」で次のように言っている。

> われわれは,いずれも,自分の生産物のなかにはもっぱら自分自身の対象化された利己心を見いだし,したがって相手の生産物のなかには,自分には無関係で疎遠な,対象化された相手の利己心を見いだすのである。
>
> (Marx 1968: 460 = 1975: 379-380)

それでは,「利己心」ではなく,社会が生み出した富を相互に分け合う(シェアし合う)あり方は,どのように可能となるのか。スラッファの著書『商品による商品の生産』は,労働者が諸商品の総体を生産するのにどのように参加し,その労働に応じて諸商品の分配を受けるという,透明な分業体制を構想

したものであった。諸商品の分配を受けるにあたっては，「標準商品」という富の単位を計算貨幣として作り，それを交換手段にもして分配を合理的に達成していくことができる。本質的には社会的なバーター取引（物々交換）である（スラッファ 1962）。

　ここでは，自分の労働と欲望がスムースに連結しており，社会全体を通じて実現されている。それゆえ，近代の商品世界のように自分の欲望（利己心）を実現するために相手の欲望（利己心）を手段にし，そして結局自分の欲望を相手の欲望の手段にするというような相互疎外的な関係は生じない。「必然の領域」が透明に現われてくるのである。

　そして，そのうえにまさに「自由の領域」が花開くのであった。この「自由な領域」を開花させようとしている試みに，たとえば札幌の地域芸術振興のNPOがある（堀田 2013）。

> 自分独自の表現の探究が，同時に札幌というこの街の独自性の開拓にも寄与している地元アーチストとアート愛好家のネットワーク，SGA だ。　　　（同書：57）

その活動の視座は「無用の用」である。

> この方法は，芸術ならではの機能である新たな価値の創出に負うが，芸術がこの本領を発揮することができるのも，（中略）一切の既成の価値へ奉仕するのをやめ，その代表格たる有用性の連関や，それが強いる固定したものの見方からあらかじめ退いたせいだ。「用」をあきらめてこそ，もっと大きな「用」が現われる。
> 　　　　　　　　　　　　　　　　　　　　　　　　　　　　　（同書：57）

　そして，アート作品を含めた〈眺め〉の公共圏を作り，その公共圏を提供しあるいは鑑賞する相互作用を媒介する地域通貨「アートピア」が作られている。芸術家と需要者を出会わせ相互作用させながら，双方の芸術力を高める。このような場には「この種のインスピレーションから生まれた強い精神的磁場が見受けられる（中略）。『あそこに行けば，何か面白いことがありそうだ』と感度のいい人たちが集まってくる」（同書：60）。

「ギフト（才能＝贈り物）」を贈り贈られ，インスパイアしインスパイアされる「感謝の労働（ウィリアム・モリス「芸術とは労働の喜びの表現である」）」を表わす通貨「アートピア」によって「アートピア・マーケット」が展開され，「人から人をめぐって新たなギフトの流れをつなぐ」ことが可能となる。そのマーケットでは，一物一価などは無縁である。「その人が何を自分に贈られたギフトとみなし，それによりどう変わり，返礼として何をやりたくなるかは，個人差が著しく，予測も不可能」なのである。しかし「このアナーキーな動きを次の動きへとつなげることで，個人主義的な自由を損なわぬまま協同作業へもたらす離れ業は，地域通貨にしかできないことだ」。まさに，「自由の領域」を開く貨幣なのである（同書：60-65）。

2 「債務」から「信用のコモンズ」へ

貨幣の力は「債務の決済力」に基づいている。「債務」そのものはどこから生まれ，どのように人を拘束していくのか。ほんらい，人は贈与と返礼という関係のなかにあった。相手への贈り物は，相手への敬意であり，また自分の誇りであった。受け手はその贈り物を謙虚に受け取る度量をもつと同時に反対贈与（返礼）することによって積極的に誇りを回復しようとする。この謙遜と誇りの心的二重性は人間の存在とともに深いものであり，「債務（負い目）」もそこに根ざしている（内沼 1983）[注1]。

この二重性は，人びとの水平的な関係のなかに保持されて人間の基調を形作るとすれば，これが垂直に組み替えられて，超越的なもの，たとえば部族神による共同体成員への生命の贈与と成員による神への生命の返礼すなわち生贄という関係になったときに，貢納と再配分の機構つまり国家（Staat）の起源が形成される。貨幣は生贄の代替物であり，字義「幣」の通り神に捧げられる財「貨」である。このように貨幣のなかには垂直的でネガティブな債務関係が織り込まれているのであった。

注1　内沼（1983）は，人間の精神構造を羞恥，恥辱，罪悪の3段階で捉え，基層の羞恥における我執（誇り）と没我（謙遜）の相互的二重性を考察している。本書第10章参照。

この国家（Staat）は，部族国家，古代国家，封建国家，そして近代国家と変遷するなかで一貫して貢税納取と再配分の主体となり，自らの課税大権を担保とする債務力を富へと変換するなかで存続してきた。近代国家は，それまでの国家と異なり「無神論化」するとともに，その代替物として民衆のネーション（nation）を吸い上げて「国民国家 nation = state」となったのである。そして，私的経営体である銀行の信用創造に貨幣発行権限を認め，それを利用して資本主義システムを育成，発展させてきたのである。

　信用が成立するということは，トーマス・グレコ Jr. によると，そこに「信用のコモンズ」があるということである。コモンズとは，村の共同占有地であり，すべての人が利用可能でその果実は社会的慣習によって配分されていた。近代の信用は，市民のあいだの信頼のネットワークというコモンズによって成り立っている。しかし，近代資本主義において，それは私物化される。

>　私たちは，銀行が信用のコモンズを支配することを認めた結果，信用のコモンズが私物化されることを許してしまった。高い値が付けられ，誤って配分されるという事実があるにもかかわらず，である。（中略）その配分過程は政治的かつ差別的で，まっとうな企業，とくに中小企業を苦しめ，中央政府，巨大企業そして資産階級を優遇している。
>
> 　　　　　　　　　　　　　　　　　　　　　　　（グレコ Jr. 2013: 107-108）

　銀行と国家によって支配された「信用のコモンズ」を人びと自身の手に取り戻すにはどのようにすべきか。それは，個人信用債務を基本におく「直接信用決済」が行われる「信用決済アソシエーション」を作っていくことである（グレコ Jr. 2013）。そして，それを体現している一つの地域通貨がある。2000 年に始動した，個人債務決済のネットワーク WAT である。

>　A は B の財ないし役務を欲したが，代わりに提供しうる B が望む財ないし役務を欠いていたとする。しかし，B は A に自分の財や役務を提供し，代わりに，A が自分の財，役務を代わりに引き渡すと約した借用証書を入手する（これを発券取引という）。
>
> 　　　　　　　　　　　　　　　　　　　　　　　　　　（森野 2013: 53）

Bはこの証書でCから財や役務を入手し，証書に裏書きして渡す。これ（通常取引）が続いて誰かがAの提供する財や役務を欲して提供を受ければ，借用証書は清算されたことになり，証書は無効になる（清算取引）。清算は法貨ではなくバーター決済で行われる。これによって「個人対個人の信頼関係を形作り，仲間（一団）を形成していくツールになる」。そして，インターネットを利用したWATが開発され実験的に利用されている。発券や裏書きを暗号技術が支えている。使い勝手がよく，減価型，増価型への応用も可能である（森野 2013）。

　ところで，貨幣の債務性に関わるもう一つの論点がある。それは，政府自身が貨幣を発行することであり，そうすることによって，今日のような利付き国債を発行して銀行に利鞘稼ぎをさせ，税金から利子補給する無駄を省くことができることである。今日，「日本銀行券は，実は国家債務が置き換わった化身なのである」（青木 2008: 146）という状態である。これを克服するには，政府が無利子で貨幣を発行することである。そういう意味で，地域通貨が一つの政府という単位で発行されることがめざされるべきである。ベルナルド・リエターは「コミュニティとバイオリージョナルな通貨」（リエター 2013）で次のようにいう。

> 地域通貨システムは1000人以上の規模にならない傾向がある。（中略）したがって，リージョナル通貨システムは二つの両極（国家通貨と地域通貨）の中間レベル，たとえば1万人から100万人の間のレベルにまで規模を拡大できるはずだ。そのようなシステムが何個かドイツにおいて計画中である。　　　（同書：115-116）[注2]

　加えて，政府はその紙幣によって，すべての人びとに毎年「基礎収入 basic income」を配分すれば，貨幣流通はスムースに行われることになろう。形の

注2　浜（2009）は地域通貨について次のように述べている。「基軸通貨なき時代の通貨体制とはどのようなものか。筆者はその軸が『地域通貨』になるのではないかと考えている。21世紀型資本主義の世界が国民国家を軸とする世界でないのだとすると，一方で通貨の面では国民通貨が軸になると考えるのは自家撞着である。これまで国家のなかに組み込まれていた地域経済・地域共同体にそれぞれ固有の地域通貨が主役になると考えられないだろうか。例えば，九州が独自通貨をもつということだ」（同書：193-194）。

うえでは，政府が債権者であり人びとが債務者であるように見えるが，債務に見えるこの配分金は人びとの人権を保証したものにほかならず，債務ではない。まさに，人びとの「信用のコモンズ」をベースに社会的富の公平な配分が行われることにほかならない。[注3]

そして，民間では世界各地においてコミュニティファイナンス，マイクロファイナンス，ソーシャルバンクが花開いている。マイクロファイナンスは，日本に古来からある頼母子講が典型であり，近年ではユヌスによって始められたインドのグラミン銀行が有名である。ソーシャルバンクの先鞭を切ったのは，「自由貨幣」の提唱者ゲゼルの理念を生かした，1934年に設立されたスイスの「ヴィア経済リング」である。バーター（物々交換）システムを基礎に活動し，36年に銀行業として認可された。1フランと5フランの価値がある劣化する（月日とともに価値が下がっていく）経済証書（清算証書）が導入された。戦後の48年には劣化する貨幣の実験は中止されたが，中小企業への低利の融資で業績を発展させた。ヴィアの預金はゼロ利子であり，それを基盤に低利の融資が可能になっている。資産増大ではなく，すばやい投資と資金循環が行われ，20世紀末には「ヴィアのクレジット発行量は，現金通貨（スイス・フラン）に対しては3％弱，MI（現金通貨＋要求払預金等）に対しては0.4％前後を示しています」というように普及している。日本でも「未来バンク」をはじめ，各地でコミュニティ・バンクの事業が行われている。[注4]

注3 関（2014）は次のようにいう。「銀行は富を特権的富裕層に集中させ，この層の損得ずくの投資が社会の生活様式とテクノロジーの在り方を決定している。それゆえ現代の課題は経済的人民主権の実現である。社会信用論の政策は政府通貨によって銀行による富の集中を排除し，ベーシック・インカムによって富を個人という究極の単位にまで徹底的に分散させる。この点でベーシック・インカムは経済的市民権を保証する政治的な方策であり，生活保護のような福祉の延長上になるものではない」（同書：162）。

ベーシック・インカムとは，山森（2009）によれば，公的な資源のなかから，国家または地方自治体などから，定期的に，金銭で，すべての個々人に，無条件で（資力調査や稼働能力調査なしに）支払われる生活資金である（同書：22-23）。「衣食足りて（＝生活権が保障されて）初めて礼節を知る（＝市民として社会に貢献できる）のだから，全てのひとに最低生活を保障しなくてはならない」（同書：59）という考え方に根ざすものである。

注4 坂本・河邑編（2002）はメンバーズバンクの興味深い事例を示している。

「JAK（Jord Arbeit Kapital〔土地，労働，資本〕）」は1950年代からデンマークで始まり，スウェーデンに普及した。原理は「頼母子講」である。当初，貯蓄の3.3倍まで貸し付ける方法がとられたが，社会の経済状況に対応できる「柔軟な貸出配分ポイント」方式に改善された。事前貯蓄だけではなく事後貯蓄も認め，より多くの金額を借りること

3 「減価する貨幣」と「コミュニティ市場」

　さて，未来社会における貨幣のあり方を見てきたが，まさに資本が支配している現代の経済世界において，新しい未来へ通じる貨幣は誕生しうるのであろうか。
　貨幣は，何とでも交換できること，すなわち「交換万能性」であり，これを蓄蔵すると「支払力」＝「債務決済力」をもち「利子」を要求できる資本へと転化する。それゆえ，「交換万能性」はもちながらも，蓄蔵しても力をもたないようにすることが，一つの方法として提起された。「減価する貨幣」である。
　貨幣の特殊な優位性は「腐らない」「劣化しない」つまり「不朽性」である，とシルビオ・ゲゼルはいう（ゲゼル 2007）。米や魚や衣服などの商品が腐りあるいは古びていくのに対して，貨幣は腐りもせず古びもしない。「商品が倉庫で被るのと同じ減価損失を貨幣にも被らせるべきである。そうすれば，貨幣は

ができる。ある会員男女のパートナーの事例は，「2人は，70万クローネ，およそ840万円を借りて2軒の家と1.5haの土地を買いました。毎月7000クローネ，およそ8万4000円を支払っています。そのうち半分が返済金で半分が強制的な貯金です。この貯金はローンの返済が終われば戻ってきます。17年間のローンです」（同書：218）という。お金を預金した人には利子は支払われないが，地元のコミュニティを支える大事な事業や住宅建設に低利で融資され，「自分のお金に目的を与えることができる。"ふるさと再生銀行"とスウェーデンで呼ばれるようになった」（同書：221）のである。
　JAKは35年かけてゆっくり成長し，「2001年現在の会員数は2万1千人，総預金高は5億900万クローネ，およそ60億円に」（同書：213）なる。自分たちのお金を自分たちの必要に応じて使うという銀行なのである。「JAKの理想を守る会」の代表者はいう，「私が銀行にお金を預けて利益を得ようとしたら，何かを作らなければなりません。誰かに負債を押し付けないと利益が出ません。そしてお金は，利益が一番あるところへ集まります。代替エネルギーより化学製品の利益が高ければ，投資はそちらの方へ行ってしまうのです。（中略）普通の考え方をしている人たちは，経済成長がないとだめだと信じているのです。でもそうではありません。利子があるから，経済成長が必要になるのです」（同書：233-234）と。われわれが探求してきたことが分かりやすく述べられている。
　また，重頭（2007）は，連帯ファイナンスが必要とされる背景として，「第一は（中略）先進諸国では福祉システムが危機に瀕し，失業問題への取り組みや，介護，教育などの社会サービスを，政府が十分に提供することが困難になってきた。（中略）第二に，経済活動が倫理面，社会面，環境面に及ぼす影響への関心の高まりがある」（同書：91）としている。そして，外国において，倫理銀行（英国），トリオドス銀行（オランダ），「新しい友愛」金融協同組合（フランス）など，日本では未来バンク事業組合（東京）はじめ各地のNPOバンクが概括されている。

もはや商品に対して優越的な地位に立つこともなくなる」（同書：33）という。これがゲゼルの「減価する貨幣」つまり「自由貨幣」の主張である。「自由貨幣は，交換手段と貯蓄手段の伝統的な結合を徹底的に破壊するものである。したがって，自由貨幣は貨幣所有者の意志から解放された純粋な交換手段となるとともに，体化された需要になるのである」（同書：346）。そして，商品の減価消失は「低く見積もっても年間5％前後である」（同書：32）から，年間5％の減価が行われるように貨幣を作るべきだというのである。

この自由貨幣は「地域通貨」ともいわれ，実際に1932年にオーストリアの小さな町ヴェルグルで実現した。

> 町長自身が地域の貯蓄銀行から額面で3万2000オーストリア・シリングを借り入れ，それを裏づけとしてそれに相当する補完通貨を発行しました。それは「ヴェルグル労働証明書」と呼ばれ，1，5，10シリングの三種類の紙幣が存在し，使用料として毎月初めに，額面の1％にあたるスタンプを購入して添付しなければ，使用できなくなる貨幣でした。　　　　　　　　　　（坂本・河邑編 2002: 244）

これによって法貨の不足による町の不況を脱出していったのであるが，国家の貨幣大権を侵害されることを危惧する政府はこれを禁止した。

「自由貨幣」は手元においておれば減価していくので，早めに実物商品と交換するようになり，貨幣の流通速度は高まる。インフレのように貨幣量が増加し貨幣価値が下がるのではなく，貨幣量は増えずに貨幣価値は逆に増価する。「インフレを抑制する貨幣上の改革も成り立ちうる」（森野 2013: 48）[注5]。年金などとして蓄積される貨幣は，そのまま持っておれば減価するので，生産工場や社会的インフラに投資され，毎年の減価償却費として現金を受け取って年金に当てるようにすることが有意義な方法となる。自由貨幣はこのように実物経済を促進する役割を果たす。そして，土地はすべての人にとって「自由土地」で

[注5] また，岩村（2010）も，ゲゼルの考え方を「優れたアイディアです」と言っている。「中央銀行にとってまずいのは，デフレの環境の下で政策金利をマイナスのレンジで動かさなければならないときにそうできず，経済に追加的なデフレ圧力を自らが作り出してしまうことですが，ゲゼルのアイディアは，それを回避する方法を示してくれているわけです」（同書：287）という。

あるから,「それぞれの国民の共同所有となり,公的入札で最高値をつけた私的経営に貸し出される。(中略)徴収された借地代は,出自とはまったく関係なしに,すべての婦人や子供にすべて均等に再分配される」(ゲゼル 2007: 127)。

今日普及している多様な地域通貨のもつ機能を整理すると,第一に「媒介・評価(関係性)」がある。市場で価値をもたないモノやコトの有用性を見出し,それを利用し交換する際の媒介として役立つことである。創ったり持ったりしている芸術作品を展示し合ったり,リースしあるいは購入すること,生ゴミを収集して堆肥にすること,ボランティアの活動に返礼することなど,地域に眠っている多様な資源の活用が可能となる。第二は「価値観付与(多様性)」である。これらの利用や交換において,人の出会い作り,芸術的創造の促進,環境配慮など人びとの多様な価値観をそこに発現させることができる。「地域通貨はローカルな文化・関心・価値を表現する言語的メディア」(西部編 2013: 17) でもあるのである。第三は「循環促進(持続可能性)」であり,地域通貨が域内限定で流通するために,地域の資源と資金が域外に流出せず域内で循環し,地域経済の持続可能性が高まる機能である(前田・齊藤 2013)。

さらに,地域通貨の「担税機能」が指摘される。貨幣が減価するということは,貨幣を発行する政府や社会団体が貨幣所持者に「貨幣持ち越し税」を課していることになり,「貨幣に課税する場合には,国や地方公共団体は事前に税を集めたり資金を借り入れたりする必要がない。課税貨幣を出して事業をおこなえる。(中略)一年で負担する額が総額の5%にすぎなくても,毎年,減価通貨を切り替えて実施していくことで,財政の負担は顕著に軽減していくであろう」ということになる。スタンプ貨幣において分かりやすいが,毎月のスタンプの売り上げ収入は発行団体の維持経費になるのである(森野 2013: 52)。[注6]

このようにして,地域通貨は,互酬的交換をめざす経済的メディアであり,「競争的かつ協力的なコミュニティ市場」を形成する。それゆえに,「市場(交

注6　日本でもスタンプ地域通貨が活動している。「2003年からはじまった秋田県横手市のNPOが手がける地域通貨がこの方式を採用している。NPOが発行する持越し税負担を証するシールはドーモ券保有者が額面価額を維持するために,3ヶ月ごとに添付が必要であり,保有者は円貨を使用してNPOからシールを購入する。それはNPOの活動を支える一助となり,(中略)地域社会を支えるという構図ができあがる」(森野 2013: 52)。

換と競争)」と「コミュニティ(互酬と協力)」という二つの相容れない原理をいわば「乳化」させて統合する機能をもっている。このようなコミュニティ市場においては，資本主義経済に比べて，「利己的な主体に対する利他的な主体の割合や自己のなかでの利他性の利己性に対する割合が相対的に上昇するものと期待される。その結果として，(中略) 非資本主義的市場経済が生まれる可能性は高まるであろう。地域通貨は，このように資本主義市場経済がそうした方向へ転換し，進化していくための環境づくりを進めるためのツールなのである」(西部編 2013: 15)。

このような「コミュニティ市場」「非資本主義市場経済」は後で見る「連帯経済」と結合しながら，新しい未来社会を育んでいくことになる。[注7]

参考文献

青木秀和　2008『「お金」崩壊』集英社新書。

岩村充　2010『貨幣進化論』新潮選書。

内沼幸雄　1983『羞恥の構造』紀伊國屋書店。

グレコ Jr., T.　2013「法定通貨への代替案を理解し創造する」西部忠編『地域通貨』ミネルヴァ書房。

ゲゼル, S.　2007『自由地と自由貨幣による自然的経済秩序』相田愼一訳，ぱる出版 (Gesell, S. 1920 *Die natürliche Wirtschaftsordnung durch Freiland und Freigeld*, Berlin: 4 Auflage)。

坂本龍一・河邑厚徳編　2002『エンデの警鐘』日本放送出版協会。

重頭ユカリ　2007「ヨーロッパにおける連帯ファイナンス」西川潤編『連帯経済』明石書店。

注7　地域通貨には，国際的には，LETS (1983年にカナダで創始。世界各地数千に及ぶ) をはじめ，パルマス銀行 (ブラジル)，バークシェアーズ (米国)，イサカアワー (米国，オーウェンの労働貨幣に類似) など多種多様に展開しており，電子マネー化も進んでいる。日本では，商業活動活性型，自然環境保全型，ボランティア活動活性型という特徴を複合させながら，地域商品券から始まり，アクア，アトム通貨，クリン，アースデイマネー，おうみなど多くの通貨が発行されている (西部編 2013: 248-270)。また，坂本・河邑編 (2002) の第2章にも国内外の事例が集められている。
そして，「政府通貨」は地域通貨の延長線上に構想される。今日，多くの地域通貨が小さな圏域で行われているが，たとえば「九州」が一つの地方経済圏として独自の地域通貨をもてば (浜 2009: 194)，それは「九州政府」の通貨である。国家通貨ではなくそのような意味での政府通貨である。もちろん，これが可能になるのは，国家と地方の政府の革命的変革が必要となるであろう。「政府通貨」の発行を「基礎収入」の配分とセットで行うという提案もあるが，それは社会主義のもとでの貨幣と社会経済のあり方を分かりやすくイメージさせてくれる (関 2014)。

スラッファ，P. 1962『商品による商品の生産』菱山泉他訳，有斐閣。
関曠野 2014『グローバリズムの終焉』農山漁村文化協会。
西部忠編 2013『地域通貨』ミネルヴァ書房。
浜矩子 2009『グローバル恐慌』岩波新書。
堀田真紀子 2013「芸術と地域通貨」西部編，前掲書。
前田正尚・齊藤成人 2013「地域通貨とコミュニティファイナンス」西部編，前掲書。
森野栄一 2013「貨幣減価の着想と補完通貨」西部編，前掲書。
山森亮 2009『ベーシック・インカム入門』光文社新書。
リエター，B. 2013「コミュニティとバイオリージョナルな通貨」西部編，前掲書。
Marx, K. 1968（1844）*Oekonomisch-philosophische Manuskripte, Marx Engels Werke Band 40*, Dietz Verlag（大内兵衛他監訳 1975『マルクス＝エンゲルス全集』第40巻〔初期著作集〕，大月書店）

第 14 章

「里山資本主義」の意味と連帯経済の可能性

初出：「里山資本主義が意味するもの」拙著『21 世紀の「資本論」——マルクスは甦る』御茶の水書房，2015 年，最終考察 1 (2)，ならびに「連帯経済の可能性 (1) ——協同組合とコミュニティ経済」同書，最終考察 4 (2)。

1 「里山資本主義」のもつ意味

今（2015 年＝本稿執筆時），『里山資本主義』（藻谷・NHK 広島取材班 2013）が注目を集めている。木に竹をついだような用語の「里山＝資本主義」とは何であろうか。

「大都市につながれ，吸い取られる対象としての『地域』と決別し，地域内で完結できるものは完結させるという運動が，里山資本主義なのである」（同書：102），「『マネー資本主義』の経済システムの横に，お金に依存しないサブシステムを再構築しておこうというものだ。（中略）生活が二刀流になってくるのだ」（同書：138），「里山資本主義の根底に，マネー資本主義に逆らうような原理が流れている」（同書：139）と説明される。

そして，多様なコンセプションが登場している。まず，「開かれた自己完結型経済」に関わって，「エネルギー自給」「地域コージェネレーション」（同書：92-93），「田舎でしかできない事業」（同書：161），「域際収支」（同書：175）など。また，「使用価値関心」と「楽しみ」に関わって，「楽しいからする物々交換」（同書：52），「田舎を楽しみ倒す」（同書：127），「ニューノーマル消費

（つながり消費＋使用価値関心）」（同書：170），「耕すシェフ」（同書：192）など。さらに「企業版里山資本主義」の可能性を，最先端技術のITとスマートグリッドによる，新たな社会とコミュニティの形成のなかに展望する。

　また，辛口の資本主義論も出てくる。「将来の成果のために今を位置づけるのが今の経済だが，それでは現在がいつまでたっても手段になってしまう」という広井良典の言葉が紹介され（同書：183），「マネー資本主義へのアンチテーゼ」として，①「貨幣換算できない物々交換の復権」，②「規模の利益への抵抗」，③「分業の原理への異議申し立て」（同書：141-146）があげられる。

　ここでは，「使用価値」志向の「里山＝地域経済」が「マネー資本主義」に「逆らい」ながら，一つの「サブシステム」経済を創っていく可能性が，実際の事例と経験に基づいて語られているのである。一つの魅力的な「ユートピア論」になっている。

　ところで，マルクス『資本論』のなかには，使用価値の世界とそれをベースにした自己労働に基づく享受あるいは自己実現に対する高い評価がある。すなわち「個人的な」私有や「小経営」に関わる論述である。

　それは，まず，原初の共同体から国家と支配階級が生まれてくるときに「元来は自由だった農民的土地所有者たち」（Marx 1969b: 812 = 1967: 1029-1030）として言及された。そして，資本の本源的蓄積期では，「イギリスでは15世紀にはさらにいっそう，人口の非常に多数が自由な自営農民から成っていた」（Marx 1969a: 744-745 = 1965: 936），あるいは幕末の「日本の模範的な農業」（同書：155 = 183）として捉えられていた。そして，それは次のように要約されている。

> 労働者が自分の生産手段を私有しているということは小経営の基礎であり，小経営は，社会的生産と労働者自身の自由な個性の発展のために必要な一つの条件である。たしかに，この生産様式は，奴隷制や農奴制やその他の隷属的諸関係の内部でも存在する。　　　　　　　　　　　　（同書：789 = 993）

　「小経営生産様式」はあらゆる「隷属的諸関係の内部でも存在する」歴史貫通的な生産様式であり，「自由な個性の発展」のための一つの必要条件である。

そこでは，生産の過程は透明であり，生産物を「消費する人の顔が見える」。まさに，使用価値と生産者の自律性が実現している世界である。この「小経営生産様式」を「個人的な私有」とほぼ等しくおくことができる。「里山」もまさにこれを表象するものである。

2 「連帯経済」の可能性——協同組合とコミュニティ経済

新しい未来を形成する経済活動をどのように捉えればよいか。ここでは「連帯経済 solidarity economy」というテーマのもとで考察しよう。この言葉は，2001年1月にブラジルのポルトアレグレ市で開かれた「世界社会フォーラム (World Social Forum, WSF)」において，グローバル資本主義に対する対抗として提起されたものである。西川潤らによる『連帯経済』によりながら見ていこう（西川他編 2007）。

連帯経済の規定は「資本蓄積を動員とする資本主義を『連帯』という外部性によって変容させるとともに，非営利セクターの活動をその一因として，営利・非営利・権力各セクターの相互依存関係を重視する」（同書：19）というものであり，あるいは「互酬性の原理を推進力にして，市場的な資源，非市場的な資源，非貨幣的な資源の三つを組み合わせていること，すなわち，資源のハイブリッド化をあげる」（同書：77）ものである。

その内容は広範囲であり，

> ①権力による市場経済への介入，資源移転行為。失業者への保険・再教育，社会的目的に沿った非営利的活動への支援，ジェンダー平等の保障，人身売買の阻止，（中略）難民の積極的受け入れ等人間の安全保障の実現等。②営利企業による法及社会的責任の遵守。水・環境等の公共財の尊重（中略）。③市民社会は（中略）連帯経済のプロモーターであり，（中略）ジェンダー・世代間平等，民主的・内発的コミュニティ形成，非営利企業設立による雇用創出，公正貿易，地域通貨，文化活動，健康な食料確保，環境保全等に努める。（中略）④行政・営利企業・市民社会の協同により，正の外部性（社会的信頼，環境保全，貧困緩

和,紛争解決)を作り出すことにより,連帯経済は,(中略)平和的発展のオルターナティブに向けての経済的インフラを提供する。　　　　　　　(同書:20-21)

連帯経済でまず中心的な位置を占めるのは,協同組合である。栗本昭によれば,

急速な産業革命と都市化によって労働者や農民の暮らしが根底から転換した「激動の1840年代」に,人々は最初の継続的で組織化された協同組合を設立した。
(栗本 2007: 206)

そして,今日,協同組合は福祉供給における「サードセクター」の有力な構成部分として位置づけられる(栗本 2007)[注1]。

たとえばイタリアには連帯思想に育まれた協同組合の長い歴史があり,今日も広く発展している。津田直則によれば,

協同組合の総事業高は1100億ユーロでイタリアのGDPの7%を占める(2007年)。またそこで働く労働者は100万人を超えており人口の6.2%を占めている。1000人以上の規模の企業の内11.5%は協同組合である(2006年)。労働者が企業を所有する労働者協同組合は2011年には全国で2万2000～2万5000に達し,世界最大の労働者協同組合の国である。　　　　　　　　　　(津田 2014: 129)[注2]

注1　栗本(2007)は,ペストフの図を参照しながら,協同組合を位置づけている。
注2　津田(2014)は,「労働者協同組合」と並んで,労働者による企業の買収と自主管理の方法,すなわち「従業員所有企業」の重要性を指摘している。
　　スペインでは,経営危機・企業倒産に陥った企業を再建し,失業を回避するために労働者が企業を買収するという「労働者株式会社(SAL)」の仕組みがある。
　　日本では,「法律がないために社会的に認知されていない。(中略)全国のワーカーズ・コープの事業高は304.4億円(2012年度末),ワーカーズ・コレクティブの事業高は130億円に上っている」(同書:253)という。企業倒産に抵抗して労働組合が工場や企業を自主運営するケースもいくつかあるが,「成功した件数は,全国的には極めてわずかであるのが実状である。多くは闘争の中でつぶされていく。成功してもその歴史は,組合つぶしの意図的倒産を仕掛ける経営資本,ロックアウトに来る暴力団,経営側管財人,背後から闇討ちにくる労働組合などを相手とした強烈な闘争の物語が多い。(中略)日本の特色である企業内組合の弱さや支援政党の実力不足や世界動向の認識不足が原因である」(同書:219)という。

1947年に憲法が協同組合を直接に規定し，1991年には「社会的協同組合」の特別法が制定され，公益，医療，教育の分野での協同組合が発展する。社会的協同組合のほとんどが労働者協同組合である。その発展は「連帯によるシステム形成」によってもたらされたもので，「利潤の30％を法定準備金として蓄積し分配に向けることができない。これは（中略）協同組合が崩壊するのを防ぐ役割を持っている」。また，「利潤の3％を互恵基金に拠出し（中略）新設協同組合支援，協同組合の発展，財政強化，統合・合併，負債の補填などのために使われる」（同書：144）。

ところで，協同組合は，古典的には「協同組合セクター」論として提起され，民間企業と政府を補完する混合経済的な位置づけが行われたが，「経済のグローバル化とともに国境を越えた競争が激化する中で先進国の協同組合は深刻な経営危機に陥り，株式会社に転換する協同組合が続出した」（西川他編 2007: 215）。そして，政府も社会サービスの提供から撤退していくと，その空隙を埋めるために民間非営利組織や新しい協同組合が次々と参入した。協同組合も「本来の共益の枠を脱して第三者へのサービス提供を志向することになった」のである。イタリアにおける1991年の「社会的協同組合」特別法の制定もそのようなものであった。協同組合は「その共益的性格と公共性の要請をいかに調和させるか」（同書：220-221）を問われながら，社会における重要な地歩を占めつつあるのである。

連帯経済においてもう一つ重要な分野は，地域協働とコミュニティ経済である。この事例で世界的に有名なのは，オーストラリアの山間部のマレーニという村である。

かつて過疎であったこの村に「1979年からわずか25年くらいで協同組合を中心とした非営利組織が30近くも設立され，蜘蛛の巣のようなネットワークによる協同組合コミュニティが形成され」，現在では「オーストラリア協同組合の首都」と呼ばれるようになった（津田 2014: 164）。活動は無農薬の野菜やハーブの栽培から始まり，協同組合メイプル・ストリート・コープを結成した。1984年にはマレーニ・クレジット・ユニオンを設立し，「2002年には1500万ドルを超える預金，約6000人の組合員，110件の新ビジネスを達成した。2006年には預金高3730万ドル（37億円）となり，利益の10％（約262万円）

は地域の22の学校や各種団体に寄付されている。また弱者を助ける緊急時基金がある」（同書：166）。また，1987年にはカナダの地域通貨レッツ（記帳式）を取り入れ，弱者救済に焦点をあてながら運営している。1994年に設立されたアップルフロント・クラブは「昼は喫茶店，夜はレストラン・音楽家の演奏会場になる町一番の社交場の協同組合である」（同書：165）。そして，マレーニには四つの環境組織があり，「土地管理，水質管理，土壌管理，森林・生態系保全などに関わる。最大のバラン・ランドケア・アソシエーションは700人のメンバーがいる注3」（同書：168）。

　日本でも，「連帯経済」とは呼ばれないが，地域社会の生産者と生活者の連帯によってさまざまな地域経済が発展している。

　埼玉県小川町では，有機農家を中心とする「NPOふうど」がバイオガスのプラントを作り，地域循環の生産を行っている。農家が地域から生ゴミ，養豚業者から糞尿を集め，空気に触れない形で微生物に分解させ，メタンガスを発生させ，残滓として液肥をとる。液肥は有機農家に売られ，そこでできた米や大豆はブランド付けされ地域で販売されている。その循環を促進する地域通貨も発行されている。この立ち上げには，自治体からゴミ処理事業としての補助金，また音楽家が出資してできたap bankからの融資が大きな役割を果たしている。小川町のバイオガスプラントの仕組みは，福岡県大木町のし尿，生ゴミの処理事業に生かされ，「その結果，ごみの量が実に44％も減った」（田中2011: 121）のである。

　過疎地帯である中国山間地の島根県浜田市弥栄地区は，2010年現在，点在する27集落に591戸が住んでいる旧弥栄村の地域であるが，1990年代からU＆Iターン移住者が増え，急速な過疎化に一定の歯止めがかかっている（藤山他2013）。

　　注3　津田（2014）は，今日，各国各地に広がっている「パーマカルチャー」の発祥地についても紹介している。「（マレーニの）隣村のクリスタル・ウォーターズという村は，パーマカルチャーの思想に基づいてデザインされた最初のエコビレッジである。（中略）森・池・農地・放牧地・住宅などの環境デザインを基礎にして構想され，太陽熱・雨水の利用，ミミズによる排泄物・ゴミの肥料への転換など自然との共生型生活が基本にある。電気代は普通の4分の1くらい，ゴミも4分の1くらいである。もともとはげ山だった500haの土地には何万本もの木が植林された。現在では緑豊かな森に変わり多くの鳥が鳴いている」（同書：169）。

240種類に及ぶ農林産物は小規模，分散的な生産によるものであるが，「暮らしの多様さを，自ら組み立てることの豊かさとし，（中略）近隣する地元のなかで結び直す」ことをめざす「地元学」を軸に，「郷づくり事業」を展開している。若手農業者15名（約半数は移住者である）を主体として畜産と野菜の農家で地域循環型の堆肥作り，また有機農業・低投入型農業の普及，アグリツーリズムを取り入れた大豆作り，浜田市内の公営団地と地産地消連携などを行っている。また，島根県と協働して「半農半X」型の生活を営むU＆Iターン者などを支援する兼業農業研修制度を進めている。また，山村地域では，「薪割り会」とストーブ開発，「木出し会」と各種の用材販売などの「暮らしの林業」を近隣の都市部住民とともに展開している。このようななかで，弥栄自治区には「1992年から2004年にかけての9年間で124名のU＆Iターンが生まれている」。まさに，「小規模・分散性」のなかから「近隣循環・複合化」の社会技術を作り上げ，地域循環の経済・社会圏を構築する有意義な事例である（藤山他 2013）。

　そして，このような取り組みのなかから，「人口還流論」が立ち上がってくる。一つは，およそ人口1000人当たり毎年2.4組（合計10人）の家族の移住があればその集落や地域は存続できるということが分かってきた（藤山 2013: 309）。また，二つは，「温暖化」抑制の効果である。弥栄自治区を中山間地域の1万分の1モデルとしてシミュレーションすると，2050年において中山間地域5444万人，都市人口4071万人となり，CO_2削減率は80％（2008年比）となって人口還流を進めない場合の64％を大きく上回ることである（藤山他 2013: 298）。欧米先進国で人口の田園回帰「ルーラル・ルネサンス」が起きていることを考え合わせると，未来社会形成への大きな提言となる。

参考文献
栗本昭　2007「協同組合の連帯経済へのアプローチ」西川潤・生活経済政策研究所編『連帯経済――グローバリゼーションへの対案』明石書店。
田中優　2011『地宝論――地球を救う地域の知恵』子どもの未来社。
津田直則　2014『連帯と共生――新たな文明への試み』ミネルヴァ書房。
西川潤・生活経済政策研究所編　2007『連帯経済――グローバリゼーションへの対案』明石書店。

藤山浩　2013「中山間地域の新たなかたち」小田切徳美・藤山浩編『地域再生のフロンティア』農山漁村文化協会。
藤山浩他　2013「新しい循環と定住のかたち」小田切・藤山編，前掲書。
藻谷浩介・NHK広島取材班　2013『里山資本主義』角川書店。
Marx, K. 1969a *Das Kapital Band 1*, Dietz Verlag（大内兵衛他監訳　1965『資本論』第1巻〔『マルクス＝エンゲルス全集』第23巻〕，大月書店）
―― 1969b *Das Kapital Band 3*, Dietz Verlag（大内兵衛他監訳　1967『資本論』第3巻〔『マルクス＝エンゲルス全集』第25巻〕，大月書店）

第 15 章

北海道十勝における生産イデアの交流
50ha 農家の苦闘と「有機農法」確立の試み

初出:「『危機に抗する』大規模家族経営農家ならびに『商系』卸売業者の活動と論理」西村雄郎・岩崎信彦編『地方社会の危機に抗する〈地域生活文化圏〉の形成と展開』東信堂,2024 年。I 部 5 章より一部省略して再録。詳しくは初出書を参照されたい。

　十勝の畑作においては,50ha 前後を標準とする畑作 4 品の家族経営農家が圧倒的な多数を占めている。1970 年代に畑作 4 品(小麦,豆類,馬鈴薯,甜菜〔ビート〕)輪作体系はほぼ確立し,農家の生産力は上昇していったが,競争と淘汰によって十勝管内の農家数は,1960 年の 2 万 3254 戸から 2015 年の 5544 戸へ減少し(農家減少率 76.2%),それに反比例して 1 戸当たり耕地面積は同じく 7.90ha から 42.44ha へと 5.37 倍に増加した(いずれも農林センサス)。
　このようにして到達したのが,今日の 40〜50ha の畑作 4 品大規模家族経営である。その 1 戸当たりの農産物産出額は 3927 万円,農業所得は 1201 万円に上る(2010 年農林センサス)。明治の依田勉三らの開拓の時期から見るとその産業的成果には感慨深いものがある。

1　畑作 4 品の標準的な家族経営の実態

(1) 標準的な大規模家族経営の実態

　そこで,標準的な経営の事例をあげて,その経営構造を考察しよう。

事例1　Kt氏（中札内村，2014年9月20日聴取）
家の農作業周期
- 3月に甜菜の播種（ポット育苗），4月末までに大豆の播種，5月末までに金時豆の播種があり，総じて6月上旬までに蒔きものは終わる。
- 以後は収穫で，7月末から8月15日までに小麦の収穫があり，豆，馬鈴薯が続き，甜菜の収穫で農作業は締めとなる。11月10日くらいで収穫作業はだいたい終わる。作物ごとに順番があり，12月に甜菜から出荷する。降雪があるのでシートでの被覆などの作業が必要なときもある。

経営の状況
- Kt氏は51歳，高校卒業後に就農。現在，46haの経営面積。
- 従事者は本人，妻，母，息子（2014年に帰郷）の4名で農業に従事。このほか馬鈴薯の機械選別作業で年に10日間ほどの臨時雇いがある。
- 主には，畑作4品の小麦，豆類，馬鈴薯，甜菜を輪作している。このほかJAで進めている枝豆やインゲン豆も生産している。作物別の耕作面積は次のようで，販売先は，ほとんどJA。小麦10.8ha，豆類3.6ha，食用馬鈴薯4.1ha，加工用馬鈴薯4.2ha，甜菜11.4ha，枝豆2.3ha，アスパラガス0.4ha，スイートコーン1.1ha，緑肥など1.7ha。年間農業所得は約2200万円。
- 今後，家族労働の範囲で規模拡大（55ha）を図り，リース機械の共同利用によるコスト低減と省力化を推進したい。
- 村内には24の酪農経営体があるが，Kt氏は近所の酪農家と堆肥と麦（茎）の交換を行っている。このあたりの地域は戸別の交換がほとんど。JAの堆肥センターは資源循環活動の一部，すべての交換活動が堆肥センターを介しているわけではない。

直面している問題
- 労働力不足が一方で高投資型の農業を，他方で離農を進行させていく。年に10日間ほどの臨時雇いが必要だが，最近は働き手がなかなか見つからず，母の知人を頼っている。人材派遣会社を介して労働力を得る農家もあるが，人手は足りていない。農業分野に働きに来る人材がいない。
- 機械の高度化で解決を図る動きもある。家族労働力ベースで規模拡大→労働負担増→人手不足→高価な機械を購入→借金負担，というサイクルになって

いる。
・労働力不足は，馬鈴薯の生産量にも影響を及ぼしており，食用の馬鈴薯の生産量は，ここ15～20年で減ってきている。掘り取り機械が改良され，性能が上がった分高価になっているが，馬鈴薯の販売価格は変わらないので，現在使用している機械が壊れたら生産をやめるという状況も地域にはある。
・経営努力として，たとえば，馬鈴薯は，食用，加工用，でんぷん用など，複数の用途別に生産販売を行っており，少しでも収益を上げたいと考えている。このほかに，アスパラの生産出荷がある。主力作物の播種が終わった「農閑期」（6月上旬～）にアスパラの出荷時期があたっているため，小銭稼ぎになる。アスパラの出荷先はすべてJA。この時期の作業は収穫のみ。

(2) 大規模畑作家族経営がかかえる問題——規模拡大の限界

十勝農業の戦後の歴史は，不断の経営規模拡大の歴史であった。Kt氏も2割程度の規模拡大を志向している。このようないわば「ゴールなき拡大」はなぜ生じるのであろうか。それは一つに，高い生産性と収益をあげている大規模畑作ではあるが，粗収益に占める政府交付金の割合が34～45％に及んでおり，それを差し引いた場合，実質農業収益はマイナスになることを各自が知っているからである。政府交付金がなくなった場合にも経営が立ち行くようにと考えれば，規模拡大を不断に志向しないわけにはいかないのである。

この点について研究を行っている佐々木達氏の「北海道における大規模畑作地域の構造再編と地域経済の課題」（2015年）は，音更町の3集落（万年，友進，西昭和）とそこの18農家を事例として取り上げ，次のように精細な考察を行っている。ポイントになる部分を引用させていただく。

> 大規模畑作農家の農産物販売金額は，基本的には経営耕地規模に比例していると見てよい。（中略）所得率を30％と仮定した場合の農業所得は，それぞれ1053万円，982万円，939万円であり，うち交付金を除いた農産物販売による所得は584万円，625万円，618万円となる。ところが，農産物販売金額から所得率30％の場合の農業経営費を差し引いた農業純収益は，－511万円，－208万円，

−129万円といずれも赤字という推計結果となった。このことは，畑作4品目を中心とした経営は交付金なしに成立しがたいことを示している。そのため，大規模畑作農家は，さらなる外延的な規模拡大によって作業効率性を高めることで農業経営費を引き下げるという方向性，あるいは農地供給の制約から規模拡大が容易でない場合には集約部門の導入による経営複合化が収入増大の方途となる。

（佐々木 2015: 14）

　このように「畑作4品目を中心とした経営は交付金なしに成立しがたい」ことを検証しており，経営の「外延的規模拡大」が必然的に求められることが明らかにされている。これについては引き続き検討を行っていくが，もう一つの「経営複合化」への道も示されており，これについて次のように指摘している。

　その点，交付金の対象外である野菜類の販売金額が最も高い西昭和では純収益の赤字幅が最も小さいことは注目に値する。このことは，畑作と集約部門の経営複合化が収入を増大させ，農業経営の収益性改善をもたらす可能性があることを示している。

（同書：14-15）

　すなわち，「交付金の対象外である」畑作と集約部門を経営に取り入れて複合化することが，もう一つの道であり，いわば「内包的な拡大」となるということである。実際，JA中札内村では枝豆を，JA帯広かわにしでは長芋を「第5品目」として農協ぐるみで取り組み，ブランド化に成功している。

　さて，このようななかで農家は外延的規模拡大を追求していくのであるが，しかしながら，それは大きな壁に突き当たっている。換言すれば，50ha規模のスケールメリットが限界にきており，これ以上の拡大を妨げる要因が生じているということである。

　要因の一つは，前節でKt氏が言っているように，家族労働力ベースで規模拡大→労働負担増→人手不足→高価な機械を購入→借金負担増，というサイクルが働いてくることである。労働力不足は深刻であり，それを機械におきかえようとするのは必然の流れであるが，高性能の機械をそろえるとなると1億円くらいは必要となりきわめて高額である。すでに大規模化を達成し資本力のあ

る経営体はそれに耐えうるとしても，標準の家族経営ではそれだけのリスクをとることはできないのである。

　要因の二つは，拡大の基礎になる耕地の確保が困難なことである。周辺の土地は限られているうえに競争が激しく高価格でもあり，その結果，入手先はどうしても非隣接地や遠方になり圃場が分散する。経営コストは増えるのである。たとえば音更町における状況は次のようである。

> この10年間の規模拡大の特徴の第一は，供給される農地に対して，専業的経営群の需要が上回っていることである。調査農家のうち14戸（77.7％）が規模拡大の意向があると答えているように，農地の潜在的需要は高い。　　　（同書：13）

> 西昭和は集落外に農地を求めている。（中略）（万年，友進は：引用者注）借地の圃場分散を回避することが難しいことである。　　　　　　　　　　　　（同書：14）

しかしながら，10年先，20年先はどうなるのか，という観点からは別の見解も示されている。北海道地域農業研究所『土地利用型農業の経営継承問題研究調査報告書』（平成29年）がそれである。

> 10年先，20年先にはなんらかの対応が必要になってくるのではないかという意見も多く聞かれた。例えば，音更町で2014年度に行われた農業の基本構想を作成する際の調査によると，75歳以上の高齢者で「後継者なし」という農家の農地が約770haあることが明らかにされた。同様にJA木野の2015年の調査でも，10年後の2025年には，70歳以上で後継者がいない農家45戸が経営している土地303haが出てくるという結果が示された。（中略）引き受け手がない農地が出てくることが予測されている。　　　　　　　　　　　　　　　　　（小内 2017: 15）

たしかに，今日の「家族経営」では引き受け手はいないであろう。しかし，高資本装備で技術オペレーター雇用の新たな経営体によって現在の2～3倍の規模で経営が行われることも予測される。そうなると，地域は営農建屋のまばらな点在という新たな景色を広げることであろう。

要因の三つは，経営を担う家族労働力の問題である。規模拡大を担ってきた農家は，家族2世代4人による協業を基本形態としているから，家族経営の再生産によって後継者を確保できた世帯のみが残存できる。引き続き音更の実状を参照すると，次のようである。

> JAおとふけでは，4割（約200戸）の農家が後継者を確保しているが，その約50戸には配偶者がいない状況にある。（中略）この先，親世代が引退した時に一人で70〜80haの面積をこなすのは難しくなってくる。（中略）この問題は，後継者に配偶者がいる場合でも生じる可能性があり，その点への対応も求められる。なぜなら，嫁いだ女性が農作業に関わる機会が少なくなってきており，配偶者がいることと農作業の戦力になるかどうかは別問題だからである。　　（同書：16）

以上の考察から，家族経営による50ha経営という現在の到達段階は，人手不足と機械化による高負担，土地入手の困難，未婚や結婚別居による家族労働からの後継者妻の脱落などによって，継続不能の事態を呈している。大規模畑作の家族経営はまさに危機的な状況に直面しつつある。そして，結局GPS付きトラクターやロボットの導入による「ワンマンファーム」「スマート農業」しか未来はないのか，と現場では話題になる状況にいたっているのである（「十勝の現場から　足りぬ人手　大規模化困難　家族経営農家展望描けず」北海道新聞2019年7月19日道東版）。

2　「危機に抗する」大規模家族経営農家の論理

(1)　若い農業者による経営の実態と十勝農業に対する危機意識

十勝調査において，35〜60haの大規模畑作農家を対象に聴取調査した。ここでは，そのうち若い農業者2人の事例について「危機に抗する」自立の活動と論理を追ってみる。まず，本人の経歴と現在の経営について見ておこう。

事例2　Ty農園（帯広市，2015年2月26日，現地聴取）

本人の経歴

- Ty氏は1986年生まれ，28歳。新潟県栃尾村（現長岡市）から入植の4代目。就農して5年目で代表になった。
- 高校2年のときにアメリカに1年留学し将来は語学関係の仕事にと思っていたが，高校3年のときに父親が急逝したため進路変更した。高校卒業後，拓殖短大の分校（空知）に2年間，本別の農業大学校の研究課程に2年間通った。

現在の経営

- 土地は35haで，十勝の平均的な規模。品種は，小麦，馬鈴薯，豆類に加え，今年から玉ねぎとかぼちゃを始めた。甜菜は昨年やめた。各品目平均的に（7〜8haずつ）栽培して輪作している。
- 季節労働者は春と秋のほか，管理作業にスポット的に雇っている。人数は，春は1〜2週間に1人，秋の収穫時期は1〜2か月に2人。以前は季節常雇でシーズン中ずっと働いてくれる人がいたがやめてしまった。最近は帯広畜産大学の学生などをアルバイトで雇うが（時給900円），なかなか集まらない。

事例3　St農場（清水町，2015年2月27日，現地聴取）

本人の経歴

- St氏は1985年生まれ，29歳。祖父の代に分家して3代目。新潟から移住の本家までさかのぼると5代目。就農して今年で5年目。
- 高校のときは農業をやりたくなくて，帯広農業高校の農業土木科（農業科でなく）に行き，北大農学部の農業工学科に入学した。そこで農業体験サークルを作ったが，いろんな農家さんと会うなかで，目をキラキラさせて農業をする人に多く出会った。それまで自分の家の農業に魅力を感じていなかったが，その人たちに会って自分のやり方次第で農業をおもしろくできると感じた。
- 卒業後，札幌の環境会社勤務を経て，2011年に就農。父と一緒にやりながら，自分のやりたい方向に少しずつ変えさせてもらっている。これからもガシガシ変えていく。

現在の経営
・代表の父親と2人で農作業をしている。経営面積は42ha（所有地は30ha程度）。乳牛の育成もやっていたが，父を説得して畑作4品でやっていくことにした。うち小麦が16ha。平均的な割合だが，個人的には小麦に寄っていると思う。あとは大豆と小豆，甜菜。

　もうすぐ30歳という若い2人の農業者は，今の農業のあり方に危機意識を感じながら自分で営農の新しい方法論を模索している。
　規模拡大については，Ty氏は労働力の限界，St氏は土地の制約をあげている。国レベルの視点では，Ty氏は農業生産力の国レベルの維持のためには価格保障が重要であること，St氏は交付金が減少していくとき，あるいは輸入に頼る農薬，肥料の価格高騰リスクが現実化するときに存続できる農業経営をいかに確立していけるか，を考えている。

(2) 若い農業者の2事例に見る〈自立〉の活動と論理

　この2事例について〈自立〉の活動と論理を探っていくために，〈自立〉の論理を三つあげ，事例の特性を考察していく。

〈自立〉の論理1――多くの取引相手をもつ
　自立といえば他者に依存しないことであると考えがちであるが，他者に依存せずに社会のなかで生きていくことはできない。営農も同じである。そうであれば，一つの大きな相手に大きく依存するのではなく，多数の相手に少しずつ依存することによって自らの自立性を保持・増大させるということが理に適ったことになる。
　十勝ではとくに農協が生産資材の仕入れ，農産物の販売，行政施策の伝達，交付金の支払い，組合勘定への農家の組み込みなど大きな影響力をもっている。それゆえ，自立的な生産，販売を行おうとすると大なり小なり農協離れをめざすことになり，異なる複数の相手と取り引きするようになる。事例を見てみよう。

2事例は，農協との関係を継続しながら，商系や独自販路（産直，加工など）での多様な展開を志向している。農協はかつてこのような動きに規制を加えていたが，農家の生産力が強くなってきたのでここ10年くらい前から圧力はかけなくなったという（牛乳は農協一括集荷であるから異なる）。

〈自立〉の論理2——自分の生産物を消費者に認知・評価してもらい買ってもらう

家族経営が生み出す生産物は小商品である。小麦，豆類，甜菜，馬鈴薯などの農産物は，自然条件を考えながら家族でいろいろな工夫をして栽培したものである。それがどのような人によって食され，どのような評価を受けるか，は1年間の営農の着地点である。しかし，農協を通した出荷は，たとえばホクレンのブランドのもとに他地域の産物と混合され大商品となり，たとえば製粉資本のもとでアメリカ産小麦と混合され大商品となる。そして，小商品生産者としての農家からは消費者の姿は見えなくなる。それゆえ，消費者を生産者に近づけ，自分の生産物に対する評価を得たいという思いは，営農の自立の原動力を成している。

二つの事例ともに消費者への直接販売を追求している。事例2のTy氏はとくに加工を重視して自ら商品化し，店頭販売に注力している。事例3のSt氏はAgシステム（後述）と提携したりして小売店や消費者に結びつこうとしている。

〈自立〉の論理3——栽培や加工の技術を独自に工夫・開発する

農機製造企業はしだいに寡占化し価格も高水準となり，農工間価格差によって農家は苦しむことになる。農薬，肥料も同じである。それゆえ，機械投資を減らし，農薬，化学肥料の多投をやめる農法，すなわち有機農法をどのように確立できるか，が営農自立の鍵をにぎっているともいえる。

二つの事例ともに，堆肥や緑肥の投入，土壌診断による土作りを重視し，農薬，肥料の使用を減らしている。また，機械を長持ちさせる工夫をして投資を抑えている。そして，輪作体系，循環型農業，有機栽培の重要性を強く認識している。

(3) 二つの事例に見る今後の経営見通し

それでは，二つの事例農家の今後の経営見通しを最後に見ておこう。

事例2　Ty農園

- 収量を増やすのではなく，単価を上げる取引をめざしている。規模拡大は競争が厳しく，労働力の限界もあるので積極的には考えていない。
- 町内12戸のうち，非農家が2軒，酪農家が1軒で，あとは畑作。そのほとんどで後継者が戻ってきている。
- 個人個人では，生産努力をしたり，小麦，豆類，甜菜，馬鈴薯に次ぐ第五の作物を作って安定的な輪作をしていこうと探っている。自分も，自家販売を含めて，もっと積極的にできることは自分でやるしかないと思う。

事例3　St農場

- 規模拡大は考えているが，このあたりは後継者がそろっていて農地争奪戦になる。昨年70町の農家が離農したがすべてはけた。隣の地域まで見渡せば離農しそうな農家はいくつかあるので，5年，10年のスパンで拡大を視野に入れている。
- 今は40haだが将来的には60haや80ha，空き次第では100haの規模も考えている。その場合は法人化して専属のスタッフを雇うことを考えている。
- 有機栽培農業には興味はある。ただそれがすべてを解決するとは思っていない。思想で有機を語る（有機だから体にいい，地球にいいなど）のではなく，経済合理性を追求したら有機になったという形にしたい。日本の有機のマーケットは全体の0.1％。海外では数％なのでこれから10倍に伸びる可能性がある。
- アメリカに研修に行くまでは，有機といえば1haでちまちま栽培しているイメージだった。自分は穀物農家でありたい，人の腹を満たすために農業をやっているという思いがあったので，それに適応できないなら有機をやる意味はないと思っていた。だがアメリカに行ってカルチャーショックを受け

た。その人は小麦を自分で作り粉を引いてパン屋に売るということを一貫して行っていて，450haで有機農業を行っていた。それを見て，このスケールでできるならうちでできるはずと思った。
・やっていたのは自分たちが普通にやっている基本的なこと。輪作をすること，有機物を入れること，機械的な除草管理をすること。そのときにあらためて輪作の意義を再発見した。

二つの事例農家は，自立の三つの論理においてほぼ同じ基調をもって活動している。しかし，今後の見通しでは少し異なっている。事例2のTy氏は，規模拡大を積極的には考えず，作物の販売単価を高めるさまざまな工夫をしていこうとしている。実現できることから試行していこうとしている。一方，事例3のSt氏は，アメリカでの450haの有機農業の実際を見て，自分たちがやっている輪作体系などの農法と変わるところはないことを知り，自分もそれをめざそうとしている。もちろん，それは10年，20年のスパンのことであり，実際にはTy氏と同じようにできることからいろいろと試行していくことであろう。Ty氏とSt氏は友人であり，いろいろと情報を交換しているという。今後の2人の個性的な農業展開が期待されるところである。

3 有機農法の確立への努力——ひとつの模範を示す農家

(1) 有機農法の確立という課題

前節で見てきたように，現状を打開していく方向に有機農法の確立という課題があった。前節で見たSt氏の有機栽培についての指摘には深い意味が示されている。

今日，有機農業は各地，各人によって行われ，個別の技法としては多様に紹介されているが，経済合理的な農法として体系的に導入されている事例は少ない。ここでは，経済合理性と有機農法を結合した音更町のNg氏の農法を紹介することにする。

事例 4　Ng 農園（音更町，代表 Ng 氏，2016 年 2 月 25 日，現地聴取。提供資料[注1]）

現在の経営

- 55ha のすべてを有機農法で栽培している。3 年輪作で緑肥→秋小麦→緑肥→豆類である。
- 豆類 5ha（平均反収 300kg/10a），秋小麦 25ha（同 360kg），緑肥 25ha であり，主な作業機はトラクター 3 台（90, 80, 70ps），コンバイン 2 台（麦，豆），プランター 2 台（麦，豆），ロータリーハロー（除草にも使用），除草カルチである。2008 年に有機 JAS 認証を取得した。

有機栽培の技術

- 豆類については，除草において従来の「削り」ではなく「土寄せ」を数回することによって，雑草を土に埋めて絶やすという方法をとり，無防除で除草が可能となる。
- 秋小麦については，緑肥生育後，ロータリーによる整地によって複数回緑肥を鋤き込み，小麦播種の準備に入る。標準的な播種時期は 9 月 20 日前後であるが，3 週間早く実施する。それによって，越冬前に小麦を繁茂させ，厳しい冬の寒さに耐えうる丈夫な「体」を作ることで，冬枯れ防除の農薬散布なしで越冬性を確保できる。
- 小麦播種の際に白クローバの混播を行う。白クローバは草丈が低いため，小麦の生育と収穫作業を阻害しない。小麦収穫後は直ちに鋤き込みを行うのではなく，約 1 月程度クローバを養生させ，窒素固定による圃場の地力の維持と向上を図る。

経営収支

- 近年の慣行栽培の平均収量と比較すると半分程度の収量であり，作目数も少ないが，有機小麦の精算代金はプレミアの値がつき，また基本的に無肥料，無防除で作業も播種と収穫しか行わないので投下費用はきわめて少なく，採算が十分に成立している。
- 一般の慣行畑作経営では，売上 5800 万円，支出 4100 万円，差引利益 1700 万円（利益率 29％）であるのに対して，Ng 氏では，売上 2700 万円，支出

注 1　「十勝慣行畑作 4 品（50ha）からの有機転換の 15 年——大規模有機栽培の展望と可能性」2014 年 1 月 18 日，アグリシステム研究会での講演記録。

700万円（肥料費0，動力光熱費80万円，修繕費50万円，その他570万円）であり，差引利益2000万円（利益率75％）である。利益額，利益率ともに明瞭な優位を示している。
・それゆえ，農作業も朝9時スタートで土日祝日と雨の日は休むという，ワーク・ライフ・バランスのよい働き方になっている。「そうでなければ，今後若い人は農業をやろうということにはならないでしょう」と付け加えた。

以上のように一つの有機農業の体系ができあがっているといえる。それは，家畜の糞尿を肥料に利用するというような種類の有機栽培ではなく，緑肥のような自然の力に依存していくという自然栽培に近い方法論である。それはNg氏の「自然の力に依存して，できるだけ野生に近づける」というイデアに基づいている。しかし，緑肥に対する交付金などをもらっており，それが助けになっている面もあり，完全自立というわけではない。

このような農法にたどりついた経緯はどのようなものであったか。それを聴取した。

(2) 有機農業にいたる経緯とこれからの見通し

有機農業にいたる経緯
・現在45歳，自分は3代目，長男。父が現在の55haまで拡大した。
・高卒後東京に出てパソコンの専門学校で学び，IT関連企業に就職した。自由で楽しいときを過ごした。25歳になってUターンした。長男だから農業を継ぐ，というのが家や地域の無言の決まりだった。ただそういうなかに自分を位置づけるのがいやだったので，今のITの仕事よりいい仕事，たくさんの人のためになる仕事は何かと考え，学校の先生や医者に今さらなれないとしたら農業しかない，と思って帰ってきた。
・帰ってきて5年くらいは親の言う通りに農薬もまいたりして畑作4品の作業をした。
・ただ，たくさんの本を手当たりしだいに読んだ。読んでは家庭菜園で試し，それを積み重ねて，8反くらいで4品を試すようになった。これでうまくいけば，全体に広げてよいはずだと。

・今日まで改善に改善を重ねて20年かかった。この農法には小麦と豆が合うので4品から2品へと作目が減り，売上は減るが所得は増える，という変化となった。
・（それを支える信念みたいなものはあるのか）父が宗教的というか精神的な関係の本を読んでいて，自分もそれを読んでいたので，なにかしら精神の成長，魂の成長ということに価値をおいているようなところがあるかもしれない。
・農協とも仲良くやっている。農協は有機の販売領域がないので，Agシステムなら有機作物を高く買ってくれるよ，と勧めてくれた。実際，50％アップで買ってくれた。その他，いくつかのパン屋さんなどと直接取引をしている。

これからの見通し

・（規模拡大については）日本の農業がアメリカの農業を追いかけている，というように見れば，日本はまだ20年遅れているので，その到達点への途上にあるともいえる。
・しかし，江戸時代の『農業全書』でも「畑は増やすな，所得を増やせ」ということが言われている。現代にもそれはあてはまるが，農家の性でそれができない。十勝で規模拡大していくということは，それだけ農家人口が減っていき，地域の人が少なくなるということだ。最後には，お金をたっぷり稼げる人が地域で一人ぼっちでいる，という状態になる。結局，これからどっちの方向に進んでいくか，という問題である。
・（この有機〔自然〕農法を普及させていけないのか）十勝の農業は，いろいろ問題はあるにせよ，一応完成形として農家が自分の地位を得ている。今さら違った方法で経営をやりかえるということを考える人はいない。それに，人と変わったことをすると後ろ指をさされるという不安もあるし，有機は苦労が多いとか，宗教じみているというような誤解もある。
・（それにしてはNgさんは楽観的に見えるが）最後に生き残るのは，農家であり農業国である。半農半Xというのは，土台が農業であるということだから，考え方としては当たっている。

以上のように，Ng氏は独自の農業観をもって20年にわたって有機（自然）農法を改善し一つの確立にいたった。しかし，この合理的で自然と共生してい

く農法は十勝農業の主流に影響を与えるにはいたっていない。それは「十勝の農家が，いろいろ問題はあるにせよ，一応完成形として自分の地位を得ている」からだという。そして，今後の十勝農業のあり方について，規模拡大競争の行き着く先は「お金をたっぷり稼げる人が地域で一人ぼっちでいる」という状態になるであろうが，それでいいのかと厳しい問いを出している。

そういうなかにあって，商系卸業者の Ag システムが Ng 氏と同じような農業観をもって生産者を組織しながら，農産物卸売業を展開している。次にそれを見てみよう。

4　新しい道を拓こうとする「商系」卸売業者

(1)　「商系」とは何か

「商系」は非 – 農協系列において生産，流通，消費の協同を組織化していこうとする異種的協同のアソシエーションである。旧来の雑穀商にしろ巨大な組織となった農協にしろ，生産者組合員から消費者の姿が見えなくなっている。「商系」業者はこれを農業における一つの危機と見ている。

(2)　有機農法での生産をめざす「商系」

次の事例は，「商系」業者の一つである，生産農家を有機栽培の方向に協同化していこうという論理をもつ Ag システムの事例である。

事例 5　Ag システム（芽室町，社長 It 氏，2015 年 2 月 27 日聴取）
農協に対する問題認識
・一番の問題点は，1940 年体制，総動員体制を引きずっていること。農協だけの問題ではなく根の深い問題。新規参入の人が 2ha 買いたいと思っても，周りの目を気にして売れる人がいない。役所は JA のことを「われわれ」と呼び，商系のことは外部扱い。そういうシステムに農協は組み込まれている。

Ag システムの沿革

- 1988年創業。今年で27周年。会社を立ち上げたのは，契約栽培と有機栽培に将来性を感じたから。
- 契約栽培については，私がホクレン勤務時代に農家と豆の契約栽培を行っていたが，お客さんと結びついて生産から流通までコントロールするのは，ホクレンでは続かないだろうと思ったことがきっかけ。
- 生きた土，健全な作物，人間の健康，の三つを理念に掲げているが，有機栽培の方はまだうまくいっていない。日本は科学技術信仰がヨーロッパより浸透したためか。

It 氏の経歴

- It 氏は札幌出身の65歳。高校卒業後，ホクレンに就職。ホクレンの転勤で十勝に。ホクレンの組合運動をしているときに北大の人に影響を受けた。
- 息子（専務）とは意見のずれもあるが考え方の大筋は一致している。息子の方が理想的（事例3の St 氏が交流しているのがこの専務 It 氏）。

現在の経営

- 年商は35億円。現在扱っている作物は豆類と小麦。小豆のシェアは全道3%，大豆のシェアは全道5%，小麦のシェアは2%弱。小麦は一部小麦粉にして販売している。製粉しているのは2000tくらい。
- 後発だがパン用粉に絞ってブランド化している。新しい品種を使い，また生産者や成分まで分かるようなブレンドをしている。絶対に日清ではできないようなやり方。
- 豆類も小麦も契約農家と話し合いながら生産や収穫を進めていく。
- ブラウンフラワー（全粒粉）は自社の製粉工場（石臼式）で製粉している。全粒粉はポリフェノールを含むという特徴がある。ホワイトフラワーは本州のメーカーに委託して製粉している。

販売先

- 小豆は，菓子製造 Gz の小豆の3分の1から4分の1を供給している。最近ではコンビニが多い。コンビニは味もトレーサビリティ管理も評価してくれている。
- 大豆は Tk フーズ，Ot 豆腐など。最近は品質を見てくれるメーカーが増え

てきて大豆の注文がある。
- 小麦は，小麦粉で販売。一般のリテール中心だが大手 Tk ベーカリーなどにも卸している。原麦を製粉メーカーに売ってもいる。多様な品種を 2t ごとに分けて貯蔵しているので，希望に応じてパン屋がブレンドして，美味しいパンを作れるようにしている。
- 馬鈴薯は 1000t 弱。Io グループの会社に出荷。

生産農家との提携
- 契約農家は現在 500 軒くらいだが，「農協のついで」と考えている農家もあるので，10 年間で精選していきたい。
- 豆類は収穫方法や肥料の指導も行い，特別栽培を進めている。将来的には農薬と化学肥料を減らし，できるだけ農家を有機栽培の方に誘導したい。ヨーロッパくらいまで有機農業の比率が上がるといいと思う（ヨーロッパ 5%，日本は 0.2〜0.4%）。
- イタリアでは大型農業から有機農業が広まっている。十勝でもコストをかけずに，大型有機農業ができる技術を確立してきている音更の Ng さんのような人がいる。55ha の畑で，緑肥，小麦，大豆の有機農業をしている（事例 4 として前述）。
- 会社で有機栽培農園を更別に持っていて JAS 有機を取得している。牧草の耕作放棄地でホクシン（小麦）が穫れないほどの土地だった。ずっと赤字だったが Ng さんにも教えてもらい，やっと利益が上がるようになった。

今後の見通し
- 北海道小麦は展望があると思う。台湾やアジアからの注目を集めている。ただコストが高いのが難点。今後売れる見込みが増えれば生産を増やす。
- 輸出は考えていない。国内で圧倒的に認められ，有機食品事業で売り上げを増やしたい。
- 農村だからこその優位なモデルがありうる。医療と農業と教育が結びついたオーガニックヴィレッジというようなものを構想している。

　このように，事例 5 の Ag システムは，全粒粉の製粉工場をもち，パン屋とも提携してパン用小麦のブランド化に重点をおきながら，農家を有機栽培の方向で育成し，消費者の信頼を高め，有機食品事業を強めていくという方針を

もっている。It氏親子を中心に，大規模有機農業を基礎に，オーガニックヴィレッジを構想するというイデアあふれる経営を行っている。

　十勝では，およそこの50年のあいだに，農家数は4分の1に減少し，耕地面積は5倍余りに増大した。その結果，機械装備の充実をベースに家族労働で40～50haの畑作4品経営を確立し，画期的な到達点を示している。しかしながら，そこには土地，労働力，機械装備の面で大きな困難が生じてきており，家族経営の限界が露呈し始めている。

　こうした危機的状態を認識しつつ，有機農業の新たな農法を確立しようとする幾人かの若い農家の模索があった。そして，自然の力を活用する有機農法が，環境にやさしいだけではなく，経済合理性に適う存続可能な農業を実現しうるであろうことが明らかになってきた。市場や国家から迫られてする規模拡大から自由となり，規模拡大を必須要件としない形で生産性を上げていく方法が確立しつつあるのである。

　そして，それを担う農家をサポートする「商系」という生産－消費の媒介者のコラボレーションで有機農法の普及の可能性が高められている。危機を乗り越える端緒はきりひらかれつつある，といえるのである。

参考文献
小内純子　2017「畑作経営の世代交代問題――音更町」北海道地域農業研究所編『土地利用型農業の経営継承問題　研究調査報告書』。

佐々木達　2015「北海道における大規模畑作地域の構造再編と地域経済の課題」経済地理学会編『経済地理学年報』61。

第 16 章

「兼業稲作」の行き詰まりと生活イデアの探求
「自立と協同」ならびに「よそ者」の論理

初出:「地方社会の危機に抗する生活者の活動と論理——宮城県大崎市を場とする生活イデアの探究」西村雄郎・岩崎信彦編『地方社会の危機に抗する〈地域生活文化圏〉の形成と展開』東信堂、2024年。Ⅱ部2章より一部省略して再録。詳しくは初出書を参照されたい。

宮城県大崎市は2006年3月、1市6町（古川市、鳴子町、岩出山町、三本木町、松山町、鹿島台町、田尻町）の合併によって生まれ、東西80kmに及ぶ広域な市となった。

本稿は、大崎市を一つの地方社会と捉え、その社会的な危機のありようを分析するとともに、現場（locale）の営農者、生活者がどのようにその危機を受け止めながら、「危機に抗する」自立と協同の活動を展開しているかを考察する。そして、「抗する」活動とその論理が生活者の「イデア」から発露したものではないか、という視点で論述していこうと思う。

1 大崎市の社会的危機とは——「兼業稲作」体制の崩壊

(1) 「兼業稲作」体制の歴史的展開

「兼業稲作」体制が政策的に進められたのは、1961年に「農業基本法」が制定された同じ年であった。

古川市を中心とした三本木、小牛田、中新田、岩出山の各町を含む「古川工業

地区」が，通商産業省の工場適地調査地区として指定された。1962年には，「低開発地域工業開発促進法」による指定を受け，農業構造改善事業を促進し近代機械化農法による余力人口と，年々転出する人口を製造産業に就労転換を図り，第二次産業の1960年度の就業人口9.1％を，1970年には20.4％に飛躍的に発展させることが古川市工場誘致対策要領案として掲げられることになった。

（古川市 2007: 587-588）

　主な誘致工場の現在（2016年）を見ると，アルプス電気株式会社（古川工場2006人，北原工場，涌谷工場），大和ハウス工業株式会社（東北工場），YKKAP株式会社（東北事業所2100人）などである。
　農家人口に目を移すと（表16-1参照），1960～70（昭和35～45）年の10年間に農家人口は20％も減少し，専業農家は激減している。農業近代化と工業導入の衝撃の大きさが分かる。1970年には米の生産調整（減反政策）が始まり，1980（昭和55）年までに農家人口は10％余り減少し，第二種兼業が比率で34％から55％へと急増している。1995（平成7）年には第二種兼業が73％となり，「兼業稲作」体制は成熟のピークを迎える。
　しかし，それ以降，兼業農家（第一種と第二種の合計）は減っていき，1995年に3754戸あったものが20年後の2015年にはほぼ60％減の1524戸へと減少している。この間，土地持ち非農家は増加し，2015年には1400戸（対総農家100比61），所有面積1209ha（対耕地面積100比20）に達している。また，耕作放棄地は，2005年94ha（対耕地面積100比1.4）→2010年161ha（同2.5）→2015年186ha（同3.0）というように漸増している。
　このように大崎市の旧古川市域における「兼業稲作」体制は1995年頃に成熟のピークを迎え，それ以降は崩壊への道を歩んでいると言ってよいであろう。

(2)　「兼業稲作」の事例

　今次の調査は地区包括調査ではなかったので，兼業稲作の事例は採取しにくかった。それゆえ，ネットワーカーSs氏（事例10）の実家を事例として取り上げることにした。

第 16 章　「兼業稲作」の行き詰まりと生活イデアの探求

表 16-1　大崎市旧古川市域における総農家数，専兼別農家数，経営耕地面積等

	総農家数	農家人口	専業	第1種兼業	第2種兼業	自給農家	経営耕地面積	耕作放棄地	土地持非農家（所有耕地）
1960（昭35）	4,811	32,928	2,468 (51%)	1,480 (31%)	863 (18%)	—	—	—	—
1970（昭45）	4,831	26,422	787 (16%)	2,409 (50%)	1,635 (34%)	—	—	—	—
1980（昭55）	4,669	23,443	347 (7%)	1,941 (37%)	2,581 (55%)	—	—	—	—
1990（平2）	4,269	21,554	410 (10%)	1,006 (24%)	2,853 (67%)	—	—	—	—
1995（平7）	4,101	20,108	347 (9%)	745 (18%)	3,009 (73%)	—	—	—	—
2000（平12）	3,758	18,224	338 (9%)	522 (14%)	2,490 (66%)	408 (11%)	6,156ha	123ha (2.0)	—
2005（平17）	3,481	14,285*	373 (11%)	572 (16%)	2,113 (61%)	423 (12%)	6,511ha	94ha (1.4)	578 (392ha)
2010（平22）	2,592	9,926*	345 (13%)	403 (16%)	1,468 (57%)	376 (15%)	6,355ha	161ha (2.5)	1,336 (1090ha)
2015（平27）	2,288	7,858*	350 (15%)	355 (16%)	1,169 (51%)	414 (18%)	6,097ha	186ha (3.0)	1,400 (1209ha)

注：＊農家人口は 2005 年以降，販売農家のみの人口である。
出所：各年次の農林業センサス。1960〜1995 年は『古川市統計表』からの引用である。2006 年の大崎市合併により 2010 年と 2015 年は大崎市集計表より旧古川市域分を集計した。

事例 10a　Ss 氏の実家（美里町，2015 年 2 月，2020 年 5 月聴取）

・現在，Ss 氏の父は農業従事，本人は農産物販売コーディネートの農外就労という兼業農家。
・父は 1932 年生まれ，17 歳から農業に従事した。祖父は古川町の公衆衛生関連や地区の取りまとめの仕事をしていたので，農作業は父とその弟に任せていた。
・耕地面積は 2ha（所有）で，米，梨，桃を作り，乳牛を飼っていた。父の弟と協同的な経営をしていた。
・1964 年から，中古品だがトラクターや田植え機やコンバインなどを装備した。
・農外就労は 1969 年から 5 年程度，11〜3 月頃の冬季に出稼ぎ的に車整備，

また 1980 年から 5 年程度，通年日中に農機具整備に従事（農繁期は農作業をメインにした）。
- Ss 氏は 1987 年，大学進学に際して父から工学部を勧められ，県内で就学した。卒業後，IT 関連の会社に 10 年勤務，身体を壊したこともあって，その後実家に戻り，農産物販売コーディネートの会社を設立。
- 父は 70 歳（2002 年）の頃，集落営農に参加した。営農組織は，地区全体で 25〜30 軒程度の農家の集まり。高齢者や兼業サラリーマンが多く，専業農家 3 名（2020 年現在，60 歳，67 歳，67 歳）が中心で米と大豆を作る。2020 年現在，父は 88 歳になり営農組織では共同作業の草刈りなどに従事するのみである。
- 思い出は，1993 年の凶作時，収量が 1 割程だったときの苦労，1 反当たり 10 俵の収穫があったとき，家族や親戚に米がおいしいと言われたとき，子牛が生まれたときの喜びなどである。
- Ss 氏は，農業に強い愛着をもっているが，自家農業の後継は今のところ考えていない。

この事例では，後継者 Ss 氏が大学を卒業するまでは，第一種兼業的ないし専業的であったが，1991 年に後継者の Ss 氏が農外就労したときから 10 年後の 2002 年には，第二種兼業となり，自らの高齢化も考慮して集落営農組織に参加し，営農の継続をそこに託す道を選んでいる。このような離農準備はこの地方の一つの典型であろう。

(3) 兼業稲作の経営採算性

ここで統計的に兼業稲作農家の経営費を見てみよう（表 16-2 参照）。といっても，兼業農家としての生産費統計はない。東北の経営規模 2.0ha 未満の小さい農家に焦点を当ててみよう。

ちなみに，2015 年の農林センサスによる大崎市の農業経営体数は 4864 であり，1.0ha 未満が 1311（27%），1.0〜2.0ha が 1365（28%）であり，合わせて過半を占めるこれらの農家は，ほとんど兼業農家と推定される。

所得について見ると，0.5ha 未満では赤字が出たり，少々の黒字になったり

表16-2 水稲作（小規模）農家の経営面積別粗収益・所得・家族労働報酬（10a当り，東北）

2011年

	平均	0.5ha未満	0.5～1.0ha	1.0～2.0ha
経営所得安定対策等受取金（10a当り）	14,203	12,543	10,333	13,647
粗収益（受取金を含む）	128,137	123,308	121,470	127,171
所得	45,813	△4,542	16,399	38,253
家族労働報酬	27,227	△29,993	△9,734	16,028

2015年

	平均	0.5ha未満	0.5～1.0ha	1.0～2.0ha
経営所得安定対策等受取金（10a当り）	8,443	7,329	6,525	7,313
粗収益（受取金を含む）	105,853	110,029	100,854	104,363
所得	26,185	△26,502	3,239	22,451
家族労働報酬	10,399	△48,710	△19,056	3,237

2018年

	平均	0.5ha未満	0.5～1.0ha	1.0～2.0ha
経営所得安定対策等受取金（10a当り）	1,736	0	0	1,435
粗収益（受取金を含む）	114,408	107,797	111,282	112,158
所得	35,972	5,680	9,645	26,868
家族労働報酬	20,700	△12,676	△8,598	9,175

出所：農水省「農業経営統計調査」「農産物生産費」各年次．

という状況である。0.5～1.0haでは，所得は黒字となっているが平均値よりかなり低い。家族労働報酬の方はいずれも赤字である。すなわち，1.0ha未満の農家は，家族労働に対しては無報酬であり，いわばただ働きで米を作っている。大崎市でいえば27％の農家がそのような農家であり，経営としては成り立っていないのである。1.0～2.0haになると所得と家族労働報酬のいずれも黒字であるが，所得は平均の75～85％にとどまっている。

以上のように1.0ha未満の兼業稲作は経営的に成り立っていないが，兼業収入からの資金注入と無償労働によって経営を維持している。それを支えているのは，先祖伝来の田畑を守らなければならないというイエ意識であろう。しかし，次の後継者世代はそのようなイエ意識も希薄であり，二重労働を忌避するであろうから農業後継はほとんど行われないであろう。兼業稲作は体制として一つの終期を迎えているといえる。

(4)「兼業稲作」体制の危機に関する営農者の認識

それでは，この「兼業稲作」の危機を営農当事者はどのように捉えているであろうか。

認識1

兼業していた親は平日の勤務後と土日に農業をやっていた。小さい頃は弟とどちらがこの（負担の多い）農業を継ぐかでけんかをしていた。米はみんな赤字になっても作っている。先祖に申し訳ないという気持ちがあるから（事例2の家族経営Yt農場〔岩出山〕のTk氏）。

認識2

稲作農家ではいやいや農業をやらされてきたので「恨みの農業」をやっている。土地を売ったり貸したりできないという世間体のために農薬や化学肥料を使って続けてきた。休みの日は遊びたいから，高い機械を買う（事例3の家族経営Mr園芸〔三本木〕の仲間Kn氏）。

兼業は「大変な仕事」であり，イエ意識が強く残っている東北のこの地では「米は赤字になっても作る」ものであって，だから「恨みの農業」になる。それゆえ，後継者も育たなくなる。

ところで，集落の農業の状況について，営農者はどのように捉えているか。

認識3

うちの集落は60戸くらい。田は自分で作るが，転作分をお願いする，という農家が22〜23戸くらい。若い者がいないから，今後どうなるのか。5年，10年先の集落は，圃場がよいところは誰かがやるかもしれないが，悪いところから荒れていくだろう（事例1の家族経営Sk農産〔古川〕のSk氏）。

認識4

この集落には200軒近くの農家があり，1戸1000万円の設備投資をするとして20億円。しかし，実際の売り上げは2億円ほど。5年後には今70歳台の人は80歳になる。その人たちの田をわれわれが支えるとしても，どう乗り切っていくか工夫が求められる（事例4の法人経営Msファーム〔鹿島台〕のTb氏）。

このように集落の農業の問題を捉える眼はおのずと農政にも向けられていく。

第16章 「兼業稲作」の行き詰まりと生活イデアの探求

認識5

これまでの国の政策は，農業を趣味としている人，食べられればよいとする人，事業として農業を行う人，さまざまいるのに農業政策が一本なのはおかしい（事例4のTb氏）。

認識6

TPPなど農産物自由化は，やるならもっと早くやって，農業専業でやっていける体制を作るべきだった（事例3の家族経営Mr園芸のMr氏）。

2　危機に抗する営農者たちの〈自立〉と〈協同〉の論理

大崎市の調査においては，研究テーマに関わる事例を，前述のSs氏による紹介ならびに大崎市役所農業振興課からの紹介を軸に，20件ほどの聴取調査を行い，そのなかから10の事例を選定し考察することにした。そして，事例における「生活イデア」を捉え出すために，図16-1を作成した。

(1)　営農者における〈自立〉の活動と論理（ロゴス）

基本型といえるのは「（非法人の）家族経営」農家の3件（事例1, 2, 3），次は「農業法人」の4件（事例4, 5, 6, 7），「地域協同」の農業組織は同一地域の複数の有志農家が協同するもので1件（事例8）である。そして，「ネットワーカー」は複数の農家や事業者の生産と販売をコーディネートして，地域づくりにも携わる人たちであり，2件（事例9, 10）である。

図16-1　生活イデアの4象限への発現

ところで，営農者において〈自立〉の論理はどのように規定されるであろうか。
　ここでは，営農者の〈自立〉の論理に関わる三つの仮説を立てて，それが事例においてどのように発揮されているか，を見ていく。

仮説①　依存先を増やす
　これは障害者の視点から自立を考える熊谷晋一郎の論理である。一つのものへの全面的依存から離れ，依存先を多様に増やしていくことが自立である，というのである（熊谷 2012: 87）。これは資本主義下の「弱者産業」のなかにある営農者についても通用する考え方である。ジンメルの「個人の多数の圏所属と個性化の契機」（Simmel 1992: 466 = 1994: 20）という論理にも連なっている。
　実際に営農の現場では，農協への全面的な依存（たとえば組合勘定）からの脱皮は広く農家の課題となっている。業者直接取引，道の駅・直売所による協力販売，消費者との直結などによって自立を進める営農者は多い。そして，このように多様な依存先と協力関係を結ぶことは〈協同〉の活動へおのずとつながっていく。

事例 1　家族経営 Sk 農産（古川，世帯主 Sk 氏夫妻，2015 年 8 月聴取）
・夫（本人）は近くの兼業先で働いていたが，1987 年に仕事をやめて専業となる。現在，夫婦，息子の 3 人で，耕作地は米 12ha，大豆 10ha。米とみそ加工販売。夫 64 歳，妻 62 歳である。給料制にすることで息子の後継がスムースに行われた。
・米価が下がっていくなかで，自分で販売しないとダメだと思い，販売先を農協中心にせず，郵便局と提携して直売するようにした（現在は直接に全国販売）（市場対応：直売）。
・冬場の現金収入を考えて，妻が主となってみそ作りを始めた。地域の農家がみそを自分で作らなくなり，加工だけをうちで請負うようになった（地域における自給）。

　このように，農協だけではなく米を直売できるルートを開拓し，全国の顧客を相手にしている。また，大崎市推奨の新種の米「ささ結」の 2018 年度品評会で最高賞を得るなど市の政策への対応をしている。

仮説② 市場対応における主体性の確保

 小商品生産者として営農者が自立するために最も重視するのが，市場でその商品が継続的に購入されることである。そのために，①販売方法の自律的決定，②顔が見える消費者との交信，③努力して生産した品質に見合う正当な価格，が不可欠である。これを実現する有力な方法が自家・自社ブランドの形成であり，ほとんどの事例で行われている。

事例2　家族経営 Yt 農場（岩出山，世帯主 Tk 氏，2015 年 2 月聴取）

・1973 年生。東京で大学工学部を卒業し就職。27 歳でUターン。妻とともに，米 1ha，畑 1～2 反のとうがらし，他に大豆，きのこも栽培。道の駅，直売所に出荷。
・香辛料「Yt なんばん」を始めて 15 年，月に 3000 本を作る（自家ブランド）。
・農業での売り上げは 1000 万円ちょっと。収入は同世代のサラリーマンより少ない。それでも出ていくお金が少ない。ガソリン代はいるが，水も食料も燃料もいらない。

事例4　法人 Ms ファーム（鹿島台，社長 Tb 氏，2014 年 9 月聴取）

・品井沼の干拓地にあり，父（会長）は入植者の 3 代目。施設園芸を取り入れた専業農家として補助事業を導入しながら，2006 年には経営形態を確立した。鉄骨ハウス 4 棟，パイプハウス 17 棟でトマト，ホウレンソウ，菊などを栽培し，米は 25ha の作業受託をしている。2009 年度年商目標 2 億円。雇用者は 31 人（宮城県担い手育成総合支援協議会 2015）。
・トマトは市場飽和のなかで，高糖度（7～10 度以上）の 3 品種を栽培し，高品質ジュースを自社ブランド商品にし，大都市，海外に向けて販売している（自社ブランド）。

仮説③ 技能的技術の取り戻し

 職人的技能は近代以降，科学の発展と資本による包摂によって「科学技術」へと自立化された。技術は生産者から疎外され，農業機械，農薬，化学肥料へと自立化し高額出費を強いられ，営農者の従属化が進んだ。それに抗して自立するには「各人がもっているエネルギーと想像力を十分に引き出すような技術を必要としている」(Illich 1980: 10 = 2015: 38)。いわば技能的技術の取り戻し

である。これについては多くの事例で追求され，自家・自社ブランド形成の基礎となっている。

事例3　家族経営 Mr 園芸（三本木，隣家の Kn 農園と一緒に 2015 年 5 月聴取）
- Mr 氏は，18 歳より就農し，現在 67 歳。40 年前にトマト，メロンの栽培を始めるような先駆的な農業人である。ハウス 2300 ㎡でトマト，一株一果のメロン，カボチャ，そしてセロリ，大根，ミニトマトを作っている。娘がパソコンで経理を担当している。
- JA 古川の野菜部会長を 20 年間やった。トマトは 12 戸の農家に栽培法を教え，今でも定期的に会合して情報交換している。技術の平準化が重要（農法，技術の協同化）。
- 有機の米はまずい。化学成分，水分，土壌を作物に応じてしっかりと科学的に検査して把握するのが大事。専門の技術者や機関から研究成果を学んできた（科学的な栽培技術）。

　また，事例 1 では，米を 1 年分ストックするために，専用施設を作らず，籾を 1t バッグに詰め，前の玄米がなくなれば，ふたたび乾燥させ，籾摺りして米にする。すべて独学である。事例 4 では，トマト，ホウレンソウは農薬節減，化学肥料不使用で栽培し，ハウスの土地は無害の消毒，米の食味をよくする肥料のやり方など，独自の営農技術を形成している。

(2)　営農者における〈協同〉の活動と論理（ロゴス）

　営農者は資本主義のもとで農工間価格差と小生産者間競争にさらされ，自立困難の状況におかれている。それゆえ，〈自立〉は資本主義のもとで不可避的に営農者の生活と利益を守るための〈協同〉の論理の実践へと連なっていく。
　人間は，自然との物質代謝すなわち経済活動を合理的に統制するには，自らを協同的にアソシエートすることが必要であり，アソシエーション（association）はまさに〈協同〉の担い手なのである。
　こうした論理に基づいて〈協同〉の論理を次のように三つの仮説に具体化してみよう。

仮説①　農家間，ならびに業種内，業種間の協同

　農家間の協同は最も基礎的な協同形態であり，事例3の十数戸による技術の研究・交流がそれにあたるが，さらに転作作物（この地では大豆）の協同生産（事例1）や集落営農（事例10a）に連なっていく。業種内では，事例4における鹿島台でのトマト祭りがあり，デリシャストマトの地域ブランド化が進められている。また業種間においても，真空状態で果汁搾出する専門工場との提携，山ぶどうジュース（岩手県産）とのタイアップ販売（事例10b）が行われている。

仮説②　集落的紐帯の衰退と法人化の前進

　農業における法人化は，おおむね農家数戸の協同から始まる（事例5，事例7，親と子2人の複数世帯協同は事例4）。そういう意味で法人化とは新しい結合体（association）の誕生である。他方，すでに結成されている集落営農組織の法人化も追求されてきた。集落は，歴史的にその地域の土地や水といった生産基盤の管理主体となり，農作業の協同を担ってきた共同体である。しかし，農業の近代化と農民層分解でその結合力は衰退している。大崎市でも集落営農が行われているが，それは主に転作作物（大豆）に限定されている。

　そういうなかにあって，集落営農組織の法人化を積極的に推進しているリーダーがいる。

事例5　法人経営 Da ファーム（鹿島台，社長 Ab 氏，2014年9月聴取）
・1987年に強化された米の生産調整に対応し，造園事業との多角経営で経営を安定させるために，地元の友人4人で有限会社を立ち上げた（複合経営，法人化）。
・2016年現在，米31ha，水稲請負作業5ha，小麦7ha，大豆10ha，野菜の経営であり，販売額は2015年8000万円（農業部門のみ，算入交付金など2000万円）である。役員4名，正社員4名，その他臨時雇用（宮城県担い手育成総合支援協議会2017）。
・宮城県農業法人協会の会長であり，加えて2014年にJA・Mdの代表専務理事に就任した。

　この事例5のAb氏は，自らの経営を確立したうえで，「集落の農業を守る

には集落営農組織の法人化を進めることが何より重要である。そのためには，マネジメント能力をもつ社長の育成が急務である」という認識をもち，国の法人化推進政策にも呼応しながら活動している。

　次の事例は，集落営農組織がそのまま法人化されるのではなく，若干の有志法人の提携，協同によって集落農業の担い手交代がめざされている事例である。

事例6　法人経営 Tk ファーム（古川，代表者 St 氏，2015年12月，18年8月聴取）

・St 氏は30歳台の半ばである。農業短期大学に進み，卒業後は種苗会社の研修生となり野菜作りの技術を身につけ，兼業農家であった祖父の耕地を受け継ぎ21歳で就農した。

・補助金を3回活用してハウスを建て，ナス（現在50a）から始めて，レタス50a，トマト30a，ホウレンソウ25aなどしだいに作目を増やしていき，2013年に法人化した。雇用は正社員1名，アルバイト8名（宮城県担い手育成総合支援協議会 2015）。

・この集落では水田転作生産組合が16haを受託し7名で運営しているが，いろいろと問題が出ている。集落の農業を維持するために，区長らは7名のうち最も若い St 氏に期待を寄せている。隣接集落にも若干の法人があり，これらの法人が提携して地区の農業を維持することを願っている（2015年12月，当地の区長からの聴取による）。

・St 氏は，この期待に応えて，将来，集落の全体の耕地を担えるだけの頑丈な受け皿になれたらよい，と思って法人化し営農に励んでいる。

　この事例は，大崎市の大方の実状を反映していると推測される。今や集落は「再生・維持」の対象に変わっているが，次に見るように，再生を担う主体は強い決意に裏打ちされた人びとである。

仮説③　地元への愛着と貢献志向による協同

　地元という言葉は，地方（ぢかた，locale）という意味合いをもって集落から地区へ，さらに町村，市へと広がりをもって使われる。地元への愛着と貢献志向のなかから協同の活動が展開する。それをよく体現しているのが次の事例である。

事例 7　法人経営 Sm フィールド（鳴子，代表者 Cb 氏，2015 年 8 月聴取）

・1962 年生。52 歳。会社通勤をしながら兼業農業をしていた。30 歳のとき，父親が亡くなったが，会社勤務を続け，40 歳を過ぎたら農業に専念しようと思ってその準備をした。
・ソバ 16ha，コメ 6ha，マメ 70a。作業受託で菜種刈取り 10ha，ソバ刈取り 10ha くらい。
・脱サラする際，私は鳴子の川渡に骨を埋めたい，だったら先祖代々の土地もあるし，それを切り盛りして地元を盛り上げていくことが地域に対する貢献だ，と思った。
・店舗（そばカフェ）を地元に開業し，また鳴子温泉郷で I ターン者が「里づくり」事業をしているのに呼応して活動している。
・農薬や化学肥料は標準の半分以下でやっている。県の認証も取得している。「ただ自分のところだけよければ，無農薬栽培で付加価値の高いものを作って売ることはできる。でも自分のところで精一杯になってしまうので，耕作放棄地を受けることはできない。法人には，地域の担い手や公益性，農地の保全ということが求められていると思うので，そのバランスをとりながら経営していかないといけない」と言う（その後，受託土地も増えていると言う）。

以上，地元の農業の維持と振興のために努力している事例 5 の農協専務理事の Ab 氏，事例 6 の若い St 氏，そして，この事例 7 の専業復帰の Cb 氏は，いずれも地元への愛着をもち地元の発展を自分の強い思い（イデア）としている。

この地元の古くからあるイデアを彼らは深く分け持ちながら，それを新しい未来を作る力に変換させているのであるが，それは自らの営農を確固なものとして自立させ，そのなかに自己実現をしていこうという合理的かつ創造的な精神によるものである。そういう意味で，われわれは営農者たちの生活イデアの考察に移っていかざるをえない。

3　生活イデアの〈エロース〉における発現

〈個人的〉×〈エロース〉は〈自己表出 self-expressive〉とすることができる。人びとは生活と経営の物質的充足をまずは求めるが，それにとどまらず，生活し生きることの精神的な充足，すなわち楽しみや喜びを深く求めている（自分のイデア〔魂〕への愛，ともいえる）（エロースについては第 18 章〔とくに 317-318 頁〕を参照されたい）。

事例 3 の家族経営の Mr 氏は「夫婦 2 人で稼いで使えるお金は年 400 万円。仙台の食品会社に勤めている息子 1 人分より少ない。けれど，農業は自由だしおもしろい。Kn さんに『おいしいものを作っぺ』と言っている」と言い，また農協専務理事となって法人化を進めている事例 5 の Ab 氏は，「好きな言葉は『人生は神の演劇』，その主役は己（おのれ）自身である」と言い，自分の仕事を天職として楽しく果たしている風情がある。

通勤をやめて専業化し法人を立ち上げた事例 7 の Cb 氏は「自分は蕎麦が好きなのでソバの生産を始めた。まず自分が作っているソバのレベルを知ろうと蕎麦屋をまわって食べた。自分の作った蕎麦を食べておいしいと言ってもらいたい」と生産の場である鳴子に直営の蕎麦カフェを出店した。

これらの〈自己表出〉は自己のなかにとどまることはなく，他者との交流の世界へと溢れ出てくる。〈協同的〉×〈エロース〉における〈コミュナルな協同〉へと発露していくのである（他者のイデア〔魂〕への愛，ともいえる）。

事例 3 の Mr 氏は「自分はみんなの力を借りて育ってきたのよ。だから，自分の技術は提供しますよ。（自分の農業を）理解してくれる人がいれば，だけど」と仲間との共感を大事にしている。事例 4 の Tb 氏兄弟は「チャレンジする父の姿を見て」就農の意思を固めた。またそれに呼応して経営を発展させようとする父の姿があった。事例 2 の家族経営 Tk 氏は，「ほっかぶり市」を始めた。「商業と農業の垣根はなかった。組んだらおもしろいだろうな，一緒にやろうという感覚で，仲間数人と始めた。ほっかぶり市では売り上げは考えない。農業をやらない人たちが楽しみにして勝手に宣伝してくれるのが不思議」

と。Tk氏といっしょに活動している事例9のネットワーカーのSg氏（後述）は，「鳴子に避難してきていた被災者を励まそうと地元の梅農家の協力を得て梅見の会を催した。それがきっかけとなって『海の手山の手』を結成した」。その後，ロイズ株式会社など企業の支援を受けたり，「反原発」テーマをきっかけに倉本聰氏らとの交流を行い，岩出山で倉本氏の芝居を上演したりしている。

ここには，「人間的な相互依存のうちに実現された個的自由」というコンビビアリティ（conviviality）（Illich 1980: 11 = 2015: 40）の世界が現われ出ており，矛盾を深める荒んだ現実のなかでかけがえなく貴重なものになっている。

前述の〈協同的〉×〈ロゴス〉，すなわち〈アソシエーショナルな協同〉の諸活動は，業種内協同のトマト祭り，大崎市ブランド米「ささ結」作り，業種間協同の高品質産品作り，「東北テロワール」，そして，地元地域への貢献を志向して行う法人化や多様な「まちづくり・里づくり」として現われているが，コミュナルなもの，コンビビアルなものはまさにそのような活動のなかから「泡立って」くるのである。マッキーバーも community を説明して「コミュニティは，永続的なり一時的なりのアソシエーションのなかに泡立っている」（MacIver 1917: 24 = 1975: 47）と言っていることは，きわめて示唆的である。

そして，これらの延長線上に，優れたアソシエーションである「鳴子の米プロジェクト」（事例8, 後述）のコミュナルな活動が展開するのである。

4　境界を生き，境界を媒介する人たち

以上，営農者，生活者の活動とイデアをめぐる基本的な考察を行ったが，それらの活動とイデアの展開を媒介的に大きく促すものがあった。それは「よそ者」の論理と呼べるものである。

(1)　Iターン・Uターンの「ネットワーカー」たち
　　　　――「よそ者」の論理と活動

ここではIターン者，Uターン者の「よそ者」の論理に根差した，境界を媒介する「ネットワーカー」の活動に注目し，それが新しいイデアの展開に寄与

していることを示唆したい。

　「ネットワーカー」は，本人は必ずしも農業人ではないが，営農者や震災被災者らを結びつける仕事をしている人たちである。

　　事例9　ネットワーカーSg氏（岩出山，2015年2月聴取）
・1941年生。出産まで大手の会社で勤務。子どもは3人。数か所にわたる転勤生活後に東京近郊に定住。夫の退職後2001年に岩出山に移住して15年。
・「生きていくうえで手仕事が大事だ」という夫と一緒に餅作りをするようになり（夫は1年前に亡くなった），餅を作って「あ・ら・伊達な道の駅」に出している。
・地元の営農者と協力して，鳴子温泉に避難していた震災被災者を招いて梅見の会を企画し，250人を超える人びとが参加した。
・被災者たちは「仕事がしたい」という強い要求をもっていたので，「海の手山の手」ネットワークを結成，四万十ドラマ株式会社から新聞バッグ作りを教えてもらって，それを普及していった。
・地域に馴染んではいるけど同化してはいけない。よそ者でないと自分の役割を果たせない。自分の役割は，都市と田舎とをつなぐ役割と考えている。

　Sg氏においては「手仕事」が一つの重要なイデアとなって，花卉や餅作りの生業と「海の手山の手」の新聞バッグ作りを両立させて進めている。「都会のショッピングセンターは3日で飽きてしまう。岩出山は見るものすべてが魅力的である」と都市から田舎へと境界を越え，「都市と田舎とをつなぐ」こと，すなわち二つの世界を媒介することを自分の役割としている。

　次の事例10は，仙台から古川にUターンして，地元の営農者が生産する農産物の販売コーディネートをしている事例である。

　　事例10b　ネットワーカーSs氏（古川，Ag社代表者，2015年2月聴取）
・1969年生。農家の長男。地元の大学工学部を出て仙台の電器メーカー系企業でIT業務に10年従事。その後ITベンチャー企業に就職。両親が高齢となり37歳で実家に戻る。身体を壊し地元のよさに気づき，生まれ育った環境に恩返ししたいと農産物の販売で起業しようとした矢先に東日本大震災が発生し，支援活動を展開する。
・震災後の2011年9月，株式会社Ag社を創立し，生産者と提携して農産物

販売をコーディネートする。事例4の高品質トマトジュース、事例3の一株一果のかぼちゃとメロンの販売事業を行い、自ら会員制の雪下ニンジン栽培・収穫を企画している。
・有志と協力して「大崎農産ブランド」作りを市に働きかけ、また海外への農産物販路拡大事業に参加するなかで各種業者と連携して「東北テロワール」というネットワーク作りをしている。

このように、Ss氏は、「農家は作ったものを消費者に売っていくのが苦手。自分は都会での経験を生かして代わりにやっていきたい。そういう意味でバイヤーではなくセラーであり、それを通して農産物の価値を高めていきたい」という思いをもって営業している。

境界を生き、境界を媒介する「ネットワーカー」は、まさに境界人（マージナルマン）である。パークは「彼（解放された個人）は、生まれ育った世界を何か余所者（よそもの a stranger）が抱く距離感（detachment）でもって眺めるようになる」（Park 1928: 888 = 1986: 101）と言っている。

Uターン者のSs氏はまさに都市からの眼差しで故郷を見、その可能性を掘り起こそうとしている。そして一方で事例9のSg氏は、「よそ者でないと自分の役割を果たせない。自分の役割は、都市と田舎とをつなぐ役割と考えている」というように、「よそ者」の自覚を明確にもち、移住地において魅力的な活動を興している。氏にはジンメルによる「よそ者」の次のような規定が当てはまるであろう。

> よそ者は実践的にも理論的にもより自由な人間であり、彼は状況をより偏見なく見渡し、それをより普遍的より客観的な理想で判定し、したがって行為において習慣や忠誠や先例によって拘束されない。　（Simmel 1992: 767 = 1994: 288）

この二つの事例では、いずれもネットワーカーの活動が「普遍的な性質」をもつものになっているので、その〈協同〉は〈地域〉を越えていく。Sg氏は「海の」被災者と「山の」被災者の協同を実現し、さらに北海道（ロイズ株式会社や倉本聰アトリエ）や四国（四万十ドラマ株式会社）とつなぎ、またSs氏は国内外の都市の事業者やシェフと交流している。

(2) 営農者のなかの「ネットワーカー」
——「よそ者」の論理をもちながら

地元に根づいている農業者でも「よそ者」の論理をもって活動している二つの事例がある。

事例2のYt農場（岩出山）のTk氏は，東京からのUターン者である。「東京にいた頃，コーヒーを飲むにもお金がかかる。金を使って金を稼ぎに行く。これってどうなんだろう，と思っていた」「加工を始めた頃，朝市や夕市が出始めた。そこでコミュニケーションをとりながら商品を売るのがおもしろいと感じた。自分は東京にいるときに異業種交流会に参加していた。そのことも加工に可能性があると感じたことと関係している。」

Tk氏は，都市の金銭万能のあり方と地元の自給を基礎においた生活とのあいだのギャップ，価値観の落差を強く認識している。

「売り上げを上げるために仙台の市場に行くのもいいが，生産している地元に来てもらう企画があってもいいんじゃないのと思って，商業と農業が組んだらおもしろいだろうな，一緒にやろうと，"ほっかぶり市"を始めた。」

事例7のSmフィールド（鳴子）の代表者Cb氏にも明確な「よそ者」認識がある。

「農業では自分のテリトリーが決まっている。別のところに農地を取得していくときはよそ者であり，いろんな葛藤がある。同じ町でも地域が違ったらよそ者になる。」

このような眼で地元を見ながら，鳴子での業種を超えた協力を望んでいる。

「温泉に入りながら食材に触れられるということになれば，おのずと観光の方もよくなると思う。農業だけよくなればいいとは考えていない。地域全体が元気にならないといけない。お互いにシェアして使いあうことによって，鳴子は元気になる。垣根を作ってはだめ。」

ここには，ジンメルのいう「反発し距離をおく契機が，共存と相互作用的な統一という形式を形成する様式」（Simmel 1992: 765 = 1994: 286）となることがみごとに表わされている。

(3) 境界を媒介することによって創造された協同の営農集団

　前2項の四つの事例（事例2, 7, 9, 10）はいずれも個人が「ネットワーカー」になって展開した事例であった。次は，境界を生き媒介する主体がはじめから集団であるという個性的な事例である。

事例8　鳴子の米プロジェクト（鳴子，代表者Un氏，2015年8月聴取）
- 大崎市への大合併に対する鳴子町の山間地鬼首地区の不安から始まった有志によるグリーンツーリズム活動で，結城登美雄氏の「寒冷地に適した米は古川農業試験場がもっているはずだ」という助言を得るにいたった。
- 鳴子の米プロジェクトには農家のみではなく，役場，農協，旅館，こけし，農産加工の人など，広く参加してもらった。そして2006年に寒冷地米「ゆきむすび」の協同栽培が始まった。
- 農家にとって，寒冷に耐えて良質の米になる「ゆきむすび」は夢の実現であった。地元の誇りの回復が「くい掛け」(17haのうち13ha) による付加価値付与にもつながった。
- 38名の参加者が，亡くなったり，土地を離れたりして今は24名。土地を離れた人の耕地はグループで守っている。専業は3名。あとは二種兼業で若夫婦が勤務というパターンが多い。
- 地元の農家と周辺の多様な支援者が担っており，その産米の愛好者は仙台の弁当業者，東京のおむすび屋などの事業者をはじめ，全国の個人消費者900人によって支えられている。
- 理事は12名。旧鳴子で5名。あとは仙台圏の人たち。農家は3名。いろいろな業種の人が入って得意技を発揮している。田植え，稲刈りの交流会も行っている。

　事例8が優れたものであることは，すでにいろいろな形で取り上げられていることからも分かる（たとえば，「いま，米と田んぼがおもしろい」『現代農業』2007年8月増刊）。米プロジェクト自体も「情報を積極的に公開している」のであるが，それは「俺たち24人だけよければ，鳴子だけよければいい，というつもりでやっている。そういう地域があっちにもこっちにもできればいいな

という思いがある」からである。共同研究者の藤井和佐氏はCSA（Community Supported Agriculture）と関連づけながら考察している（藤井 2019）。

このように，「境界を生き，境界を媒介する」活動はI，Uターン者ネットワーカー，地元ネットワーカー，CSAのアソシエーションなどさまざまな領域で展開されており，地域社会に新しいイデアの発現を促している。

5　農村と都市の交流から生まれる新たな可能性

本稿は，人口減少，少子・高齢化，農業の衰退として表われている地方社会の危機が，「兼業稲作」体制に一つの源を発していると考え，その危機に「抗する」生活者（営農者）たちの活動と論理を大崎市という「場」において追ってきた。そして，生活者の「危機」認識を把握しながら，人間の根本に「イデア」の存在を想定し，それの発露，発現として「危機に抗する」生活者の活動と論理を考察した。

このイデアと活動が今後どのように実際に発展していくのか，が問われてくる。それに答えることはまだ難しいが，「境界を生き，境界を媒介する」人たちが新たな活動，運動を展開していることは，他の地方にも見られ，その課題に対する一つの回答となっている。

一つは，Iターン者，Uターン者の活動である。大崎市においては移住者受け入れ事業を受託したNPO法人おおさき地域創造研究会がIターン者と連携した定住促進活動を進めており，また鳴子温泉郷において複数のIターン者がユニークな「里づくり」活動をしている。京都府綾部市においてはI，Uターン者の「半農半X」活動が地元に活力を呼び起こしており，また志賀郷地区の「コ宝ネット」によるIターン者受け入れ活動がIターン者とのネットワーク活動に展開している。

二つには都市と農村の交流活動・事業の展開である。北海道十勝における「いただきますカンパニー」の農場ピクニック，綾部市最奥地の「水源の里」集落でのトチノミ採取の都市からのボランティア支援活動，大分県大山農協と福岡市，下郷農協と北九州市のそれぞれにおける産直と交流事業の展開があ

る。「危機に抗する地域生活文化圏」の形成はまだマイナーなものであるが，ここで考察した活動と論理の新しい質は生活者たちのたゆむことのない歩みによって担われ，いずれ一つの歴史を形成するにいたるであろう。われわれは引き続きその道程に伴走していきたいと思う。

（なお，図16-1「生活イデアの4象限への発現」における「エロース」と「ロゴス」，「個人的」と「協同的」の詳しい考察は，第18章〔とくに317-324頁〕において行われる。）

参考文献

熊谷晋一郎　2012「自立とは，ひとりで生きることではない」『月刊　地域保健』9月号。
小内純子編　2017『協働型集落活動の現状と展望』農山漁村文化協会。
藤井和佐　2019「地方社会解体の危機に抗するCSAの可能性――〈鳴子の米プロジェクト〉を事例として」『岡山大学文学部紀要』71。
古川市　2007『古川市史4　産業・交通』。
宮城県担い手育成総合支援協議会　2015，2017『みやぎの農業法人』。
Illich, I. 1980 *Tools for Conviviality*. Harper Colophon（渡辺京二他訳　2015『コンビビアリティのための道具』筑摩書房）
MacIver, R. M. 1924（1917）*Community*. Macmillan and Co. Limited（中久郎・松本通晴監訳　1975『コミュニティ』ミネルヴァ書房）
Marx, K. 1969a（1867）*Das Kapital Band 1*. Dietz Verlag（大内兵衛他監訳　1965『資本論』第1巻〔『マルクス＝エンゲルス全集』第23巻〕，大月書店）
――　1969b（1894）*Das Kapital Band 3*. Dietz Verlag（大内兵衛他監訳　1967『資本論』第3巻〔『マルクス＝エンゲルス全集』第25巻〕，大月書店）
Park, R. E. 1928 Human Migration and the Marginal Man. *American Journal of Sociology* 33（6）（町村敬志・好井裕明編訳　1986『実験室としての都市』御茶の水書房）
Simmel, G. 1992（1908）*Soziologie, Gesamtausgabe Band 11*. Suhrkamp（居安正訳　1994『社会学』下巻，白水社）

第 17 章

「平成の大合併」と新しいまちづくりイデア
"大崎市流"の「話し合う協働のまちづくり」

初出:「『話し合う協働のまちづくり』という地域イデアの形成――"大崎市流"自治の推進者たち」西村雄郎・岩崎信彦編『地方社会の危機に抗する〈地域生活文化圏〉の形成と展開』東信堂,2024 年,Ⅱ部 7 章 2,ならびに「『話し合いの場づくり』を推進する市民グループの活動と論理――NPO 法人『おおさき地域創造研究会』の事例」同,7 章 3 を縮約して再録。詳しくは初出書を参照されたい。

"大崎市流"の自治は,小学校区を基礎にした旧市町の地域ごとの自治を尊重し,しかも 1 市 6 町,東西 80km,総面積 796k㎡という広大な合併市全体で活力ある形で展開している。本稿では,その自治を推進してきた人たちの活動と論理,そしてそれが一つにまとまって「話し合う協働のまちづくり」という地域イデアに立ち上がっていく過程を追っていこうと思う。

1 「まちはみんなで作るもの」という地域イデアの形成

(1) 条例の前文・条文に表わされたイデア

2006 年に合併市として誕生した大崎市は,8 年目の 2014 年 4 月に「話し合う協働のまちづくり条例」を施行した。その前文と条文は今までにない分かりやすい言葉とイデアで綴られている。前文を見てみよう。

> まちはみんなで作るもの。 私たちは,より住みよい暮らしを実現するため,話し合いを大切にした協働のまちづくりを進めます。 暮らしの中にある悩みや不

安，喜びや楽しみを分かち合い，互いを尊重し，助け合いながら，地域の抱える課題を解決していきます。そのために，市民も行政も，みんなが主体となって，対等な関係で話し合いを行います。

（「大崎市話し合う協働のまちづくり条例」前文）

このようなやさしい言葉を使うことについて市民協働推進部係長の Sz 氏は次のように語っている。

> これまで地域の人たちに条例を作りたいのだと言ったときも，「いいや，だって今までやってきていていらないじゃん」という声が多かったのです。だけど，これから代々の後輩にも伝えていかなくてはならないことだから，今までの実践の蓄積をこの条例にしてみましょうよということです。だから，条例制定といっても，今までの実践の蓄積をこの条例にしてみましょうよということでした。ともかく小学生にも分かる言葉にしようと。こんな言葉づかいの条例は他にないんではないですか。

ちなみに，他市の条例を，たとえば横浜市の「市民協働条例」（2012 年 6 月公布）の前文（抜粋）を見てみると，その記述の主体は「横浜市の責務を踏まえておくべき基本的事項」とあるように，あくまで行政主体としての市である。市民はどちらかというと呼びかけられる対象である。それに対して，大崎市の条例は「私たちは」が主語となり，「市民も行政も，みんなが主体となって，対等な関係で」とうたわれている（なお，市民協働推進部係長の Sz 氏のインタビューは 2018 年 10 月，後述の研究者 Sk 氏のそれは 2019 年 9 月に行われたものである）。

(2) 危機としての合併問題と「話し合い」イデアの誕生

この「みんな」と「話し合う」というイデアが生まれたのは，1 市 6 町の合併が問題となった 2003 年からである。とくに周辺部にあたる 6 町の住民や町役場職員は，古川市を中心とした大きな市に飲み込まれることに不安をもっ

第 17 章 「平成の大合併」と新しいまちづくりイデア

た。同じ不安をもち，住民の気持ちを鋭敏に察知したのが，当時ボランティア団体で仕事をしていた Kd 氏たちであった。とにかくこの不安を言葉に出し合って，みんなで合併問題に対処していかなければならないと考え，周囲に話し合いを呼びかけていった。

Kd 氏と社会教育学を専攻する研究者 Sk 氏は，宮城県の NPO 関連の会議を通して旧知であった。Sk 氏は当時を振り返って言う。

> 県の会議で Kd さんとご一緒したとき，「一度，古川にうかがって勉強させて下さいよ」みたいな話をしたら，Kd さんから「先生，今，実は市町村合併の話が出ていて大変なんです。ぜひ一度見に来て下さい」と言われ，おじゃましたのがきっかけです。そしたら，結構熱意のある市民たち，Kd さんネットワークが 10 人くらいかな，集まって待っててくれて。いろいろ議論していくなかで，合併後の自治をどうしていくかということを勉強しなきゃならないねっていう話になったのです。
>
> そして，Kd さんたちと各地区の会合に行って話をし，質問を受けたりしたのです。合併前の当時の鳴子町に初めて呼ばれたときに，皆さん深刻な顔をして私を待っていて，50 人もいたかな，その最前列に地元のこけし職人がいたんですよ。私にプレゼントするこけしを持って，「この鳴子を，先生，何とかお願いします」というように，皆さんの様子がとても切実で，私はそのときは背筋がピンとしたというか，大変なことを背負ったんだなって。行くたびに聴衆が増えて。そしてあと合併 1 市 6 町の行政の職員が自主的に参加して来られましたね。面白い話が聞けると噂が広まったらしくて，代わる代わる様々な方が来るようになったんです。十何回行ったと思います。

このような活動が続くなか，1 市 6 町の合併推進協議会が結成され，Sk 氏がその地域自治組織に関する検討小委員会のアドバイザーに推挙され就任することになった。それぞれの市町の実状と利害は多様であり，とくに，合併後の自治の形態について合意にたどりつくのは至難の業であった。しかし，Sk 氏は，合併協の委員である各市町の代表者たちに対して「これなら自分たちはやっていけるという形を出してください」とお願いし，3 か月間という検討期

間を与えている。

　その結果，出てきた地域自治組織の形はそれぞれ異なる内容であったが，あくまでこれまで行われてきた各市町の地域自治を生かすという形で合意を得ていった。名称は「まちづくり協議会」や「地域づくり委員会」といった形で統一されているが，組織体制などはそれぞれの地域性や歴史性を生かしていったのである。

　合併においては，旧市町の自治を強く残すと，合併後は予算の分捕り合戦のようなことが生じ，新しい市の自治形成を阻害するし，他方，上から統一した形を作って網をかぶせると，旧市町の地域自治は衰退し，新しい自治も形成されない。これを克服していくことは至難のことである。しかし，大崎市においてそれが成功裏に行われた。それは「みんな」と「話し合い」のイデアに導かれたからであろう。もちろん，「みんな」は all ではなく every（誰もが，一人一人が）の思想であった。

　合併による地域自治の危機は，ともかく「七色の自治　大崎」という標語に見られる"大崎市流"の自治形成の提案によって乗り越えられることになったのである。

2　"大崎市流"自治の仕組み作り——市職員と住民の協働

　「話し合う協働のまちづくり」をそれぞれの地域に根づかせていくには，基本的な活動基盤（ハードウエア）の提供に加えて日々活力ある地域自治を生み出していく仕組み（ソフトウエア）が必要である。

　一つは，まちづくり協議会や地域づくり委員会が他地域のそれを視察に行き，相互に経験や意見を交流し合っていることである。もともと日本社会の地域単位である町内会は「タテ社会」でつながり，連合町内会や学区運動会などの共同イベントでは一緒になるが，日常的にはヨコの交流はほとんど行われない。しかし，大崎市では市職員 Sz 氏のカレンダー作りという工夫によって，ヨコの地域交流が進んだのである。Sz 氏は言う。

第 17 章 「平成の大合併」と新しいまちづくりアイデア

> 私はカレンダーを作ったことがあります。今はないですが，60 の地域自治組織の会議の様子やワークショップ，各種イベント，これを 1 か月ごとのカレンダーにしてホームページにアップしたのです。たとえば，松山まちづくり協議会が 19 時から松山総合支所の会議室で役員会を開催するというとき，傍聴有りか無しかを○と×で表示しました。すると，大崎の 60 の地域自治組織がみんなで視察し合うようになりました。自分たちの地域ですごくいいと言っていたイベントが，隣の同じような事業を見るとたいしたことなかったなとか，さっぱり人が集まっていなかったと思っていたが，他所の地域を見に行ったらうちらのはまんざらでもないなとか，「気づき」があるのです。今までは旅行も兼ねてバスを借りて岩手県や山形県の先進地の地域づくりの団体に視察に行っていたのですが，大崎ではここ数年はずっと大崎市内だけでやりとりをしています。

このカレンダー方式はその後もいくつかのまちづくり協議会に引き継がれ，そこにおける活動の軸となっている。

二つは，支援交付金の審査制度を市民自身が運営している，という驚くべき事実である。Sz 氏は続ける。

> 支援交付金は，基礎交付金をもってなお不足する場合やまだまだやりたいことがあるという場合，手挙げ制にして申請してもらい，地域の推薦者から構成する審査委員会へプレゼンテーションをして審査を受け，採択不採択を決めるという仕組みです。

年 3 回の申請チャンスがあり，それを目標に企画能力が高まっていった。

> その手を挙げる時期なのですが，年に 3 回にしています。申請を地域自治組織のスピードに合わせたのです。だから，たとえば 1 回目の申請で不採択になった場合，2 回目にはさらに申請書に磨きをかけてチャレンジをすることができることによって，落ちてもまたみんなで話し合うのです。とにかく企画立案能力が高まりました。

審査会を通じて自治力も高まった。

　　審査員たちは七つのまちづくり協議会からの推薦者7名です。その他に今は宮城大学の先生に来てもらっています。その審査会もすごく面白いのです。審査員はまったくの素人ですよね，この人たちは住んだこともない地域から提案された事業に甲乙をつけることができるのかとか，いろいろな葛藤があるのです。そうしたら審査員の方たちは，土日や時間が空いたときにそこの地域に車で行ってくるのです。どういう生活をしているのかと。そうやってちゃんとみんなで生活レベルを調べ合うなど，そういう効果があります。
　　そして，審査員たちは，ここをこうするともっとよかったですよね，という気づきを交付結果通知書にコメントとして添えて団体に戻すのです。そうすると事業にさらに磨きがかかってくるという仕組みなのです。
　　住民は地域の課題は何かとみんなで話し合って，たった10分のプレゼンテーションのために何回も練習するのです。

「行政主導であってはならない」というのがSz氏の口癖である。かといって，市職員が市民と市の会合のとき，うしろに下がった机に事務局として座っていればよいということではない。市と市民によるパートーナシップ会議がいろいろな分野で行われるのである。

3 "大崎市流"自治を支える人たちの熱意と協力態勢

Sz係長は，市が主催する60の地域自治組織のメンバーを集める会合の資料はすべて事前に手渡しで届けると言う。

　　なぜかというと，会議で話せない意見や委員さん一人一人の思いを聞いて来るためです。これをしないとやはり地域の声を本当に聞いたことにはなりません。合併して13年目に入っていますが，これだけは徹底しています。

第17章 「平成の大合併」と新しいまちづくりアイデア

　新市が発足してあらためて政策アドバイザーに選任されたSk氏もなくてはならない存在である。Sz氏は言う。

　　当初，1か月に7日間，そこから5日間になって現在は3日間，群馬県の高崎から通ってもらっています。高崎経済大学のSk教授ですが，私と一緒に地域すべてまわって，政策的な立案等のアドバイスをもらっています。

　話をしに地域に入った回数は計500回（Sk氏談，あるいは700回〔Sz氏談〕）にものぼる。

　そして，さらに付け加えておかなければならないのは市長（mayor）の存在である。合併協議が進むなか，当時宮城県の県議会議員（議長）であったIt氏は，Sk氏が言うには「その方が誰なのかは知らなかったが，たびたび，私の各地区での講話を聴きに来て，時には講師控室にまで来て質問されていた」という。その後，It氏は大崎市の初代市長になり，そして就任後まもなく市長はSk氏に政策アドバイザーへの就任を依頼したのであった。非常勤職員であれば，ということで受諾したSk氏のもとに担当者として指名されたのがSz氏であった。政策企画畑で才能を発揮していたSz氏が，本人にとっては不本意であったようだが，現場系まちづくり分野のSk氏担当職員へと異動になったのである。その後，Sz氏はSk氏の各地区での講話を何度となく聞くことによって，地域の住民とともに歩む献身的な現場職員になったのである。

　市長はこのように適材適所といえる人事を行い，自治とまちづくりに対して政策的ならびに財政的にしっかりとした意思決定をしている人である。そして，これに関してSz氏は興味深いエピソードを話してくれた。

　　市長は地域づくりが好きだし，大事に思っているのですが，最初から旗揚げをして「協働のまちづくり条例を作れ」とは絶対に言ってきませんでした。おおかたの市長ならば，自分の公約推進のために条例を早く作れって急がすでしょうが，6年もたった頃，「いよいよじゃあないのかな」って私は市長に言われました。「そろそろかな」なんて。

303

このようにまちづくりを政策的に重視しながら，あくまで地域住民の自治が育つのを待って，市民自身の力で条例を作ろうとする姿勢にはやはり「みんな」と「話し合い」のイデアが市長にも抱かれており，それが発露しているといえる。
　このように，市長，担当職員，専門家（政策アドバイザー）の協力態勢は条例制定（2014年6月）へといたるのであるが，それを準備する過程の第1回条例制定会議（2013年1月28日）におけるまちづくり協議会会長たち（市民リーダー）の発言は，「話し合う協働のまちづくり」の地域イデアをおのずと表明するものになっている。
　さらに Sz 氏の話は続く。

　　こういう条例ができると，役所というのはあたりまえのように小学校区ごとに住民座談会や説明会を開いて説明をするのですが，われわれは一回も行っていないのです。地域から出ている検討メンバーが「いいや，これは俺たちの問題だから Sz 君は来なくていいから，俺が説明しておくから」と言うのです。地域の人たちが自分たちで地域の住民に説明をしていく，そういうことが出てきます。本当に"地域の合併"から"人の合併"に変わったという瞬間を私は実感したのですが，これって合併効果なんだと住民から言われたのです。

　このように，「"地域の合併"から"人の合併"に変わった」という職員の実感，そして「これって合併効果なんだ」という住民リーダーの認識，まさにこれこそ"大崎市流"自治のめざしてきたものが，人びとの心のなかに根ざした，あるいは地域イデアとなったということの証であろう。
　そして，以上の考察から，"大崎市流"自治を推進する人たちを図示すると次の図17-1のようになるであろう。
　市長，行政職員たち，専門家たち，市民リーダーたちの協働は，以上のように素晴らしいものであった。しかしそれだけにとどまらず，それらを媒介しながら地域社会の「話し合う協働のまちづくり」を推進する固有の担い手である市民ファシリテーターたち，すなわち Kd 氏と NPO 法人おおさき地域創造研究会がいることを見ておかねばならない。

第17章 「平成の大合併」と新しいまちづくりアイデア

図17-1　市民自治とまちづくりの担い手たちの協働の構成

4　おおさき地域創造研究会の発足と活動

「おおさき地域創造研究会」が発足したのは合併前の2003年であった（法人格取得は2010年）。合併が進んだらどういう地域になるのだろう，という不安な思いから1市6町の有志で勉強会を始めたのである。当時，まちづくり支援センターで働いていたKd氏は，社会教育学専攻のSk氏（当時高崎経済大学専任講師）とともに勉強することになった。各地区を訪ねながら，Sk氏から全国の先進的な情報を学び，地域の枠組のあり方を考えた。合併協議会の将来ビジョンの「コミュニティ」部分が空白だったため，自治の単位を小学校区単位にしてほしいと提言し，それは受け入れられた。その経緯について，Kd氏は次のように話してくれた（要旨）。

まず，話し合いのまちづくりについては次のように言っている。

　　小学校区単位で新たに地域が作られるなら，話し合いが必要だろうと考えた。それまで，地域の役員はほとんど高齢の男性であり，役員だけで決められてしまうことには大きな問題を感じていた。女性や若い人，子育て中の人を話し合いに入れていこうと，役員の方と話す場をもち，小学校区単位の自治の意義を伝えていった。

　　話し合いを充実させるためにワークショップ形式を取り入れて数多くの話し合いの場を設け，地元にファシリテーターを増やそうとした。全地域での開催

はできなかったが、岩出山、田尻、松山で開催した。鹿島台の人は、田尻で行ったワークショップを見学して自分たちで独自に行った。

次に、行政への働きかけについて次のように言っている。

> 合併前は市民対象の勉強会のみであった。話し合いを重ねることで市民の考えが深まったが、その考えを行政に理解してもらえないことが多かった。そこでSk氏に合併協議会のアドバイザーとして入ってもらうよう働きかけて実現し、旧市町の行政職員の研修会を行ってもらった。それによって、住民がワークショップで話している内容を行政が理解できるようになっていった。

さらに、ワークショップの力について次のように言っている。

> ワークショップでは立場をいったんおき、個人、一市民として話し合うことを重視している。仙台から嫁いできた女性は「田尻という町はつまらないと思っていたが、ワークショップでみんなが話し合って、自分も関わり始めたら、わくわくするような気がする」と語った。のちに、2013年4月開催の「話し合うまちフォーラム」で福岡からファシリテーターを招いた（ファシリテーション協会の方。直方市役所勤務）。そこで「小グループでのワークショップという手法で話し合ったことがある方」と尋ねたときにほとんどの人が手を挙げ、講師は「この地域はいったい何なんですか」と驚かれたが、そのときに自分たちも努力してここまで積み上げてきたのだなあと感じた。

5 "大崎市流"自治の歴史的意義と市民自治への歩み

(1) 市町大合併と地域自治の崩壊の不安

1市6町は明治22（1889）年の町村制施行時の地域社会を基本的に維持していた。それゆえ、多数の市町による広大な「平成の大合併」は100年ぶりの大変動であり、地域住民の動揺は大きかった。

第 17 章　「平成の大合併」と新しいまちづくりイデア

そして，住民有志（「おおさき地域創造研究会」ほか），各町職員，研究者，市長（立候補予定の）らが真摯にそれと取り組むことによって，"大崎市流"の「話し合う協働」の自治を形成していったのである。多くの合併市でも旧町村を「地域自治協議会」へと組織化して旧来の地域自治を保障したが，新しい市を支える「市民社会」という主体性を形成することはほとんど追求されなかった。

（2）　中間考察（その 1）――地域自治の歴史的形成と「相対（あいたい）」の意義

日本における地域自治と「市民社会」の形成を考察するためには，その歴史的形成を見ておかなければならない。日本の地域自治には「自検断（地下検断）」「村請・町請」という自治的統治の歴史があり，それは根強く保持されてきたのである。

その源流を訪ねると中世 12 世紀に生まれた「惣村（そうそん）」に行きつく。

> 惣村が惣村であるための条件は，(1) 惣有地・惣有財産をもつこと，(2) 年貢の地下請（村請）が実現していること，(3) 惣掟（村法）をもつか，または地下検（ちげ）断権を掌握していること，である。
> 　　　　　　　　　　　　　　　　　　　　　　　　　（朝尾他編 1988: 328）

この惣村の自治は，勃興する武士勢力の支配と戦国乱世の無秩序と闘いながら形成されてきた。織田信長に始まる検地・村切り・刀狩による近世的統一によって，惣村の自治は抑圧・解体されたが，「刀狩令を含む一種の自力救済権否定令を惣無事令として総括しよう」とされている。すなわち，乱世を統一して「天下泰平（惣無事）」を達成しようという戦国大名と「百姓長久」を願う惣村民の要求によって，いわば領主集団と領民集団の町や村のレベルにおける「相対（あいたい）」契約が交わされ，公権を分有することになったということである。それが領民の側に村請，町請の制度を実現させた。「百姓たちは村の権益が保障されるかぎりにおいて」村の税金徴収，戸籍管理などを公儀から請負い，治世に協力したが，「不利益を被る場合には徹底的に対抗した」のである（水本 1985: 134）。

(3) 中間考察（その2）
——地域自治の歴史的形成と「話し合う」ことの意義

　公権力による誘導や包摂をおしとどめ，住民集団が自治を保持していくには，相応の自覚的な対抗活動が必要である。それが「話し合う」ということに関連してくる。
　ふたたび日本の地域自治の源流にもどると，

> 惣は，まさに小百姓・脇在家の自立化に直面しつつあった乙名（おとな）・年寄たちが，私的制裁権や財産を惣村に集中させるかたちで創出した「自己否定」の場だった。
> 　　　　　　　　　　　　　　　　　　　　　　　　　　（水本 1985: 122）

　つまり，在地の有力経営者である乙名・年寄たちは，武士勢力など外からの支配に対して協力して対抗しなければならなかったのである。村内部で身分や利害の対立を乗り越えて協力したのであり，それこそが話し合いによって行われたのである。
　江戸時代に目を移すと，「1800年を中心とした前後50年の時代は，民衆が政治との関わりを大きく転換させた時代」（平川 1996: 279）であった。民衆からの訴願が多く行われ，「社会的分裂に対する権力的対応の主要な方式が，裁判による判決強制のほか，内済方式と稟議システム」（同書：266）として普及した。幕藩権力は内済制度を多用し，「民意調整を一種の公共機能」（同書：266）としていった。すなわち，法で白黒をつけるのではなく，仲介者が入って話し合いで折り合いをつける方法であり，相手の利害や仲介者の立場も考えながら，互いのメンツ（個人の尊厳）が立つように落としどころを探るのである。そして平川は，内済制度を上述の中世における「在地の紛争解決権＝自力救済権」（同書：255）の延長線上に位置づけるのである。
　戦後においても，民俗学者・宮本常一によって次のような事例が対馬において採録されている。

> 寄り合いの場にいってみる（中略）と会場の中には板間に20人ほどすわってお

り，外の樹の下に3人5人とかたまってうずくまったまま話し合っている。（中略）村でとりきめをおこなう場合には，みんなの納得のいくまで何日でもはなしあう。（中略）この寄り合い方式は近頃はじまったものではない。村の申し合せ記録の古いものは200年近いまえのものもある。（中略）みんなが納得のいくまではなしあった。だから結論が出ると，それはキチンと守らねばならなかった。

(宮本 1984: 13-16)

世界史を振り返ってみれば，民主主義の発祥地といわれる古代ギリシャについて次のような考察がある。

ギリシャ社会は，前8世紀頃に「ミュケナイの封建王朝と村落共同体からなる部族社会の崩壊に，（中略）暗黒時代の危機が発生した」。そういうとき，「ヘシオドスの詩が現われ，オリュンピアの競技祭典が始まった前8世紀にポリスの形成が開始された」のである。そして，「アゴン（競技）はギリシャ民族の文化，社会，政治を貫く唯一の文明の原理とな」り，ポリスを「国際的」また「国内的に」形成していったのである（関 1982: 60-61）。

> 前5世紀の民主アテナイに目を移すならば，（中略）ポリスとは本質的に競技の舞台にほかならず，そこで人々は市民＝競技者という資格で彼等の生き方そのものを競い合う。市民たちは「市民する」politeúein ことを競技し，最良の市民たることは，卓越した生の競技者「美にして善なる者」として広く同輩市民に承認されることである。（中略）
>
> 市民的才覚（ポリティケ・アレテー）を競い合う具体的個人であるギリシャ市民（ポリテース）は，各自が人と異なる個人として頭角を現わすことで，彼の市民権を享受するのである。　　　　　　　　　　　　　　　　（同書：61）。

このようにアテネにおいて市民であることは「市民的才覚を競い合う」こと，「市民する」ことであり，それゆえ，市民とは国家や行政市を前提として存在するものではなく，オートポイエーシス的（自己創出的）なものなのである。そして，「語る人々の間の自由と平等が成文法の正当性の唯一の根拠となるのである」（同書：72）。

(4) 「話し合う協働」を通じた行政と住民の相互リスペクト
——"大崎市流"自治の意義

　以上のように，われわれは地域自治と市民社会の源泉に，市民が競い合って「市民する」こと，すなわち個人の才覚と品格をかけて自らの存在を，同じ場に住み合う他者に向けて言い表わすという創造的な営みを見ることができるのである。

　そして，この「語る」ことによる「市民的才覚の競い合い」は，まさに"大崎市流"の真骨頂をなしている。ワークショップやパートナーシップ会議で「自由にそして平等に」「話し合う」人びとはまちづくり条例を成文化し地元住民に説明し，また各まちづくり協議会が相互に交流しながら，市の支援交付金に応募してプレゼンテーションを行い，その企画を競い合う。

　市民と職員は「こだわりをもった」「真剣な」「地域を愛する」議論を行っているのである。ここには，古代ギリシャの競い合い（アゴン）における主張と行動と同じような誇り高さが見て取れるのである。まさにこれは，大崎市民のなかに「市民する」主体が生まれたということであり，大崎市に一つの新しい「市民社会（市民的公共性）」が創られたということである。実際 Sz 氏は次のように述懐している。

> 　地域の人たちが自分たちで地域の住民に説明をしていく，そういうことが出てきます。本当に"地域の合併"から"人の合併"に変わったという瞬間を私は実感したのですが，これって合併効果なんだと住民から言われたのです。

　このようにして，大崎市に新しい「市民社会（市民的公共性）」が生み出されたのである。

　"大崎市流"「話し合う協働」は，それゆえ，まさにこの日本型地域自治を一つの高みにおいて実現した稀有な事例といえる。市の側は，市が主導するのでもなく，また一歩下がった机に座って事務局を名乗るわけでもなく，「各種のパートナーシップ会議で職員メンバーと市民メンバーがだいたい半々で会議・ワークショップをします」（Sz 氏）という対等な立場を堅持し，住民の方

も，活動カレンダーを自ら作り，各地協議会に訪問・交流し，条例の案文を作り制定にこぎつけるなど，その自治的活動の水準を着実に高めていっている。

6　担い手の世代交代と人材養成の工夫

　"大崎市流"の自治のありようは，以上の考察によってほぼ明らかになった。
　しかし，今後の課題も大きい。一つは，人口減少と高齢化の波は各地区を襲い，地域自治の担い手が衰退しつつあり，実際に小学校区の統廃合という形で現われてくることである。Sk氏も「われわれも地域の10年後を想定して今から手を打っていかなければならなくなっている」と言っている。
　二つは，まちづくりを支える市行政の力量も減退していっている。まず，合併に伴う市職員の「適正化」計画に沿って，30％ほどの職員削減が行われたことである。合併直後の「大崎市定員適正化計画」（2007年3月）によって，2006年4月1日の職員数1358人（病院を除く）が2015年には951人にまで減ったのである（「大崎市人事行政運営の状況」2015年。2018年は1000人に戻しているが）。
　このような職員の減少のなかでSz係長をはじめとする職員チームが現場に入っていくということは過重な仕事となっており，そのうち何人かが身体を壊すという状態になっている。この十数年のなかで市職員の顔ぶれも新しくなり，この高い水準の地域自治・市民自治を推進していく人材の養成も大きな課題となっている。
　三つは，地域においても合併から十数年が経ち，リーダー層の世代交代が始まっており，"大崎市流"自治のあり方をもう一度身につけなおさなければならない時期に来ていることである。たとえば，話したいことを勝手に話して聞くことをしなくなったり，若い世代は討議をしないでスマホのラインで済ませようとしたり，大崎市総合支所の職員の異動が増えて地元のことが分からない職員が増えたり，である。おおさき地域創造研究会はあらためてファシリテーション講座などの学習活動を進めているが，まちづくり活動は第2期として新たな作り直しを要請されているのである。

地域住民と市行政の双方ともに，これらの困難な課題を打開するには"大崎市流"として発展させてきた自治をさらに発展させる以外にないことを知っている。地域づくり委員会，公民館，まちづくり協議会，中間支援組織などが協働してさらに創造的な自治を築き上げていく方法を模索していかなければならない。

参考文献
朝尾直弘他編　1988『日本の社会史 6 社会集団』岩波書店。
関曠野　1982『プラトンと資本主義』北斗出版。
平川新　1996『紛争と世論——近世民衆の政治参加』東京大学出版会。
水本邦彦　1985「村共同体と村支配」歴史学研究会編『講座日本歴史 5 近世 1』東京大学出版会。
宮本常一　1984『忘れられた日本人』岩波文庫。

【コラム】その後の，おおさき地域創造研究会

合併後の「おおさき地域創造研究会」（以下「研究会」）の活動を見ておこう。

まちづくり活動の補完

大崎市は 2014 年に話し合う協働のまちづくり条例を制定し，『条例行動計画』を策定した。そこには「基本施策」として七つの「活動」が示されている。そのうち活動 1「話し合いの場づくり」では，「研究会」のふらっとカフェ，話さナイトカフェ，ほっこりお茶っこのみが事例としてあげられている（『計画』13 頁）。

また，まちづくり支援の活動を研究会が補完して行っている。最近では，文化祭支援，人材育成，鳴子支所建て替えに伴う跡地利用などの事業を市から委託されている。

東日本大震災と被災者，市民とのつながり

大崎市が応急仮設住宅を作らなかったため，大崎市の借り上げ住宅で暮らしている被災者は見えにくくなっている。そこで，その人たちが集えるようにと2014年1月からほぼ月1回ペースで「ほっこりお茶っこ飲みしませんか」カフェを開いている（2019年5月までで61回，延べ750名以上の参加）。

女性目線からの地域の魅力発見の活動

大崎市は交流人口を増やすために2012年と13年に大崎市緊急雇用事業を行い，女性目線から地域資源調査を行い観光に生かすという観点から当研究会にそれを委託した。研究会では，処方箋まっぷ「トキメク自分！？ゆる～く発見コース」などを作成，配布し，各地域の魅力を発掘しアピールしていった。また，子育て中の母親の就職支援の活動を，宮城県の「子育て女性就職支援拠点育成事業」（2017年）の補助を受けて始め，「知識やスキルを磨くセミナー」，ママたちの井戸端カフェなどの支援活動を行っている。

市民活動のインキュベーター（孵卵器）の役割

① 有志住民による地域情報紙「オオサキノオト」の立ち上げを支援した。
② 「話さナイトカフェ」を定期的に開き，青年たちが生き生きと集まる場を作った。
③ そのなかから青年グループ「アバイン」が誕生し，地域住民とつながった活動を展開している。

大崎市への移住促進事業への取り組み

2015年9月から大崎市の委託を受けて「宮城おおさき移住支援センター」を運営し，首都圏，仙台圏などからの移住者を増やす事業を行っている。

その結果，2019年8月までの4年間で740人もの移住者が大崎市に来住した。内訳は，首都圏46人，仙台市202人，大崎市近隣の県内378人，東北78人，その他36人である。大きな成果であり，今後は，移住者受け入れ地域での移住者と地元の人たちの交流と定着がうまくいくように活動していくということである。

第18章

研究方法論2　イデアの交流からロゴスの形成へ
織り合わされる「経糸」と「緯糸」

初出:「『地域イデア』と『地域生活文化圏』をどのように理解するか」西村雄郎・岩崎信彦編『地方社会の危機に抗する〈地域社会文化圏〉の形成と展開』東信堂，2024年，7章3を再録。詳しくは初出書を参照されたい。

1　「生活イデア」「地域イデア」とは

(1)　社会場における「生活イデア」と国家の「イデオロギー」の対抗

　本稿のもととなった共同研究の前提には，生活現場(a)－社会場(b)－構造(c)という三次元構造で捉えようという理解がある（本書第4章参照）。そして，それに応じた形で人間と社会の意識態様が存在すると考えている。
　生活現場(a)においては「日常的意識態様」（田中他 1973）が存在し，われわれはその背後に「生活文化」「生活イデア」があると捉える。
　他方，構造(c)においては，国家権力の意図によって構成されたイデアすなわち「イデオロギー」が存在し，生活現場の民衆の意識を支配しようとする。
　中間にある社会場(b)において，民衆の「生活イデア」と国家の「イデオロギー」は対抗しつつ相争う場となる。イデオロギーは，国家が「財界」（大資本家階級）の意を受けて，行財政的あるいは司法的な力を装填してさまざまな「政策」を打ち出してくる。農業近代化政策，貿易自由化など本研究を貫いて登場する基本政策もそのようなものである。よりよい経営と生活を求める民衆はそれに対抗し，あるいは妥協し，あるいは改革案を提示して，社会場におい

て生活過程を進めていく。

　筆者が調査した十勝や大崎はそれぞれ固有の社会場(b)であり，そこに国家政策に対する対抗と妥協と改革のダイナミズムが生み出されている。このような社会場において，生活イデアが国家のイデオロギーや政策と拮抗的に対峙しながら形成していくもの，それが「地域イデア」である。

(2) 「地域イデア」がもつ過去と未来への二指向性

　「地域イデア」は二つの方向において規定されている。一つは，地域住民が自律的，内発的に形成しているサステナブルな〈地域生活文化圏〉の基底をなしている「その地域固有の生活文化」であり，二つは，外部社会と関わりながら，住民，地域自治体，企業，協業体などが自らの課題解決を図り，新たな「地域イデア」を生成させる方向である。

　一つ目は，イデアの歴史的文化的蓄積に関わるものであり，過去に指向している。たとえば北海道十勝では，明治16（1883）年に入植した依田勉三が「晩成社」を率い，田畑を開墾し牧畜を導入し，バター工場・缶詰工場を開き，馬鈴薯澱粉粉の研究を行った。事業としては成功しなかったが，この努力によって後の十勝農業の礎が築かれた。菓子メーカーの六花亭が作る「マルセイバターサンド」「ひとつ鍋」は晩成社を記念した菓子である。依田と晩成社のイデアは今日も十勝農民によって生きられている。

　二つ目の，「地域課題の解決を図る新たな地域イデア」は，未来に指向しているが，これをどのように捉えるか。

　たとえば十勝では，大規模有機農業の方法の探求と実現をめざす一群の農業者がおり，それをサポートする商系（非農協系）卸会社の営業展開が見られる。たとえば大崎市においては，兼業農家の高齢化と後継者不在が進み，集落の農業とその基盤が衰退している。そのなかで，農業の意味を再発見し，地域を活性化する多様な方向を追求する人びとの取り組みが広がりつつある。

　以上，「生活イデア」ならびに「地域イデア」の概要を説明したが，そもそも「イデア」をどのように位置づけるのか，社会学や哲学の古典理論にさかのぼって考察してみよう。

(3) 「イデア」とは「意欲され憧憬される未来的なもの」である

　それにしても，どのような脈絡で「イデア」に注目し，考察するのか。それはイデアが，人びとの生活のなかでかれらによって生きられている「思い」であるからである。人びとはそれを他者たちと交流することによって，言葉と活動を通じて論理化しようとするのである。

　イデアとその論理化（ロゴス化）は古代より大きなテーマであった。プラトンがまずその先駆者である。プラトンは，市民の政治的共同体である都市国家＝ポリスを社会場として，個々人＝市民はそれぞれのイデアを対話において表出していく，と言う。イデアそれ自体は，すぐには規定できないものであるが，人びとが思うよきもの，美しきもの，幸福などである。

　この論題に関わって，ジンメルは「より以上の生」について語る。「生とは限りのない連続性であると同時に限界を規定された自我でもある」。生は「流動」と「限界」のあいだにあって「限界のこちら側からあちら側へ出来事が溢流する」（Simmel 1999: 222 = 1994: 23-24）のである。それゆえ，生は本来的に「より以上の生 Mehr Leben」（同書：229 = 33）である。そして，「意欲する生の方向」は，「魂の存在がいわばその現在点を超え出て生き，魂の存在においては未来的なものが実在性なのだ」（同書：220 = 21）としている。

　この「意欲する生の方向」は，プラトンにおいては「エロース」として語られた。エロースは，「恋（エロース）はすべてのあの，よきものと幸福であることへの欲望なのです」（プラトン 1959: 128）に端的に表わされる。

> エロースは何よりも美しいもの秩序あるものへの愛である。そして美と秩序はイデア界・感覚界にわたってはりめぐらされているのであって，これに対応して，イデア界と感覚界を仲介して結びつけているのである。天地はエロースがなければ瓦解する。エロースは偉大なるダイモーンであり，「神々と人間の中間にあって，両者の間を仲介し，間隙をみたしていることによって，全体は自己と結合している」
> 　　　　　　　　　　　　　　　　　（「饗宴」202e）（山内 1978: 133）

井筒俊彦も「愛（エロース）とは善きものを永久に所有せんと欲すること」（井筒 2019: 143）と言っている。

だから，エロースはいわゆる個別の人間同士の愛とは異なるものである。敢えて両者の関連について言及すれば，「イデアへの愛は必ずしも対人的な愛を阻害するものではなく，むしろイデアへの愛によってこそ人を愛することが可能である」（内山他 2005: Ⅰ 8）ということになる。すなわち，普遍的なイデアへの愛と個別的な人間への愛のあいだの緊張のなかに生まれる「よきものと幸福であることへの欲望」なのである。

ジンメルは「神」について次のように述べているが，イデアはまさにそのような神の位置にあるものといえる。

> つまり本質的には，神は「愛それ自身」である。神は信仰と憧れの，希望と依存の端的な対象である。　　　　　　　　　　（Simmel 1999: 286 = 1994: 111）

以上から「イデア」を「意欲され憧憬される未来的なもの」と定義しておこう。

2　イデアはどのようにロゴスへと展開するのか

(1)　「イデア」から「冒険のロゴス」へ——活動と対話を通じて

イデアは，しかしながら，自らを他者に向けて論理化して表わさざるをえない。そこにロゴスが発生する。プラトンは多くの著作を「対話篇」として著わしたが，ロゴスは話し言葉による「対話」において「人は他者に説明を要求し，他者が私達に説明を要求する（中略）その道によって知に導かれる」というものであった（沼田 1983: 5）。各々の魂は「私語的ロゴス」から出発するが，

> 吾々は，プラトンに倣って，出発点と問答の途中に於けるホモロゲーマ（一致できる論点）をすべてヒュポテシス（仮定）と見做すべきであろう。そしてこのヒュポテシスの明確な意識を以って語られるロゴスが即ち論理なのである。
> 　　　　　　　　　　　　　　　　　　　　　　　　　　　　（田中 1947: 167）

吾々は「人間としてもち得る限り最上の，最も論破し難いロゴスを取って，これによって恰も筏に乗って大海を渡るが如き危険を冒しつつ，人生を渡らなければならない」（「パイドン」85cd）のである。ヒュポテシスのロゴスは実に冒険のロゴスなのである。そしてわれわれはこれを，かの事件を後から合理化する事後（post factum）のロゴスに対して，事前（ante factum）のロゴスと呼ぶことが出来るのである。　　　　　　　　　　　　　　　　　　　　　　　　　（同書：168）

ここでは，田中美知太郎によって「冒険のロゴス」「事前のロゴス」が提示されている。生活者のイデアがその活動と対話を通じて実践的，創出的に発現して「一致できる論点」「仮定」となっていくことが示されている。研究者の論理すなわち「事後の論理」に対して生活者の論理の創発性を独自に「冒険のロゴス」「事前のロゴス」という魅力的な言葉で取り出したものであり，きわめて示唆深いものである。

(2) ロゴスは「市民する討議」のなかで展開する

このようにロゴスは，各人に抱かれたイデアが対話を通じて不断に「仮定」へと更新され，またポリスという共同体の政治をめぐる「市民する」討議によって「市民的才覚」「市民権」にまで発展していくことによって獲得されたものであった。第17章ですでに引照したところであるが，すなわち，

前5世紀の民主アテナイに目を移すならば，（中略）ポリスとは本質的に競技の舞台にほかならず，そこで人々は市民＝競技者という資格で彼等の生き方そのものを競い合う。市民たちは「市民する」politeúeinことを競技し，最良の市民たることは，卓越した生の競技者「美にして善なる者」として広く同輩市民に承認されることである。　　　　　　　　　　　　　　　　　（関 1982: 60）

アテネの市民はこのように「語る人々」として立ち現われ，

市民的才覚（ポリティケ・アレテー）を競い合う具体的個人であるギリシャ市民

（ポリテース）は，各自が人と異なる個人として頭角を現わすことで，彼の市民権を享受するのである。　　　　　　　　　　　　　　　　　　　　（同書：61）

　この「市民する」というイデアは，本書第 17 章で "大崎市流" の自治「話し合う協働のまちづくり」において豊かに捉えられた。

(3) 「概念」の定立から「学」の自立へ

　イデアは，プラトンの後期においてはそのロゴス化が進められ，さらにそれはアリストテレスに引き継がれ，質料（マテリア）に対する形相（エイドス）として概念化されていく。しかしながら，アリストテレスが「具体的個物の根柢にひそむ叡智的実在性としての『本質（エイドス）』を定立するのは，要するにプラトン的イデアの内在化にほかならぬ」（井筒 2019: 209）のである。プラトンにしろアリストテレスにしろ，ロゴスの基礎にはイデアが生き続けている。

　そして，このロゴス化は，ジンメルがいうように「より以上の生」は生の本来的趨勢によって「生より以上」に展開する，ということに連なっている。彼が「理念への転換 Die Wendung zur Idee」と標題づけているところのものである。このようにして，「理念的な諸世界」が，すなわち「ひたすら実際的な目的のために獲得される知から学が，或る種の生命的＝目的論的な諸要素から芸術，宗教，法律などが生じる」のである。これは，いいかえれば「形式が生命的な妥当から理念的な妥当へと急変する」ということである（Simmel 1999: 245 = 1994: 54-55）。

　彼はこのプロセスと「学」について次のようにいう。

　「人間は生きるために認識するが，やがて認識するために生きる人間が存在するようになる」（同書：261 = 77）と。まさにわれわれ研究者の立ち位置を明言するものであるが，「生は案出し学は発見する」（同書：265 = 82）のであり，「生」の優先性を蔑ろにすることはできない。

(4) 学の「前形式」としての「生から要求された知識」
——「イデア」の再規定

　生活者の眼から見える世界は，学者の眼から見える世界と異なるのである。ジンメルは，生活者の認識は，学の認識に対して「前形式 Vorform」をなす，という。

> 実践的な，生から要求されて生に織りこまれた知識は，（中略）学から見るならば，学の前形式の一つである。　　　　　　　　(Simmel 1999: 264 = 1994: 81)

> 認識作用は，それが意識的かつ実践的な生の脈搏ないし媒介である限り，純粋で知性的な諸形式独自の創造性に由来するものではけっしてなく，われわれの実在性をおのれのうちに織りこむとともに世界の実在性と織り交ぜられているような生の動態に，支えられているのである。　　　　(同書：264 = 81)

　ここでは，生活者の「実践的な生の脈搏」のなかから生み出される知は，「純粋で知性的な諸形式独自の創造性」すなわち「学」の創造性をはるかに超えて，「実在性と織り交ぜられているような生の動態」によって支えられている，というのである。まさに，プラトンのイデア論を評した田中美知太郎の「冒険の論理」「事前の論理」と共鳴している。

　われわれはここにおいて，「前形式」＝「生から要求されて生に織りこまれた知識」にあらためて「生活イデア」という名称を与えようと思う。法律や学のように自立し形象化された「理念 Idee」ではなく，それを産み出す前段階の，生の流れのなかになお織りこまれているいわばナイーブな「胚子的段階」（同書：256 = 69）の理念である。

　しかしながら，「生から分離された学」と「生から要求されて生に織りこまれた知識」はその分別が難しい，とジンメルはいう。「その区別はひとえに全体から考察することによって，つまり，諸連関と内面的な思考とによって，打ち立てられるということである」（同書：265 = 83）。

　われわれの言葉におきかえれば，人びとの生の営みとともにある生活イデア

は,「学の前形式」の内部にあり,「学それ自身」の内部を支えているのだという。われわれもその点を自覚し,人びとの生活イデアをそれとして十分に掘り起こし,けっして外から学の「純粋で知性的な諸形式独自の創造性」で裁断しないように,自戒してきた。

もちろん,しかしながら,二つの知は「区別し難い」のであるから,一方で,「ひとえに全体から考察する」というマクロな(ゲゼルシャフトリヒな)視界の下で捉えていくことを心がけ,他方で,注意深く二つの知を関連づける作業枠組を考案していく必要がある。[注1]

(5) 生活イデアを概念的に把握するための4象限図式

すでに第16章で示したように,〈個人的〉−〈協同的〉,〈ロゴス〉−〈エロース〉という2軸によって生活イデアの4象限を次の図18-1のように構成しようと思う。

第一の分析軸は〈ロゴス〉と〈エロース〉である。これについては,これまで縷々述べてきた。生活者の立場を前提として,彼らの善きことへの希求の表出をエロースとし,それを自覚的あるいは社会的に言葉に表現し実行する局面をロゴスとした。

第二の分析軸は〈個人的 individual(生活場)〉と〈協同的 cooperative(社会場)〉である。この軸について,マルクスとジンメルを援用しながら説明していこう。

マルクスにおいては,何よりも「否定の否定」「個人的所有の再建」といわれる,『資本論』の次の叙述が関わってくる。

資本主義的私有は,自分の労働に基づく個人的な私有の第一の否定である。し

注1 プラトンの「事前の論理」「冒険の論理」,ジンメルの「学の前形式」をなす生活者イデアは「生から要求されて生に織りこめられた知識」であり,本書ではそれを「経糸」に比定し,プラトンの「事後の論理」であり,ジンメルの「理念への転換」によって自立した「学」は「純粋で知性的な諸形式独自の創造性」であり,本書ではそれを「緯糸」と称したのである。真の「知」は経糸と緯糸が織り合わされることによって表われ出る,というのが,本書の主旨である。

```
                    個人的 individual
                           │
        自立              │       自己表出
        self-sustaining   │       self-expressive
 ロゴス ─────────────────┼───────────────── エロース
 logos                    │                  eros
        アソシエーショナルな協同 │ コミュナルな協同
        associational     │       communal
                          │
                    協同的 cooperative
```

図 18-1 生活イデアの 4 象限への発現

注：図 16-1 の再掲。

かし，資本主義的生産は一つの自然過程の必然性をもって，それ自身の否定を生み出す。それは否定の否定である。この否定は，私有を再建しはしないが，しかし，資本主義時代の成果，すなわち協業と土地と生産手段の共同占有とを基礎とする個人的所有をつくりだすのである。　（Marx 1969a: 791 = 1965: 995）

これに照らせば，〈個人的〉は「個人的な私有」つまり自分の労働に基づく小中規模の営業を意味する。この研究が対象としているほとんどの農家，農業者，中小商工業者がそれにあたる。それゆえ，〈個人的〉は「生産単位」「生活場」という意味を伴う。

この「個人的な私有」は否定の否定によって「個人的所有の再建」にいたる。これは協同組合的所有に基づくアソシエーショナルな協業体を指している（岩崎 2015: 247）。マルクスは「自由の王国」論で次のようにいう。

自由は，（中略）社会化された人間，結合された assoziierten 生産者たちが，（中略）自然との物質代謝を合理的に規制し自分たちの共同的統制のもとに置くということである。　（Marx 1969b: 828 = 1967: 1051）

これは広く社会主義を含意しており，ゲゼルシャフトリヒなロゴスに連なっている。他方，社会主義のイデアをなすのはコミュニズムである。マルクスは『経済学哲学草稿』でコミュニズムを社会主義から明確に区別して次のように言っている。

> コミュニズムは次の未来の必然的形態と力動的原理ではあるが，しかしコミュニズムはそれ自体が人間的発展の目標——人間社会の形態——なのではない。
>
> (Marx 1968: 546 = 1975: 467)

また『ドイツイデオロギー』では，次のように言っている。

> コミュニズムは我々にとっては，創り出されるべきなんらかの状態，現実が則るべき（であるような）なんらかの理想ではない。われわれがコミュニズムと呼ぶところのものは現在の状態を廃止する現実的運動のことである。
>
> (Marx 1958: 35 = 1963: 31-32)

ここにはジンメルがいうような「生の流動」があり，イデアがコミュナルな形をとって現われている。こうして，「アソシエーショナル」と「コミュナル」は〈協同的〉の二つの様相を形作るのである。

4象限の図は，学的（社会学的）秩序のポジティブな内容を表わしているように見えるが，その背後には，マルクスでいえば「階級闘争」，ジンメルでいえば「生の闘い」という拮抗的な対立の様相がはらまれているのである。

ここにいたると，われわれは「危機に抗する」という意味とそれに対する「闘い」についても考察を加えなければならない。

3　社会と文化の危機に抗する新しいイデア

(1)　「文化の悲劇」と生による「脱形式」——危機に抗するイデアの誕生

人間は精神的な生として「生より以上のもの」を客体的なものとして生み出す。それが，法であり経済であり学であった。そして，生み出された客体は今度は人間に対立し人間を支配していく。まさに「ここには，文化過程の全般的な悲劇，つまり精神一般の悲劇すらひそんでいる」(Simmel 1999: 296 = 1994: 125) のである。

この有名な「文化の悲劇」をジンメルは経済の世界に即して論じる。

所有者や支配人が労働者や走り使いと同様に生産過程の奴隷となるとき，たしかに完全な回転が起こるのであり，経済はこれによって真に別の世界となる。（中略）近代経済ほど，右の軸回転のあと，生の本来の意味と固有の諸要求に対し，かくも斟酌なき客体性でもって，（中略）かくも悪魔的な暴力でもって立ち向かう世界は，まったくないであろう。　　　　　　　　　　（同書：293 = 120-121）

　この「近代経済」こそはわれわれが資本主義と呼んでいるものにほかならない。暮らしの経済（livelihood）から商品と資本が支配するエコノミー（economy）への「軸回転」が起こり，「所有者と支配人」を含めすべての人びとが「生産過程の奴隷」となり，「悪魔的な暴力」の犠牲になるのである。
　しかし，人間は疎外され犠牲になっていくことに甘んじる存在ではない。「悪魔的暴力」という「これらの狂人拘束服は，急性ないし慢性の革命において爆破され」（同書：352 = 202）ると，マルクスも顔負けするような先鋭な主張が続くのである。
　この主張は，「生のこの自己疎外，すなわち，生が自立性の形式をとっておのれ自身に対立する」ことと「主体がおのれの生み出した疎遠なもののうちへとたえず食い入ってゆく」こととの「相対的な対立を包括する絶対的な生」の存在がある（同書：232 = 38）という原理的な認識に基づいている。「絶対的な生」とは，生と形式の原理的な矛盾を自ら乗り越えていく生である。
　ジンメルはこのことを「文化の概念と文化の悲劇」として論じている。葛藤と亀裂を通して，文化過程は進んでいくのである。人びとは自ら形成した客観的な形態，つまり文化と社会的組織をふたたび生の心的エネルギーの過程に呼びもどし，人間としての完成へと向かう，というのである。ここに人間と文化の弁証法的な「連続性」が形成されるのである（もちろんジンメルは近代人の「孤立化と疎外」がこの連続性を断ち切るかもしれないと危惧を表明しているのだが）（Simmel 1996: 404-405 = 1976: 274-275）。
　このように「危機に抗する」イデアは，法や経済や学の支配的な諸形式が古くなり，「狂人拘束服」のようになってしまうとき，人びとの心的エネルギーはそれを打破すべくほとばしり出るのである。それは「脱形式」といってよい奔流であり，新しい形式の形成に向かう理念の，「（次代の）前形式」であると

ころのイデアなのである。

(2) 「生活イデア」が織り合わされ「地域生活文化圏」を形成していく

「生活イデア」は初源において土地，地所，地域に根ざした生活から生じてくる。そして，人びとの営為と相互作用は「地域生活」を織りなし，多様な「社会圏」を形成していく。ジンメルの『社会学』のなかに「社会圏」の次のような規定が見られる。

> 生の諸要素のそれぞれは社会的に成立し，あるいは社会的に織り合わされているが，われわれはそのような個々の生要素から，われわれが〈優れて〉主観性と名づけるもの，つまりは文化の諸要素を個性的な仕方で結びあわせる人格を構成する。主観的なものの綜合が客観的なものを生みだしたのち，いまや客観的なものの綜合が，新しい高次な主観的なものをつくりだす。──これと同様に人格は社会圏に自らをゆだねてそのなかに自らを没却しながら，やがて自らのなかで社会圏を個性的に交差させることによって，ふたたび自らの特性をとりもどす。　　　　　　　　　　　　　　　　　(Simmel 1992: 467 = 1994: 21)

ここには重要な内容が示されている。人びとの（主観的な）生要素は社会的に織りなされて一つの（客観的な）文化を形作る，そして，その展開のなかで人は己を個性的な人格へと形成し，また「新しい高次な主観的なもの」を創り出していく。人びとのこのような基本的な営為を醸成する場が複数の「社会圏 soziale Kreise」である。

それゆえ，人びとの生活イデアはこの社会圏において織り合され結び合されて一つの「地域イデア」となるのである。それは客観化されつつある文化すなわち「前－文化」と呼べるものである。そのあたりのことをジンメルは異なった切り口で次のように表わしている。

> 主観の直接的な相互作用もしくは人間の純粋に内面的なエネルギーは，人間が精神的な特殊性において所有するすべてのものを稀にしかとり出さず，むしろ

そのためには一定範囲の客観的な精神と呼ばれるものが必要とされるように思われる。すなわち種族の伝統と幾千もの形式のなかに沈殿した経験，把握できる形態をとって存在する芸術と知識であり，歴史的な集団が超主観的なあるものとして，しかもそれでも原理的にすべてに接近できるものとして所有するすべての文化素材である。客観的な構成体に結晶化され提供されるこの一般的な精神の特質は，その一般的な精神がまさに特別で個人的な精神特質を発達させるための材料と誘因をあたえるということである。

(Simmel 1992: 813 = 1994: 328-329)

　これを少し読み替えれば次のようになるであろう。ある地域の社会圏には，人びとが歴史のなかで経験したあまたのことがらが沈殿し，伝承や慣習，芸術や知識などとして，つまり一定の「客観的な精神」すなわち「地域イデア」として結晶化されている。たとえば十勝の生活圏には，開拓精神がさまざまな形で形象化され脈々と受けつがれている。それがあるからこそ，今日まで十勝の農業の「内面的なエネルギー」は，その形象化された客観的な精神を核とすることによって大規模畑作農業へ結晶化されてきたのである。そして，それはさらに有機大農法の確立への「誘因」を与えているのである。
　こうして「地域イデア」は「地域生活文化圏」に向けて不断に表出され，「特別で個人的な精神特質」において「地域生活文化圏」の中身をダイナミックに刷新していくのである。

参考文献
井筒俊彦　2019『神秘哲学――ギリシャの部』岩波文庫。
岩崎信彦　2015『21世紀の「資本論」――マルクスは甦る』御茶の水書房。
内山勝利他　2005『イリソスのほとり――藤澤令夫先生献呈論文集』世界思想社。
関曠野　1982『プラトンと資本主義』北斗出版。
田中清助他　1973「シンポジウム　史的唯物論の現代的課題」『現代思想』14。
田中美知太郎　1947『ロゴスとイデア』岩波書店。
中村尚次　1993『地域自立の経済学』日本評論社。
藤沢令夫　1998『プラトンの哲学』岩波書店。
プラトン　1959（紀元前387-367）「饗宴」『世界文学大系3 プラトン』筑摩書房。

沼田裕之　1983「『国家』におけるプラトン的ロゴスの普遍性について」『東北大学教育学部研究年報』31。

山内友三郎　1978「プラトンのエロース論に対する倫理学的考察」『大阪教育大学紀要　第Ⅰ部門　人文科学』26（3）。

Marx, K. 1968（1844）*Oekonomisch-philosophische Manuskripte, Marx Engels Werke Band 40*, Dietz Verlag（大内兵衛他監訳　1975『マルクス＝エンゲルス全集』第40巻〔初期著作集〕, 大月書店）.

――― 1958（1845-6）*Die deutsche Ideologie, Marx Engels Werke Band 3*, Dietz Verlag（大内兵衛他監訳　1963『マルクス＝エンゲルス全集』第3巻, 大月書店）.

――― 1969a（1867）*Das Kapital, Band 1*, Dietz Verlag（大内兵衛他監訳　1965『資本論』第1巻〔『マルクス＝エンゲルス全集』第23巻〕, 大月書店）.

――― 1969b *Das Kapital Band 3*, Dietz Verlag（大内兵衛他監訳　1967『資本論』第3巻〔『マルクス＝エンゲルス全集』第25巻〕, 大月書店）.

Simmel, G. 1992（1908）*Soziologie, Gesamtausgabe Band 11*, Suhrkamp（居安正訳　1994『社会学』下巻, 白水社）.

――― 1996（1911）*Philosophische Kultur, Gesamtausgabe Band 14*, Suhrkamp（円子修平・大久保健治訳　1976「文化の哲学」『ジンメル著作集』第4巻, 白水社）.

――― 1999（1918）*Lebensanshauung, Gesamtausgabe Band 16*, Suhrkamp（茅野良男訳　1994「生の哲学」『ジンメル著作集（新装復刊）』第9巻, 白水社）.

おわりに

　およそ半世紀にわたって，自分はマルクス派社会学者であるという意識をもって歩んできた。が，意外にフィールドワーカーでもあったのだ，と感慨を新たにした。しかし，多くの人の言葉を丹念に聴き取ってきたのも，やはりゾチアール論における「存在が意識を規定する」という「存在－意識」の唯物論的カテゴリーに忠実であったからかもしれない。

　そして，もう一つは，自分で思っていた以上にジンメルに傾倒していることである。学部生時代にジンメルの『断章』を読んで惹かれたことを思い出すが，ジンメルの「心的（魂的）相互作用の形式」に基づく社会学や『貨幣の哲学』や『生の哲学』の内容は歳を経るとともに自分のなかに入ってきたようである。

　ふつうはジンメルを語り，プラトンのイデア論に言及すれば，「あなたはそれでも唯物論者なの？」といぶかしがられるはずである。若いときはたぶん土台－上部構造論や階級論を主テーマにおく「チャキチャキのマルキスト」であったのであろうが，ゾチアール論を学び「存在－意識」カテゴリーを現場で使いこなしていくうちに「唯物論」が当たり前のものとして非常にこなれてきたのだと思う。

　そして，「それならば」と腹を据え，唯物論を究極まで追い込むことによって「意識」の存立の独自性を知り，ジンメルを研究人生の先達にし，最後はプラトンの「イデア」論にまでいたった，ということになるのだろう。

　私には社会学の単著といえるものはなかった。問題関心は多岐にわたっているうえ，調査や研究はみんなで共同してやった方が有意義だろうという信念に近いものがあった。実際私が編集に携った本は，社会学関係と阪神大震災関係で合わせて20冊余にのぼった。そんなことで，私にはこれまで自分の書いた諸論文を一書にまとめる気持ちはなかった。

　昨春であったか，ひととき研究仲間と座談したことがあった。N氏は次のように私に言った。「自分は高校を札幌で過ごしたが，北海道は労働団体が強く

いつも"労働者階級"を強調していて，それに違和感があり，"市民"が主体ではないかと思っていた。大学に入学し，先生と一緒に萱島の文化住宅街の調査をして初めて"住民""市民"を実感することができて，胸のつかえがとれた。その頃，先生はゲゼルシャフトリヒとゾチアールの方法論を考察していて，それも勉強になった。だから，先生の研究成果を本にまとめて出すことは，自分をはじめ後に続く者にとって非常に有意義なものになると思う」と。

私は「なるほど，そういうものか」と思った。老いては子に従え，ではないが，試しに十数本の論文を年次的に並べて目次編成をしてみた。

そして，ゼミ卒業生で編集者をしているM氏に相談にのってもらった。今日，大学院生は図書を買う経済的余裕はなくなっているし，大学や研究機関も予算削減で図書購入が減っているなど，出版状況の厳しさを教えてくれた。私の目次編成を見て，「時代の流れと研究の展開がまさに融合して"うねり"を生み出しているように感じました」と言ってくれた。それで私は出版への気持ちを固めることができたのである。

そういうことなので，本書は私の自伝的な要素も含まれているが，「時代の流れ」を表わす著作にもなっていると思う。読者諸氏にそのようなものとして読んでいただければとても幸せである。

出版にあたっては，古い論文を印刷物からデジタルに変換する必要があった。その地味な作業を若い友人たちが担ってくれた。編集，出版にあたっては，松井久見子氏をはじめ出版社のスタッフの皆さんにたいへんお世話になった。記して感謝申し上げる。

 2025年2月

岩崎信彦

索　引

事項索引

あ行

アゴン　　162, 309-310
アソシエーション　　10, 100-104, 254, 271, 284, 289, 294
　一般的——　　102
　住縁——　　9, 95, 102-103
　信用決済——　　174, 240
アノミー　　183, 198-199, 201, 210, 212-215, 217
　→「無規制」「無規範」も見よ
　——的自殺　　171, 196, 199-201, 210-211, 216

イデア　　85, 92, 94, 169, 173, 176-179, 232-233, 269, 274, 287-290, 294, 297-298, 300, 304, 315-321, 323-325
　生活——（生活者の——）　　176-180, 275, 281, 287-289, 315-316, 319, 321-323, 326
　生産——　　176, 257
　地域——　　176, 178, 297, 304, 315-316, 326-327
　まちづくり——　　177, 279
イデオロギー　　7, 9, 87-90, 158, 315-316, 324
慰霊　　12, 137, 139-140
インナーシティ　　12-13, 69, 112, 118, 149, 151-154

エロース　　178, 281, 288, 317-318, 322

か行

階級　　3, 36, 90-91, 150, 189, 203, 240, 250, 315, 324
改善活動　　4-5
階層　　4-5, 18, 21, 30, 44, 149
学の前形式　　179, 321-322
家族経営　　31, 176, 257, 259, 261-262, 265, 274, 280-284, 288
家族労働　　22, 26, 258, 260, 262, 274, 279
語り部　　12, 142
価値剰余　　225-226
貨幣
　『——の哲学』　　10, 170, 172, 220, 231-232
　減価する——　　243-244
　自由——　　174, 242, 244
　象徴——　　170, 172, 223-224, 227
　信用——　　172, 221
還帰しない曲線　　147-148
還帰する曲線　　148, 164
『菊と刀』　　184
希少性　　172, 221, 237
規制　　171, 198-203, 215-216, 323
基礎収入　→「ベーシックインカム」を見よ
規範　　171, 200-202, 213, 216
　→「無規範（性）」も見よ
規模拡大　　22, 258-262, 264, 266-267, 270-

271, 274
逆U字曲線　33-35
救助　11-12, 107-108, 112-113, 149
境界人（マージナルマン）　178, 291
共生　167-168, 270
協同組合　175, 249, 251-254, 323
距離　5, 97, 144, 205, 227, 291-292

区画整理事業　11, 86, 123-125, 127, 129-135, 155
組立ライン　4, 33-34, 66-67

ゲゼルシャフトリヒ（gesellschaftlich）　7-8, 87-88, 91, 93-94, 178, 190, 322-323
兼業　15, 18-19, 21-31, 255, 276-280, 282, 286-287, 293, 316
　——稲作（稲作——）　176-178, 275-276, 278-280, 294
倦怠　199, 211, 223, 226-227, 232, 234
現場　1, 4-5, 7-8, 49, 91-93, 119, 140, 178, 180, 196, 262, 275, 282, 303, 311
　生活——　91-94, 315
減歩　124-135, 161-162

交換価値　237
交換万能性　172, 223, 225-226, 228, 243
後継者　21-28, 32, 176-177, 261-262, 266, 278-280, 316
コーポラティズム　159-161
国民国家　158, 240
孤独死　155-156
コミュニティ　8-11, 78, 83, 95, 99-102, 134, 152-153, 163, 168, 175, 241-243, 246, 249-251, 253, 289, 305
　——市場　243, 245-246
雇用労働　22

コンビビアリティ　289

さ行

災害文化　137, 140, 144
債務　172-174, 239, 240-243
　→「負債」も見よ
里山資本主義　175-176, 249-250
サブ政治　163

市街地再開発　13, 134-135, 155
自己関連的愛他心　225
仕事責任　46-48
仕事のはりあい　36, 38-40, 42, 44, 46-48, 50, 52, 54-55
自殺
　——論　170-171, 193, 196, 216-217
　愛他的——　196
　引責——　196, 203, 216
　過労——　196, 204-205, 215-216
　自己本位的——　196-197, 200-201, 206, 210, 216
　集団本位的——　196, 204
　宿命的——　200, 202, 216
　他者本位的——　197-198, 200, 202-203, 216
　利己的——　196
死者数対負傷者数　149
市場　3, 13, 16, 19-20, 22-23, 27, 29, 31-32, 60, 67, 93, 99, 158, 165, 175, 219-220, 222, 243, 245-246, 251, 274, 282-283, 292
自治会　8-9, 11, 23, 76-77, 79, 84, 95, 98-99, 101, 103-105, 129, 161, 164
質的個人主義　173, 231-232, 234
シニシズム　194, 226-227, 232, 234
資本主義　3, 7, 13, 99, 158-159, 164-165,

175-176, 181, 189, 220, 230, 240, 246, 249-251, 282, 284, 322-323, 325
資本の第三次循環　152
資本の第二次循環　152
『資本論』　10, 152, 170, 175, 190, 237, 249-250, 322
市民社会　12-13, 147, 157-165, 251, 307, 310
市民する　179, 309-310, 319-320
市民的才覚　309-310, 319
社会学　4, 7-8, 10-11, 34, 87-88, 93, 134, 147, 167, 170, 180, 182, 190, 196, 217, 219, 222, 224, 316, 324, 326
社会過程　7, 87-88, 93
社会圏　221-223, 225, 230, 255, 326-327
社会的存在　7-8, 88-91, 100, 178
社会場　92-94, 178, 315-317, 322
社交と友愛　11, 102
ジャパン・アズ・ナンバーワン　170-171
集合表象　171
羞恥　170, 181, 187-190
住民の自治　9, 99, 304
集落　3, 6, 15, 24, 28-31, 70, 85, 91, 254-255, 259, 261, 278, 280, 285-286, 294, 316
手段主義　35-36, 38, 42, 45-46, 53
手段の自己目的化　228
商系　176, 257, 265, 271, 274, 316
小経営生産様式　3, 175, 250-251
小農経営　23-24, 30
剰余価値　225-226, 228
ジョブローテーション　67
人口還流論　255
震災障害者　167
震災の帯　12-13, 105, 149, 153

震災復興都市計画事業　155
震災モニュメント　139
心的相互作用　94, 170
信用　172, 174, 221-222, 225, 230-231, 240, 242
　→「信用決済アソシエーション」「信用貨幣」も見よ
　——のコモンズ　174, 239-240, 242
信頼　170, 172, 220-223, 225, 227-228, 230-231, 240-241, 251, 273

ストレス　66, 121, 204, 206
スマート農業　262

生活過程　7-8, 87-90, 316
生活史　6, 69, 84
生活者の論理　8, 91, 179, 319
生活世界　13, 148, 154, 164-165
生に織りこまれた知識　179, 321
生の痕跡　12, 141-142
生より以上　320, 324
世俗の神　170, 172, 219, 227-228, 231-232, 234
絶対的手段　173, 227
絶対的な生　325
専業　18, 22-24, 26, 261, 276-278, 281-283, 287-288, 293
羨望　13, 151, 160, 172, 223-225, 231

相互扶助　10, 96, 108
装身具　172, 223-224
贈与　239
ゾチアール（sozial）　7, 85, 87-94, 178, 190, 326
存在−意識　89-91, 190

た行

体系的−構造論的な方法　7, 88
大量消費時代　2
他者関連的利己心　224-225
脱農　15, 19, 21, 25, 27-28, 31
　→「離農」も見よ
経糸　8, 91, 179-180, 315
タテ社会　181, 188-189, 300
多能工化　66-67
魂　173, 185, 197, 231-233, 270, 288, 317-318

地域循環　254-255
地域生活文化圏　87, 92, 176, 178, 257, 275, 295, 297, 315-316, 326-327
地産地消　255
中空構造　186, 190
町請制度　97
町内会　6, 8-9, 11, 79, 81, 95-96, 98-105, 161, 300

罪の文化　184, 187

統合　87, 171, 179, 182-183, 187, 191, 196-197, 200-202, 216, 246
都市経営　11, 13, 150-153, 157, 159-161, 165
都市計画決定　123, 125, 128, 133, 155, 161
都市国家　→「ポリス」を見よ
都市民の社会　158-160, 164
土台−上部構造　7-8, 87-91, 190
トヨタ生産方式　4-5, 33, 65-68, 104

な行

内済方式　308

日常的意識態様　88, 315
日本株式会社　159
人間関係　37-40, 42-43, 45-46, 49, 51-58, 204, 220
　――の二層構造　51, 53, 58

ネットワーカー　276, 281, 289-294

農協（農業協同組合）　16-17, 20, 23-24, 32, 93, 260, 264-265, 270-271, 273, 282, 287-288, 293-294, 316
農業基本法　3, 15, 275
農業近代化　16, 32, 91, 276, 315
農業法人　281, 285
農工間価格差　3, 265, 284
農民層分解　4, 17, 29, 285
農民的土地所有　250

は行

恥の文化　184, 187
畑作4品　176, 257-258, 260, 264, 269, 274
パニック　110, 119, 150, 230
場面　91, 186
半農半X　175, 255, 270, 294

非営利セクター　251
非営利組織　→「NPO」を見よ
非政府組織　→「NGO」を見よ
避難　11, 12, 104, 107-108, 111-112, 114-116, 118-121, 148-149, 289-290
　――者　11
　――所　11, 114-115, 117-120, 148, 151,

　　　　153
——民　148, 168
被欲求性　221, 223
品質管理　→「QC」を見よ

ファシズム　183, 187
ファシリテーター　304-306
風土　64, 184-185
負債　172, 174, 253
　→「債務」も見よ
ブランド　3, 31-32, 176-177, 254, 260, 265, 272-273, 283-285, 289, 291
文化住宅　6, 69, 72-75, 77, 84, 86
文化の悲劇　173, 233-234, 324-325
分権社会　167
文明としてのイエ社会　171
分有　12, 52, 140, 142, 144, 307

平成の大合併　177-178, 297, 306
ベーシックインカム（基礎収入）　174, 241-242, 246
返礼　239, 245

補完性の原理　167
ボランティア　13, 83, 120, 124, 139, 160, 163, 165, 168, 245, 294, 299
ポリス（都市国家）　158, 165, 179, 309, 317, 319

ま行

間（ま）　190
マージナルマン　→「境界人」を見よ
マイクロファイナンス　242
まちづくり　6, 11, 69, 72, 84-85, 101, 104, 124, 134-135, 152-153, 155, 162, 178-179, 289, 297, 303-305, 310-312

——協議会　118, 123-125, 129, 134-135, 161, 177, 300-302, 304, 310, 312
話し合う協働の——　178-179, 297-298, 300, 304, 312, 320
　→「まちづくりイデア」も見よ
祀るとともに祀られる神　188-189
マルクス主義　2, 7

無規制　198, 201
　→「アノミー」も見よ
無規範（性）　34-35, 183, 198
　→「アノミー」「規範」も見よ

木賃住宅（木賃長屋）　6, 69-70
喪の作業　12, 137, 140

や行

唯物論　7, 87-90, 92, 171, 181-182, 190-191, 221
有機体の要求普遍性　100
有機農業　255, 267, 269, 273-274, 316

欲望自然　183-184, 186-187, 190
緯糸　8, 91, 179-180, 315
よそ者　178, 275, 289-292
より以上の生　317, 320

ら行

乱開発　6, 8, 69, 76, 86

リスク　12-13, 147, 150-154, 164-165, 174, 205, 261, 264
離農　177, 258, 266, 278
　→「脱農」も見よ
流通性　172, 223
量産主義　15, 20, 23

量的個人主義　231-232
吝嗇（りんしょく，けち）　226-227

連帯経済　175, 246, 249, 251-254
歴史的−発生論的（な）方法　7, 88

労働疎外　33-35, 37
浪費　134, 223, 226-227
ロゴス　178-180, 281, 284, 289, 315, 317-320, 322-323
　学的——　179-180
　事後の——　179, 319
　事前の——　179, 319
　冒険の——　179, 318-319

わ行

ワークショップ　177, 301, 305-306, 310

欧語・略語

CSA (Community Supported Agriculture)　294
gesellschaftlich → 「ゲゼルシャフトリヒ」を見よ
JA　258-262, 268, 271, 273, 284-285
NGO（非政府組織）　13, 160, 165, 168
NPO（非営利組織）　13, 135, 160, 163, 165, 167, 175, 238, 253-254, 294, 297, 299, 304
QC（品質管理）　4, 39, 47-52, 55-57, 67
sozial → 「ゾチアール」を見よ

人名索引

あ行

芥川龍之介　197, 206
アリストテレス　320
池田友隆　11, 116, 156, 160, 213, 217
ウォーカー，C. R.　35, 52
内沼幸雄　170, 182, 186-190, 192, 239
尾崎豊　195, 211-213, 216

か行

神島二郎　183, 187
河合隼雄　170, 182, 185-186
川人博　205
川端康成　194, 206-208, 216
クラーク，P.　162
ゲスト，R. H.　35, 52
ゲゼル，S.　174, 242-245
ゴールドソープ，J. H.　35, 52
小松史朗　65-66

さ行

作田啓一　183, 187
佐々木達　259-260
シェパード，J. M.　34
シャンド，A. H.　222-224
ジンメル，G.　10, 93, 147, 170, 172-173, 179, 220-224, 226-227, 231-233, 282, 291-292, 317-318, 320-322, 324-326
ストレンジ，S.　220
スラッファ，P.　237-238

た行

高橋祥友　194-195, 207
田中清助　7, 88-89, 190, 315
田中美知太郎　179-180, 318-319, 321
津田直則　252-253

な行

中村健吾　157-158, 164
西川潤　251-252
額田勲　149
ノイマン, E.　170, 191

は行

パーク, R. E.　291
パンゲ, M.　193-194, 198, 208
藤山浩　254-255
ブラウナー, E.　33-35
プラトン　92, 173, 178-179, 232, 317-318, 320-321

ベネディクト, R.　184-187
ベラー, R. N.　182-183, 189

ま行

マッキーバー　10, 100-101, 289
マルクス, K.　2-3, 7, 10, 87-88, 90, 92-93, 158, 170, 173, 175, 190, 221, 226, 237, 250, 322-325
丸山真男　182-183, 188
三島由紀夫　216
村上泰亮　171, 181, 189
藻谷浩介　249-250
森岡正博　211-213

や行

山住勝弘　12, 137, 140-142
ユング, C. G.　170, 185, 191

わ行

和辻哲郎　184-189, 191

■著者紹介

岩崎信彦（いわさき のぶひこ）
神戸大学名誉教授。1944年生まれ。京都大学文学研究科博士課程（単位取得退学）。高野山大学，立命館大学をへて神戸大学文学部に在職・定年退職。専門は社会理論，地域社会学。
おもな著作は，単著として『21世紀の「資本論」――マルクスは甦る』（御茶の水書房，2015年），共編著として『都市論のフロンティア』（有斐閣，1986年），『町内会の研究』（御茶の水書房，1989年。増補版2013年），『阪神・淡路大震災の社会学』（全3巻，昭和堂，1999年），『「貨幣の哲学」という作品』（世界思想社，2006年），『京阪神都市圏の重層的なりたち』（昭和堂，2008年），『地方社会の危機に抗する〈地域生活文化圏〉の形成と展開』（東信堂，2024年）など。

現場の言葉が織りなす社会学
―― イデアの交流からロゴスの形成へ

2025年4月30日 初版第1刷発行

著 者　岩崎信彦
発行者　杉田啓三

〒607-8494　京都市山科区日ノ岡堤谷町3-1
発行所　株式会社 昭和堂
TEL (075) 502-7500／FAX (075) 502-7501
ホームページ　http://www.showado-kyoto.jp

© 岩崎信彦 2025　　　　　　　　印刷　モリモト印刷

ISBN978-4-8122-2418-2

＊乱丁・落丁本はお取り替えいたします。
Printed in Japan

本書のコピー，スキャン，デジタル化等の無断複製は著作権法上での例外を除き禁じられています。本書を代行業者等の第三者に依頼してスキャンやデジタル化することは，たとえ個人や家庭内での利用でも著作権法違反です。

3STEPシリーズ　社会学

油井清光 編
白鳥義彦
梅村麦生
定価2530円

帯谷博明 著
水環境ガバナンスの社会学
開発・災害・市民参加
定価4180円

村田泰子 著
「母になること」の社会学
子育てのはじまりはフェミニズムの終わりか
定価2640円

李永淑 編
モヤモヤのボランティア学
私・他者・社会の交差点に立つアクティブラーニング
定価2640円

浅野慎一 著
シン・日本外史
「日本国／日本人」はどこから来たのか、何ものか、どこへ行くのか
定価2640円

佐々木祐
平井晶子 編
1％の隣人たち
豊岡発！外国人住民と共に生きる地域社会
定価2860円

昭和堂
（表示価格は10％税込み）